隋唐中樞體制的發展演變

袁剛——著

中華書局

隋唐中樞體制的發展演變

袁剛　著

責任編輯　蕭　健
裝幀設計　姚雙林
排　　版　黎　浪
印　　務　劉漢舉

出版　中華書局（香港）有限公司
香港北角英皇道 499 號北角工業大廈一樓 B
電話：（852）2137 2338　傳真：（852）2713 8202
電子郵件：info@chunghwabook.com.hk
網址：http://www.chunghwabook.com.hk

發行　香港聯合書刊物流有限公司
香港新界荃灣德士古道 220-248 號
荃灣工業中心 16 樓
電話：（852）2150 2100　傳真：（852）2407 3062
電子郵件：info@suplogistics.com.hk

版次　2025 年 5 月初版

規格　16 開（240mm×170mm）

ISBN　978-988-8913-41-1

本書中文繁體字版由文津出版社授權出版。

序一

王永興

袁剛君以其新著《隋唐中樞體制的發展演變》見示，其內容論及唐代前後期政治制度的不同。拜讀之後，頗受教益。

關於唐代前期的政治制度（包括官制），從中樞決策機構到地方基層官府，從上自侍中、中書令下至州縣官，在《唐六典》《通典》兩書中均有基本完全和系統的記載，使我們可以比較正確地理解唐代前期的政治制度；雖然其中一些疑難問題，還有待於進一步探討。

唐代後期的政治制度如何以及這一制度從前期如何演變形成的過程，《新唐書》《唐會要》《冊府元龜》諸書雖有記載，但都零散和無系統。依據這些記載，很難理解唐代後期的政治制度和它的形成過程。

理解唐代後期的政治制度是理解唐代後期歷史的重要方面，據此才可能使我們理解全部唐代歷史。但其重要意義不僅此也，還可使我們理解我國中世紀後期的歷史。陳寅恪先生在《論韓愈》（《金明館叢稿初編》）中說：

> 綜括言之，唐代之史可分前後兩期，前期結束南北朝相承之舊局面，後期開啟趙宋以降之新局面，關於政治社會經濟者如此，關於學術文化者亦莫不如此。

唐代後期乃我國中世紀史後期的開始階段，此開始階段的政治制度以及全面情況如何，對於理解我國中世紀史後期的重要性，可想見也。

關於唐代後期政治制度的研究，我認為應注意通識，所謂通識，其一即從史料和歷史事例的分析入手。真實可據的史料有兩類，一為表現個性真實者，一為表現通性真實者。以少數個性真實的史料，可解決一人一事一地的問題，但不能解決屬於制度的問題；因制度的內涵，在時間上空間上都具有普遍性質，需要用通性真實的史料，考核論述。如果使用個性真實的史料，就必須是大量的無遺漏的，使其從個性真實變為通性真實的史料。這就要求研究者，以巨大精力，花較長時間，不憚煩地分析大量以至完全無遺漏的歷史事例，從中得出結論。這是一件十分艱巨的任務。

袁剛君這一著作應是完成此艱巨任務的一次嘗試，拜讀之後，深感其功力頗深，提出一些切中要害的問題，提出一些創新見解，獲得可喜成果。願唐史學界出現更多的這種嘗試，則此亟待深入細緻研究的重大課題，完成有日。余將拭目以待之。

1993 年 6 月於北京大學蔚秀園

序二

黃樸民

隋唐是中國歷史上的一個重要時期。隋唐的政治制度同當時社會的經濟、政治、軍事、文化諸狀況以及變化相適應，也呈現出自己獨特的面貌，並對後世封建政治制度的遞嬗產生過深遠影響。自著名歷史學家陳寅恪先生《隋唐制度淵源略論稿》面世以來，學術界在隋唐政治制度史的研究方面做了大量工作，取得了相當的成績。但是，這些研究大多集中於隋及唐代前期制度（如三省制等），而對整個政治制度的發展演變，尤其是對唐代後期中樞體制的研究，則顯得非常薄弱，尚缺乏一部全面、深刻論述整個隋唐中樞體制全貌以及發展演變規律的專著。袁剛博士撰著的《隋唐中樞體制的發展演變》的面世，很好地填補了這方面的學術空白，有助於隋唐中樞體制以及整個封建社會政治制度研究的深化。通觀全書，其主要的特色和突出的優點，大致集中體現在以下三個方面。

第一，論述系統，主綫清晰，內容豐富，重點突出。全面反映了隋唐中樞體制的發展全貌，揭示和總結了隋唐中樞體制演變中一些帶有規律性的問題，具有强烈的理論思辨色彩和顯著的系統完整特徵。

全書約 22 萬餘字；由「隋唐中樞體制的建立與禁省制度」、「三省的職能與結構」、「宰相制度與政事堂」、「內朝新機構的設置與《唐六典》的編纂」、「三省體制的崩潰與內朝事權的擴展」、「唐後期新中樞的建立」、「新中樞體制的結構和特點」、「延英奏對制度和翰林草麻制度」等八章組成。勾勒出廣隋唐中樞體制確立、發展、變化、再造的全部過程，所探討的問題具有系統性。

本書在勾勒隋唐中樞體制發展綫索的同時，注重探討隋唐不同階段中樞體制的具體內容。舉凡三省的性質、三省的運作程序和衙署建制、隋唐宰相制度的特點、中書門下、翰林學士院及樞密使院三位一體的新中樞體制的職能結構、「南衙」與「北司」的關係以及唐後期最重要的決策形式——延英奏對制度和翰林學士草詔工作制度等等，都有深入的闡述，因而使全書顯示出內容豐富、論述縝密、全面的特色。

當然，如果僅僅具備系統性和全面性，那還不足以使一部學術專著進入優秀之作的行列。本書的可貴之處，是作者將論述的內容始終圍繞隋唐政治、經濟、文化發展大勢這一主綫而展開。作者在研究中跳出了靜態考證的圈子，而能够站在辯證分析的高度，運用動態研究的方法，深入考察隋唐中樞體制沿革變化的種種表現。從而揭示出隋唐中樞體制中一些具有時代意義的轉折和帶有規律性的特點，並以此為參照係數，剖析隋唐中樞體制嬗變的脉絡，從根本上把握住整個隋唐中樞體制的面貌。使全書論點的闡述、史料的剪裁、結構的安排，無不在一條鮮明的主綫貫穿下進行。這就使本書避免了一般史著容易發生的簡單排比史實的缺憾，富有學術創見性，自成一家之言。

第二，不囿成說、考辯翔實、迭呈灼見，多有創獲。作者對前人在隋唐中樞體制研究上的通行觀點，未嘗依附盲從，而是能够本着實事求是的態度，依據史實，加以審析。正確者虛心汲取，謬誤者則詳加辯駁。在此基礎上，對隋唐中樞體制中的不少學術問題，提出了自己的看法。學術研究的生命力貴在創新，本書很好地實現了這個宗旨，這是它獲得重大成功的又一個顯著標誌。

關於隋唐的三省制度，學術界曾有過相當多的研究，對其運作程序和性質，傳統的觀點是「三省並重」、「三權分立」。作者通過縝密細緻的考證，對此提出了質疑。指出三省分權有兩個層次。首先還是漢魏以來根據內外朝劃分而區分的決策與行政的分職，這才是最本質的分權分職，其次才是決策權內中書草詔制令和門下審議封駁的分職。兩省職事成為輔政決策的兩道程序。指出不問決策與行政分職的內在實質，而籠統地把三省分權說成是三權分立，是曲解了三省制的本來涵義。應該說，作者這一見解是頗具新意的。又如，此前學者多將隋唐時期的宰相制說成為「三省首長宰相制」，作者經過深入的研究，認為這一成說同樣不符合實際情況。指出隋唐實行決策機構宰相制和集體宰相制，地處宮禁的中書省和門下省就是輔政決策的宰相機構，同時宰相也不僅僅限於三省首長（尚書僕射、中書令、侍中）等少數幾人，而應包括那些加「參預朝政」、「參掌機密」等差遣銜的他官，是為集體宰相制。他們都得入設於禁內門下內省的政事堂議政，成為決策者群體。在此基礎上，作者進而論斷：政事堂會議和三省運轉密切配合，成為整個決策程序中的重要一環，而實行集體決策和有程序的決策，乃是隋唐中樞優於前代制度的重要標誌，也是隋唐宰相制度的重要特色。這同樣是言之有據的新見。

本書還就某些前人未嘗深人的問題進行了探討，系統闡述了自己的意見。這無疑是隋唐中樞體制研究上更有意義的開拓。對中樞體制在唐中葉發生的重大轉折的考察和對唐後期新的中樞體制全貌的復原，就是這方面最重大的收穫。長期以來，學術界對唐後期政治中樞體制的研究是比較單薄的。只是簡單地認為，三省體制雖在唐後期遭到了巨大的破壞，卻仍然與整個王朝相始終，而未能真正揭示當時存在着一個新型的政治中樞體制這一事實。作者指出，這實際上乃是用僵化、靜止的方法考察問題而陷入的誤區。因為「在整個社會內部無論是經濟基礎，還是上層建築都發生劃時代轉折之際，中樞體制這一最敏感地反映着社會變遷的政治制度，不發生相應的變化是不可能的」。從這一邏輯思路出發，作者爬梳了大量史料，經過翔實考證，得出了合符實際的結論，即中唐以後「一個由翰林、樞密、中書門下共同組成的新中樞完全取代了以中書、門下、尚書三省組成的舊中樞，三省雖有名號，卻唯剩軀殼，實際上已不發揮作用」。

作者以敏銳的目光注意到武則天為后時將朝會正衙由太極宮遷至大明宮，認為「移宮」是武則天收奪被關隴勛貴所把持的宰相權力的一次政治措施。中書、門下兩省自此被攆出禁宮，而居於外朝。禁省制度的這一微妙變化引起中樞體制的重要變遷，武則天利用南衙系統之外的「北門學士」議論決策。到唐玄宗開元二十六年（738）終於在大明宮設置了一個新的內朝機構——翰林學士院，「內參謀猷」。宰相集會的政事堂則光宅元年（684）遷於已處外朝的中書省，至開元十一年（723）改為中書門下，成為外朝實體機構，而逐漸喪失輔政決策事權，淪為行政總樞。到唐後期，以中書門下（政事堂）為中心，滙聚了三省官和各種使職，在外朝形成一個新的極為龐雜的行政系統，「中書門下」完全成了新的行政總樞，內朝樞密使院、翰林院則成了新的輔政決策機構。作者對唐代中樞體制這一沿革變化歷史的考辨論析，實係非常精當的獨到見解。

作者還具體分析了新中樞的工作程序。指出翰林的基本職責是草詔，大致相當於舊中書省的地位；樞密掌「出納帝命」，後來又發展到對詔制「堂狀而貼黃」，相當於舊門下省的職權；中書門下居外奉行，宰相實際上成了執行官，約相當於原來的尚書省。和舊三省一樣，翰林、樞密、中書門下三者各以其草詔、出納、奉行的職能合成為一個完整的施政程序，相集為一個完整的中樞施政系統。作者又考證並在附圖中繪製了大明宮新中樞衙署建築佈局。指出新中樞不僅分權程序結構與舊三省極為相似，衙署建制也與太極宮舊三省大體相同。主持行政事務的中書門下居大明宮皇城，稱「南衙」，相當於舊「南省」（尚書省）主機要決策的翰林、樞密居北面宮城，稱「北司」，相當於所謂「北省」（中書、門下兩省）。而北司兩院一東一西的位置亦類似於舊中書、門下兩省。可見「新三頭」正是依據舊三省劃分為宮內外兩重層次的施政程序和權力結構而規劃設置的，反映了結構與功能的統一。

作者進而分折指出，與舊中樞三省首長大都由門閥勛貴把持的情況不同，唐後期新中樞首腦則不問出身，寒素者甚至於家奴均可入居高位，執掌大政，這正是中世紀社會階級關係的重大變化在制度上的反映，説明隋唐中樞體制的演變是和隋唐社會政治、經濟發展大勢相同步的。這樣，作者不但深刻揭櫫了唐後期中樞體制的真相，而且也在方法論意義上，為如何更好地研究政治制度史演變的內在規律提供廣富有啓迪意義的範例，充分反映了作者卓犖的史識和可貴的創新精神。

第三，旁徵博引，學貴篤實，厚積薄發，論從史出。本書有體系，有創見，然而體系的形成和創見的提出，則是建立在堅實的史實徵引和分析的基礎之上的。作者具有扎實的學術根基，在探討隋唐中樞體制具體問題的過程中，始終注重對史料的搜集和辨析，既堅定立足於新舊《唐書》、《唐六典》、《唐會要》、《通典》、《文獻通考》等基本文獻資料，又充分重視對有關筆記、文集等材料的利用，可謂是窮本溯源，多多益善。這種堅持從史實出發，決不輒下己意的做法，使其書所得之結論，大多言之有據，有很强的説服力。本書對唐後期中樞體制本相之所以長期被湮沒原因的探討，就充分反映了這一特色。作者認為唐後期新型中樞體制本相長期被湮沒的原因，在於舊史記載的缺陷。這主要表現為，《唐六典》編纂於唐玄宗開元年間，記載的是唐代前期制度，而新、舊《唐書》「職官志」的編寫者沒有對整個唐代官制作認真的總結，而是盲目依從《唐六典》所載的中樞官制。至於《通典》職官部分也是按舊的三省六部九寺諸監的體系編纂。由於這個緣故，翰林學士、樞密使等一些後起重要職官或沒有記載，或記載得十分簡略。而後人研究隋唐官制所依據的史料則主要為《唐六典》、《通典》、《隋書》、兩《唐書》職官志等，這樣就自然而然導致了把隋唐中樞體制前後不同面貌與特徵混為一體的結果，使這一問題的研究長期未能有真正的突破。作者這一分析，證據充分，論證縝密，堪稱為隋唐中樞體制研究中的一個創造性的收穫。

毋庸諱言，由於研究課題本身的艱巨性，本書也並非完美無闕。如對舊中樞向新中樞演變過程的揭示尚略嫌粗疏，對晚唐時期資料的徵引仍有待進一步加强，對翰林學士和樞密使職能高低估計的分寸掌握上，亦存在着可供斟酌之處。另外象唐憲宗調整翰林學士制度的舉措及其影響等問題，同樣值得展開更為深入的探討。然而瑕不掩瑜，本書的確是一部體系完備、論述詳贍、新意迭呈的學術專著。

前言

中樞體制，指的是國家最高權力的組織體制及其運行機制。它不僅關係到國家的治亂興衰，而且它的構成也反映整個社會政治制度、經濟制度和階級關係的變遷。因此，深入研究隋唐中樞體制的發展演變，無疑具有重要意義。

隋唐王朝是我國封建社會的盛世，又是封建社會內部發生重大轉折的歷史時期。王朝盛時，不惟國力強大，經濟發達，典章制度亦蔚然存備，成為後世的楷模。就中樞政治制度而言，兩代統治者多有創革，人們廣為稱頌的三省制度，此時已發展得相當完備，它和均田、租庸調、府兵等制一樣，被認為是封建盛世賴以建立的基礎。然而，中唐之際，這些制度都發生了顯著變化，到唐後期，大土地所有制取代了均田制，兩稅法取代了租庸調，募兵制取代了府兵制，南北朝以來強固的人身依附關係也漸趨鬆弛，總之，整個社會的經濟、政治以及階級關係等各方面都呈現出明顯的轉折。對此，學術界從各個不同角度，進行了大量研究，人們逐漸認識到，中唐發生的一系列變革所體現的社會轉折，比單純的皇朝更替更富有劃時代的意義。

史學界對隋唐時期的土地制度、賦稅制度和階級關係等進行了相當充分的研究，獲得了令人信服的成果。而相比之下，對中樞體制發展演變的研究就顯得很薄弱。當然，關於隋唐中樞政治制度的研究也有一些論著，但大都集中於三省制度方面[1]，而對整個中樞的發展演變，特別是對唐後期

1　論述三省制度的論文數量很多，可參見本書《參考文獻》部分。論述隋唐中樞政治制度的專著主要有（一）楊樹藩《唐代政制史》，（二）沈任遠《隋唐政治制度》，（三）築山治三郎《唐代政治制度之研究》，（四）王素《三省制略論》，（五）周道濟《漢唐宰相制度》，（六）孫國棟《唐代三省制之發展研究》，（七）曾資生《中國政治制度史》第四冊，（八）李俊《中國宰相制度》等，所論基本上都是三省制度。

中樞體制研究的文章，就極為罕見。有的學者論述了中唐時期大量出現的差遣使職，注意到了當時行政制度變革的某些方面[1]，但未能從中樞體制的角度立論，沒有對整個中樞體制的發展演變作全面的考察，中樞體制的重大轉折以及唐後期的新中樞實際上一直沒有真正被揭示[2]。時至今日，學術界還普遍認為：三省體制雖在唐後期遭到了巨大破壞，卻仍然與整個王朝相始終，這顯然與整個大變革的時代潮流不相稱。在整個社會內部無論是經濟基礎，還是上層建築都發生劃時代的轉折之際，中樞體制，這一最敏感地反映着社會變遷的政治制度，不發生相應的變化是不可能的。本書即試圖順着隋唐社會歷史發展的脈絡，對隋唐中樞體制的發展演變作一較全面的考察，希望能揭示這個重大轉折以及產生這個轉折的歷史背景。

我們認為，隋唐中樞體制在中唐以後也發生了巨大的變化，一個由「新三頭」——翰林、樞密、「中書門下」共同組成的新中樞完全取代了以中書、門下、尚書三省組成的舊中樞，三省雖存名號卻唯剩軀殼，實際上已不發揮作用。長期以來，人們對三省制讚譽過多，分析不中肯，對活躍在唐後期政治舞台上，發揮着巨大作用的翰林學士、樞密使等職官注意甚少[3]，更沒有注意到以他們為核心組成的唐後期新中樞。這種狀況的產生，舊史記載的缺陷是一大因素。人們研究隋唐官制所依據的史料主要為《大唐六典》（以下簡稱《唐六典》或《六典》）、《通典》、《隋書》和兩《唐書》

---

1 陳仲安《唐代的使職差遣制》；礪波護《唐代政治社會史研究》。

2 賈憲保《論中晚唐的中樞體制》（載《陝西師大學報》一九八五年第四期）提出唐後期形成了一個由皇帝、宰相、翰林學士、神策軍中尉和樞密使構成的新中樞體制，但文章過於簡略，雖提出了觀點，對整個中樞體制的發展演變，特別是唐後期新中樞的職能、結構、特點等許多問題都未加展開，還未能揭示中樞體制的重大轉折。但是，提出唐後期有一個新中樞體制，其首創之功不可沒。拙文《唐代的翰林學士》（論文提要見《文史哲》一九八五年第六期）提出唐後期以「新三頭」翰林、樞密、「中書門下」構成的新中樞取代了三省舊體制，但文章惟對翰林學士有詳細的論考，整個中樞體制的發展演變和重大轉折亦未詳作論述。

3 論述翰林學士、樞密使的文章雖也有一些，但較之論述三省制度的文章要少得多，參見文後附錄。

官志等，《大唐六典》編纂於玄宗開元之時，記載的是唐代前期的制度，不幸的是，新、舊《唐書》職官志的編寫者沒有對整個唐代官制作認真的總結，而是盲目依從《六典》所載中樞官制，《舊唐書》基本上是抄襲《六典》原文，《新唐書》除有少許增補，文句上有些更動外，也多是照抄《六典》。宋人陳振孫《直齋書錄解題》卷六《唐六典三十卷》條云：「案《新（唐）書・百官志》皆取此書，即太宗貞觀六年（632）所定官令也。」趙彥衞《雲麓漫鈔》卷五亦云：「本朝（宋）修《唐書》…… 今觀《百官志》，乃《唐六典》。」兩《唐書》所載中樞官體系，完全是依照《唐六典》三省六部九寺諸監的體系排列，《通典》職官部分也是按照舊的體系編纂。因此，翰林學士、樞密使等一些後起重要職官或沒有記載（《六典》《通典》），或記載得十分簡略（兩《唐書》），論者若不加詳審，就會將《六典》所載三省六部九寺諸監系統，誤作為整個唐代的中央職官。後人有關隋唐官制的論著，大都沒有擺脱《唐六典》的窠臼。如楊樹藩、沈任遠諸先生論述隋唐政制的長篇專著，對唐後期的翰林學士、樞密使等重要職官就很少提及。因此，唐代整個中樞的重大轉折以及唐後期的中樞新體制，至今仍曖昧不明，這不能不說是隋唐史研究中的一大缺陷。

本書既旨在揭示隋唐中樞體制的轉折，就必須做溯源析流的工作。但鑒於學術界對三省制度已有大量的研究，許多問題無需我們詳論，所以本書對三省制不作面面俱到的敍述，而是力求抓住三省體制的實質，抓住制度的特點，勾畫出制度發展演變的軌跡，並分析體制轉變的內在原因。對唐後期新中樞體制，則儘量作詳細的考論，以補舊史記載的缺陷。我們努力蒐集了散見於舊史紀傳、筆記及各類文集中的史料，對「新三頭」的建置、沿革、特點、職能和結構、工作制度等問題進行多方面考證，希望能將被長期遮掩的新中樞體制揭示於學術界。但由於論題較大，牽涉面廣，問題複雜，本文疏漏錯訛之處必定很多，懇請專家學者不吝指正。

目　錄

第一章

隋唐中樞體制的建立與禁省制度

眾所周知，秦漢以三公九卿為中央政府，隋唐以三省六部為政務中樞，兩種體制的演變交替，歷時千載，古今中外學者雖多有論述，但問題仍然很多。本章着重從三省體制的形成特點及與之關係極大的禁省制度入手，對這個問題作進一步探索。

我們知道，不論是三公九卿職官系統，還是三省六部職官系統，都是專制皇權支配下的封建統治機構，其性質沒有變化，但是，組織和運行機制卻有了很大發展。隋唐三省中樞體制區別於秦漢三公九卿制度的最大特點是：決策機構的設置以及決策與行政的分職。這一特點，不僅是秦漢千年來中樞政治制度，而且也是隋唐中樞體制發展演變不可忽視的問題。

在封建專制制度下，國家最高權力屬於君主，宮廷成了國家政治生活的中心。君主權力的核心是決策，「天下之事無小大皆決於上」[1]，國家大政必須通過皇帝的裁決，才能實施。但是，皇帝畢竟不能包攬天下事，且皇位繼承制度決定「明君聖主」極少，於是，作為君主決策的補充，宰相謀臣的輔佐和參與策劃就成為不可缺少的了。唐太宗說：「帝王之為國也，必藉匡輔之資。」[2] 又說：「一朝忽無良相，如失兩手。」[3] 清人黃宗羲亦曰：「天子之子不皆賢，尚賴宰相傳賢足相補救。」[4] 因此，歷朝都有少數大臣作為

---

1 《史記》卷六《秦始皇本紀》。

2 《帝範．求賢第三》。

3 《貞觀政要》卷二《任賢第三》。

4 《明夷待訪錄》。

「匡輔」，和皇帝一起構成統治階級的最高權力核心，即所謂政治中樞。

秦漢之際，丞相曾擁有很大的權力。其「掌丞天子，助理萬機」[1]的特殊地位，可以說是一人之下，萬人之上。《唐六典》卷一《尚書令》條曰：「秦變周法，天下之事皆決丞相府。」丞相不僅協助皇帝決策，而且奉旨執行。由於事繁權重，由丞相自行辟除掾屬的丞相府幕僚日益膨脹。衞宏《漢舊儀》卷上曰：「丞相典天下誅討賜奪，吏勞職煩，故吏眾。」相府分曹辦事，逐漸構成一個完整的行政網，使其一度成為既參掌決策，又執掌行政的權力機關。

決策權既與皇權密不可分，丞相權力的擴大必然為皇權所不容，為了加強對決策權的直接控制，皇帝逐漸把決策權轉移於內廷宮禁，以御用的宮廷祕書來「代擬王言」，取代三公之一的丞相來協助決策。從漢武帝重用尚書官始，國家的大政方針往往決定於禁苑，丞相府只負責行政，以致決策與行政逐漸分職，形成內重外輕之勢。在原三公九卿系統之外，新興的中朝官系統在禁內逐漸操持國柄。自是內廷外朝的界限逐漸分明，朝中大事直接謀之於內廷親信，外朝公卿長久未能進入政權核心，只負責日常行政事務。經過東漢、魏晉南北朝的發展，起先是尚書台，爾後是中書省和門下省，依次由宮廷御用侍從組織發展為國家的決策出令機關，其官員亦都由卑賤的宮職演變成正式的朝官，這是秦漢至隋唐千年來中樞最引人注目的變化。

君主決策權的運用，一般採用頒發詔書的形式。詔書是皇帝利用文書頒佈的命令，古時因寫在絲綸之上，又稱「綸命」；隋唐時用麻紙書寫，故稱「麻制」。劉知幾曰：「詔命，皆人主所為。」[2]只有皇帝的命令才能稱之為「詔」，所謂「王言所敷，惟詔令耳」[3]，它集中表達了皇帝的意志，具

1 《漢書》卷十九上《百官公卿表第七上》。

2 《史通》卷五《載文》。

3 《四庫提要・詔令奏議類・敍》。

有無上的威嚴。南朝人劉勰曰：「皇帝御宇，其言也神。」[1] 唐人趙蕤曰：「帝者，體天則地，有言有令，而天下太平。」[2] 但是，詔命所繫，雖事關重大，帝王卻並不親自書詔，歷代皆有所謂「司言」之官。先秦司言之任多由「史官」，有所謂左史、右史、內史、外史，秦及西漢初則專任御史。由於這時還沒有發生決策與行政分權，這類史官雖掌王言，卻不謀議，所以除秦漢的御史大夫外，職都不顯，在中樞中也無甚地位。但漢武帝以後情況就大不一樣了，由於決策權移入內廷宮禁，掌司王言的宮官已不是單純地草詔，而是直接或間接地參與決策，參掌機衡，代表皇帝發佈命令，其地位日益顯著。尚書、中書、侍中等官，就都是通過掌司王言、出納詔命而致身通顯的。

尚書原為少府屬官，起初不過是主管收發文書的小吏。《唐六典》卷一《尚書令》條載，秦「置尚書於禁中，有令丞，掌通章奏而已」。由於漢武帝後尚書參議表奏，出納王命，其身份迅即發生變化。漢成帝建始四年（前 29），尚書分曹辦事[3]，其組織和機構也迅速發展，成為御用的內廷機關。至東漢初，「光武親總吏職，天下事皆上尚書，與人主參決，乃下三（公）府」[4]，其決策事權逐漸固定，同時，尚書稱台，其台、曹、郎曹三級組織也已具體化，成為事實上的國家施政機關。關於兩漢尚書職事，《北堂書鈔》卷五九《尚書總》條遍引諸書，條列云：「典機密」「典樞機」「參機衡」「總萬機」。又引《漢官解詁》云：「機事所總，號令攸發。出納詔命，齊眾喉舌。」所謂「機事」「機密」「機衡」「樞機」「萬機」等，其實就是指決策事務，即在內廷宮禁機要之地參與國家大政的決策，其具體形式即所謂「出納詔命」。《北堂書鈔》卷五一引《漢舊儀》云：「尚書令兼掌詔奏。」《文心雕龍．詔策第十九》曰：「兩漢詔誥，職在尚書。」《藝

1　《文心雕龍．詔策第十九》。

2　《長短經》。

3　《通典》卷二二《職官四．尚書省》條：「置尚書五人，一人為僕射，四人分為四曹。」

4　《唐六典》卷一《尚書令》條。

文類聚》卷四八《職官四．尚書》條引漢明帝詔曰：「尚書，蓋古之納言，出納朕命，機事不密則害成，可不慎歟？」說明出納詔命事關重大，是軍國大計之所繫，而被視為皇帝的「喉舌」。又《通典》卷二二《職官四．尚書省》述東漢尚書台：

> 出納王命，敷奏萬機，蓋政令之所由宣，選舉之所由定，罪賞之所由正。斯乃文昌天府，眾務淵藪，內外所折衷，遠近所稟仰。

就其職事性質來說，尚書已成為國家最高決策機構是無可置疑的。皇帝利用尚書宮官，把決策大權逐漸引渡到自己的臥室，終於實現了決策權與行政權的分離。

決策機構的設置，使漢代中樞體制發生了巨大變化，早在西漢昭帝時，霍光以大司馬大將軍錄尚書事，「政事一決於光[1]。自後匡輔之臣只有加錄尚書事銜，和決策機構結合，才能參預決策，算是真宰相；反之，則徒有宰相之名，卻無宰相之實。東漢時，「眾務悉歸尚書，三公但受成事而已」[2]。

魏晉南北朝時期，決策機構又發生了新的變化。《困學記聞》卷十三《考史》條云：

> 漢政歸尚書，魏晉政歸中書，後魏政歸門下，於是三省分矣。

這裏所謂「政」，即指的「出納詔命」，典掌機密，也就是決策事務。就是說，尚書的決策地位被新的決策機構取代，出現了新的分權分職。如果把兩漢尚書取代三公看成是我國中樞政制發展史上決策與行政的第一次分職，那麼，魏晉南北朝時期中書、門下取代尚書決策則是第二次。尚書

1 《漢書》卷六八《霍光傳》。

2 《通典》卷二二《職官四．尚書令》。

決策權被剝奪的原因與三公之一的丞相有關。東漢末，尚書稱省[1]，有令、僕、六尚，合稱「八座」，郎曹組織多達三十六個，不僅侵奪三公事權，也掠取九卿職事，幾乎包攬了一切政務，而不限於決策。但其所掌事務越多，相去權力核心也就越遠。其組織機構越龐大，皇帝的禁宮就越無法容納，最後也就走到了窮途末路，以致被攆出禁宮，不再擔當機衡之任，而失去決策權，成為執行官。魏文帝黃初（220—226）初，將前王國祕書改為中書，置監、令，代尚書典出納詔命，史稱曹魏中書監、令「內握機柄」，「典綜機密」[2]，「號為專任」[3]。西晉承曹魏，中書職任貴重尤甚，被稱為「鳳凰池」。[4]同時，門下省也參與出納詔命，與中書分權，地位扶搖直上。《晉書》卷四五《任愷傳》載：任愷為侍中，「總門下樞要」，「萬機大小，多管綜之」。尚書省已完全成為執行機構了，中書省和門下省交替掌機衡，成了新的決策機關。

中書、門下之成為決策機構，也完全是通過起草詔書、出納王命這一階梯。《冊府元龜》卷五五〇《詞臣部·總序》曰：「魏制，中書監、令並管機密，掌贊詔命，典作文書。屬官通事郎，掌草詔，即漢尚書郎之任。」而尚書省決策權的喪失，正是由於被剝奪了詔書起草出納的職事。《通典》卷二二《職官四·尚書省》載：「自魏晉重中書之官，居喉舌之任，則尚書之職，稍以疏遠；至梁陳，舉國機要，悉在中書，獻納之任，又歸門下，而尚書但聽命受事而已。」由於匡輔之臣必須與決策機構結合才真正有權，這時，三公必須兼中書令、侍中才是真宰相，甚至出現了乾脆就以中書令、侍中當宰輔之任的情況。《初學記》卷十一註：「古者宰相本是三公，至魏晉中書令掌王言，才望既重，多以諸公兼之，近世以來，若三公無其

1　《初學記》卷十一引《續漢官志》有尚書省名。

2　《三國志·魏書》卷九《夏侯玄傳》。

3　《三國志·魏書》卷十四《蔣濟傳》。

4　《晉書》卷三九《荀勖傳》載：勖以中書監改「守尚書令。勖久在中書，專管機事，及失之，甚罔罔悵恨。或有賀之者，勖曰：『奪我鳳凰池，諸君賀我邪？』」。

人則闕，而中書令當宰輔之任。」可見，決策機構的變動牽動着相職的轉移，出納詔命，典掌機密成了宰相職權的標誌。

東晉南北朝時，由於詔命所寄時有變更，使決策機構動盪游移，樞密之任或分於散騎、集書[1]，或政歸舍人省[2]，或權在內祕書[3]。但是，中書、門下兩省的決策地位仍在不斷發展、鞏固，大致說來，南朝政歸中書，北朝「尤重門下」[4]，尚書省掌執行，則自魏晉以來歷朝不變，業已固定化，「於是，三省分矣」。

隋朝集漢魏以來制度變化之大成，在總結經驗的基礎上，對中樞機構進行了全面的釐整。文帝初即位，即採取了兩項重大措施：其一為徹底廢除三公府及其僚屬。《舊唐書》卷四三《職官二・中書令》註：「隋文帝廢三公府僚，令中書令（內史令）與侍中（納言）知政事，遂為宰相之職。」其二為廢除淩駕於三省之上的錄尚書事。《通典》卷二二《職官四・錄尚書》載：「自魏晉以後，亦公卿權重者為之，職無不總。……自隋而無。」這兩項措施推掉了壓在三省頭上的兩頂磨，使宰相名號直接和決策機構掛上了鈎，三省作為政務中樞的地位終於突出起來，成為名副其實的最高政務機關。隋還對三省內部機構進行了調整。隋以前，尚書、中書兩省機構發展得比較完備，文帝對前代規制名號加以總結，使之定職、定編、定

1 《通典》卷二一《職官三・散騎常侍》條：「東晉……中書職入散騎省，故散騎亦掌表詔焉。……宋置（散騎常侍）四人，屬集書省。……梁謂之散騎省……常侍亦四人，功高者一人為祭酒，與侍中高功者一人對掌禁令……」

2 《南齊書》卷五六《倖臣傳・序》：「建武世，詔命殆不關中書，專出舍人。」又《通典》卷二一《職官三・中書舍人》條：「齊永平初，中書通事舍人四員，各住一省，時謂『四戶』，權傾天下。」致有舍人省（《隋書》卷二七《百官中》）之稱號，出現了「寒人掌機要」的局面。

3 《資治通鑒》卷一二六宋文帝元嘉二十九年記「宗愛為宰相，錄三省」，胡三省註：「魏蓋以尚書、侍中、中祕書為三省。」中祕書又稱「內祕書」。同書卷一三六南齊永明四年記北魏「內祕書令李沖」，胡三省註曰：「祕書省在禁中，故謂之內祕書令，亦謂之中祕。」其職掌據《魏書》卷三六《李敷傳》為：「內參機密，出入詔令。」蓋中書之任也。

4 《通典》卷二一《職官三・宰相》。

名，機構更加完善化了。至煬帝時，又對門下機構進行了調整，大業三年（607），煬帝「分門下、太僕二司，取殿內監名，以為殿內省」，將原屬門下省的帶有宮廷服務性質的尚食、尚藥、禦府等局分出，使門下省成為單純的政務機關。又「移吏部給事郎名為門下之職，位次黃門下，置四人，從五品，省讀奏案」[1]。完善了門下省直屬三級官體制。門下機構的完善，標誌着三省機構的最後成型。隋文帝還「廢（內史）監，置令二人」[2]。歷代相沿的內史（中書）監（從二品）自此不再置。同時，尚書省的尚書令（正二品）也不常置。於是，尚書僕射二人、內史令二人、納言二人成為三省首長，他們各領本省庶政，又同為法定宰相。三省各為獨立機構，各有所職，互相配合，相持平衡，共執國柄，隋唐以三省為政務中樞的體制正式建立了。

隋唐中樞體制建立後，史學界一般認為：三省已「完全脱離了內朝官的地位」[3]，「一變漢代內外朝為渾一政府」[4];其官「先後由宮官轉變為朝官」[5]，似乎此時內外朝界限已涇渭分明，內廷僅有宦官，三省則皆為外朝官。徵諸史籍，我們發現事實並非如此，澄清這一點，對於我們了解隋唐中樞體制的特點及決策機構的性質，是極為重要的。

我們知道，三省皆起於宮禁。蔡邕《獨斷》曰：「禁中者，門戶有禁，非侍御者不得入，故曰禁中。孝元皇后父大司馬陽平侯名禁，當時避之，故曰省中。」又顏師古釋「省」曰：「省，察也。言入此中皆當察視，不可妄也。」[6]由於尚書、中書、門下皆出自禁省，遂得以「省」為官署名。然而隨着決策權的喪失，尚書省早在魏晉時已被攆出宮禁，中書、門下兩

1　《隋書》卷二八《百官下》。

2　《隋書》卷二八《百官下》。

3　魏俊超《試論中國封建社會相職的演變》。

4　孫國棟《唐代三省制之發展研究》卷一《引論》。

5　王素《三省制略論》第六章第四節。

6　《漢書》卷七《昭帝紀》顏師古註。

省至隋唐時雖也在禁外設立了衙署，但仍有一部設在禁內。《唐六典》卷七《工部尚書》條註：

> 按，中書、門下，凡有三所，並在宮城之內。

參閱歷代相傳的隋大興宮（即唐太極宮）圖[1]，可知中書、門下兩省各分二部，一部居禁內，稱「內省」；一部居禁外，稱「外省」。查文獻：《資治通鑒》卷一八七武德二年有「門下內省」的記載；《貞觀政要》卷一《政體第二》有「中書內省」的記載，元人戈直註曰：「唐制，中書內省，在禁中。」又《舊唐書》卷八二《許敬宗傳》:「乾封初，以敬宗年老，不能行步，特令與司空李績每朝日各乘小馬入禁門至內省。」按，此處內省當係門下內省，許敬宗、李績時皆宰相，入設於門下內省的政事堂議政也。由此可以確知隋唐中樞決策機構的中書省和門下省並沒有被擯出宮禁，二者皆有內省在禁中，以掌機衡之任。

把決策機構分為內外兩部，並非始於隋唐，北魏前期掌詔令的祕書省就有內外之分。[2]又據《北齊書》卷四二《崔劼傳》:

> 天保初，以議禪代，除給事黃門侍郎，加國子祭酒，直內省，典機密。

是北齊決策機構也有內外之分，而且以內省典機密。由此可知，自漢武帝把決策大權移入宮禁，直到隋唐，歷代機密決策出令都固定在禁內，國家最高權力的中心一直就沒有離開過皇帝的住地，這是三省中樞體制形成的一個重要特點。

禁省制度是皇帝制度的一個重要部分，禁省的設置，不僅是為了保衞

---

1 見《長安圖志》卷上。

2 參見陳琳國《北魏前期中央官制述略》。

皇帝的安全，也在於維護皇帝的特權。由於宮內嬪妃很多，大臣朝士不便擅入，東漢時，禁中「悉用閹人，不復雜調他士」[1]。宦官把持宮禁，曾一度造成宦官擅政，對中樞政局造成了很大影響。所以，顧炎武說：「宦官之盛，繇於宮嬪之多，而人主不欲近刑人，則當以遠色為本。」[2] 漢魏以來宮禁制度雖嚴，但禁內也有某些地域准許朝士出入，並設有辦事機構，這一地域即所謂「中朝」，其官謂「中朝官」。葉夢得《石林燕語》卷二載：

> 古者天子三朝：外朝、內朝（即中朝）、燕朝。

所謂「朝」，指朝會，即皇帝依據政務和朝儀的區別，在皇宮的三個不同地點坐朝聽政，舉行典禮，因此皇宮也就劃分為三重。程大昌《雍錄》卷三曰：

> 隋大興宮為唐太極宮，圖載西內（即太極宮）有外朝、中朝、內朝（即燕朝）三重。

可見，隋唐沿襲漢魏，也有三朝的建制，也就是說，仍然存在所謂中朝和中朝官。

太極宮初名大興宮，始建於隋文帝時，是隋和唐初的皇宮和政治中樞所在地。太極宮分南北二部，南面稱皇城，北面為宮城，因城門有禁，又稱宮禁。宮城內西有妃嬪居住的掖庭宮和宦官所居的內侍省，東有太子所居的東宮，北有玄武門；宮內主體由北而南分為兩重，即所謂燕朝和中朝，出禁外，即是外朝。《唐六典》卷七《工部尚書》條記載其三朝建制曰：

> 宮城在皇城之北，南面三門，中曰承天，東曰長樂，西曰永

1 《後漢書》卷七八《宦者傳・序》。

2 《日知錄》卷九。

安。若元正冬至，大陳設燕會，赦過宥罪，除舊布新，受萬國之朝貢、四夷之賓客，則御承天門以聽政。（原註：蓋古之外朝也。）

其北曰太極門，其內曰太極殿，朔望則坐而視朝焉。（原註：蓋古之中朝也。）

次北曰朱明門⋯⋯又北曰兩儀門，其內曰兩儀殿，常日聽政而視事焉。［原註：蓋古之內（燕）朝也。］（參見圖一）

據此，太極宮以承天門、太極殿、兩儀殿為中心，劃分為三重，承天門外是外朝，即禁外。禁內最深處是以兩儀殿為中心的燕朝，亦謂之「後宮」，是皇帝、皇后常居之處，皇帝常日坐兩儀殿視事，只有少數大臣可以應召入內和皇帝商討軍國大事。中朝以太極殿為中心，在兩儀殿前兩儀門外，和後宮有一道牆相隔，由於皇帝經常至此與宰相論政，其實際政務活動最為頻繁。唐高祖李淵的登基大典即在此殿舉行，並將殿名「大興」改為「太極」。[1] 大殿前左右兩廊外是中書內省和門下內省，中書居西，門下居東，另有文屬於兩省的弘文館和史館機構。由於決策機構集中於此，所以中朝地域成了隋唐政治的實際中心，匯集了巨大的權力。

中書、門下兩省在禁中有辦事機構，其官員可以經常出入宮禁，侍奉皇帝，因此被稱為「供奉官」[2]。供奉官在中朝辦事，可以隨時面見皇帝，其政治地位顯然較一般大臣更為優越，類似於兩漢的中朝官。另一方面，中書、門下兩省在禁外又設「外省」機構，有相當人員是在外省，即外朝辦事，或輪流入值內省辦公，說明他們又具有朝官身份，也可以視為外朝官。這種建制便於溝通內外，密切決策機構與執行機構的聯繫。這說明隋唐供奉官又不完全同於兩漢的中朝官。

中書、門下外省所在的禁外皇城，亦稱子午城。皇城以尚書省為中

1　《舊唐書》卷一《高祖紀》。

2　《資治通鑒》卷二一五唐玄宗天寶四載載：「諸楊日夜譽兼瓊，且言（楊）釗善樗蒲，引之見上，得隨供奉官出入禁中。」胡三省註：「唐制，中書、門下省官皆供奉官也。」

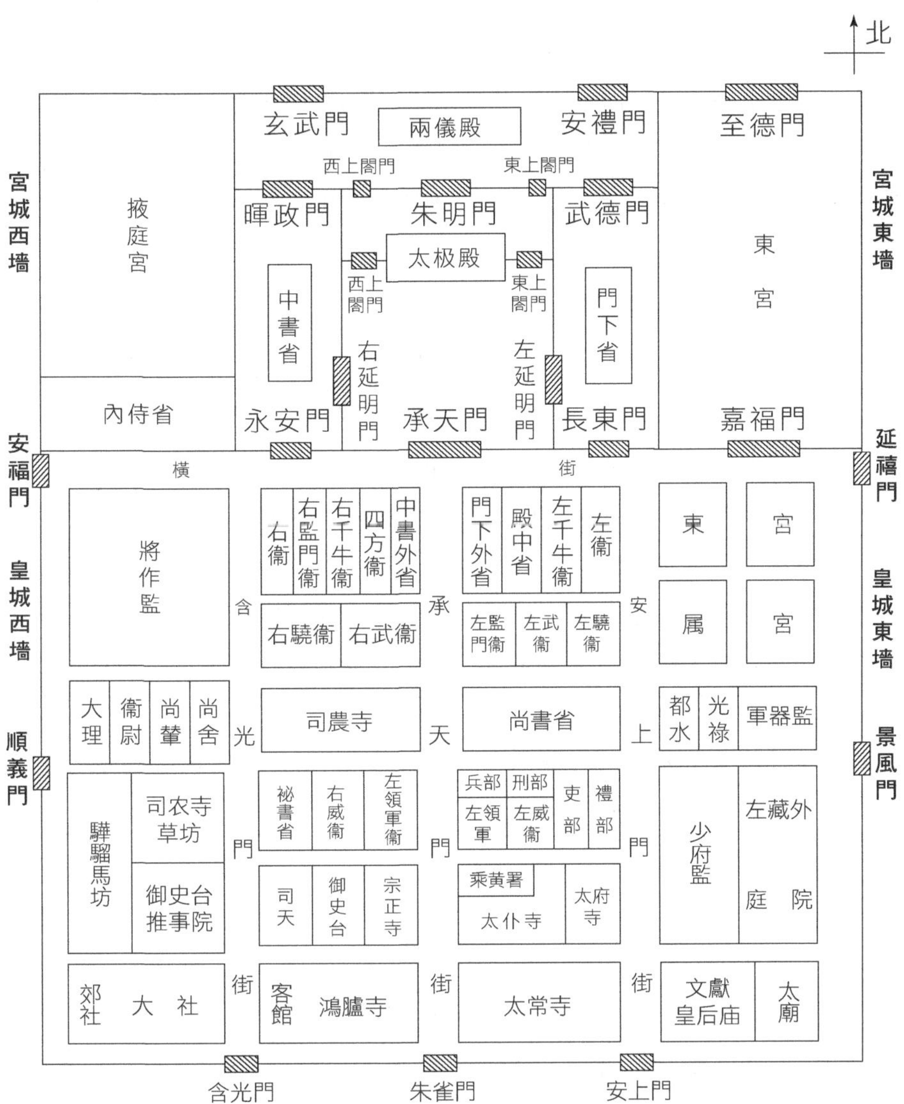

本圖參考：

① 馬得志、楊鴻勛《關於長安東宮範圍問題的研究》所附圖一。（載《考古》一九八七、一）

② 平岡武夫《長安與洛陽》附圖十二、十三。

③ 徐松《唐兩京城坊考》。

④ 李好文《長安志圖》。

圖一：唐太極宮衙署建制圖

心，集中了中央政府幾乎所有衙署。《長安志》卷七記皇城有「南北七街，東西五街，其間並列台、省、寺、衞」，是封建政府的行政中心。將中央官署集中於宮禁南面，並在其外圍另築皇城，乃是隋文帝的創舉。[1]這一創革，使中央各行政衙署更加集中，更加規整，其與禁宮決策機構相對而居，成為一個施政整體，提高了行政效率，也加強了皇帝對行政機構的控制。

但是，皇城和宮城大有差別，隋唐時禁內外界限十分明顯。貞觀八年（634），左僕射房玄齡在路上碰見主管百工的少府監竇德素，問「北門近來更何營造」？太宗知道後大為惱怒，說：「君但知南衙事，我北門少有營造，何預君事？」[2]可見禁內事務即皇帝家事，宰相大臣是不准過問的。皇帝既然把決策機構安置在家門內，宰相議政決策就必須入門進皇帝的家，出入宮禁猶如出入皇帝臥室，為了戒備非常，以防不虞，供奉官，即使是宰相入禁省亦要搜身，即所謂「監搜」，又稱「覊制」。[3]這一制度乃承襲魏晉，直到唐末才稍有緩解。《石林燕語》卷二云：

> 自魏晉以來，凡入殿奏事官，以御史一人立殿門外搜索，而後許入，謂之監搜……至唐猶然。

宇文紹奕考異註曰：

> 唐制，百官入宮殿門必搜，非止為奏事官也。大和元年（827）詔：今後坐朝，眾僚既退，宰臣復進奏，其監搜宜停止。謂宰臣勿搜，非皆罷也。

1 《長安志》卷七記：「自兩漢以後，至於晉、齊、梁、陳，並有人家在宮闕之間，隋文帝以為不便於民，於是皇城之內唯列府、寺，不使雜人居止，公私有便，風俗齊肅，實隋文新意也。」隋以前宮闕之間住有人家，可見百官衙署並不集中，也不可能有皇城。

2 《貞觀政要》卷二《納諫第五．直諫》。

3 《舊唐書》卷一七上《文宗紀上》。《冊府元龜》卷九九《帝王部．推誠》。

若不遵守規定，守門官就要受到嚴厲的處罰，《新唐書》卷九九《戴胄傳》載：

> 長孫無忌被召，不解佩刀入東上閤。尚書右僕射封德彝論監門校尉不覺，罪當死。

可見宮禁守衛相當嚴密，禁內外界限十分明顯。宰相入宮議政要搜身，這和秦漢時「丞相進，天子御座為起，在輿為下，丞相有病，皇帝法駕親自問疾」[1]的境況相比，真是不可同日而語，充分說明了專制皇權的進一步強化。決策權與皇權既不可分割，決策機構這時已是牢牢地掌握在皇帝的手掌心了。

1　《通志》卷五二《職官略・宰相總序》。

第二章
三省的職能與結構

前輩學者對三省制度的研究可謂多矣，但由於對三省的職能關係、工作程序和內部組織、結構缺乏深入的剖析，因而頭緒不清，溢美之詞不盡得體，不確之論時有所見。作為封建時代的中樞體制，三省制確有其極大的優越性，但其真正存在的時間大約僅在隋及唐代前期，不出百年就發生了變形並很快遭到破壞。除去社會政治變遷及權力鬥爭的背景外，三省體制的變故也有其內部結構和組織目標方面的原因，此又是學界多所忽略的。

三省早在漢魏之際已實行分權，但隋以前，三省，特別是中書省和門下省的職責權限和相互關係還很不明確，談不上是權能配合的中樞體。而構成隋唐中樞的中書、門下、尚書三省，則各自既是獨立的機構，又相集為一個統一的整體。

隋唐三省在運行機制上納入了同一軌道。所謂三省分權，其實即施政過程中的三道程序。在君主專制制度下，國家權力繫於君主一身，在運作中則以皇帝的詔令來體現，三省的工作運轉，正是圍繞着皇帝的詔書來進行。具體地說，就是中書、門下兩省以皇帝的名義草擬和頒發詔令，尚書省執行詔令。《朱子語類》卷一二八有一段敍述三省制詔程序及其運行機制的話：

> 唐初，每事先經由中書省，中書做定將上，得旨，再下中書，中書付門下。或有未當，則門下繳駁，又上中書。中書又將上，得旨，再下中書，中書又下門下。若事可行，門下即下尚書省。尚書

省但主書填「奉行」而已。

三省的運轉配合如此協調周密，特別是詔令的製作更相當縝密，往往要多次反覆。詔令的製作程序可以說是決策程序，如果再加上執行程序，就構成一個完整的施政過程。三省職事相加，正是這樣一個完整的過程。

但是，三省的職能性質在隋唐正史和官修政典的記載中卻很不明確，所見多半是各省屬官職掌的記註。據此，宋人作過一些概括。如趙升《朝野類要》卷二云：「中書擬定，門下進畫，尚書奉行。」陳振孫《直齋書錄解題》卷六《職官類．唐六典》條稱：「中書造命，門下審覆，尚書奉行。」王應麟《困學記聞》卷十三《考史．漢魏六朝》條註：「中書主受命，門下主封駁，尚書主奉行。」《文獻通考》卷五〇《職官四．門下省》引胡致堂曰：「中書出令，門下審駁，分為二省，而尚書受成，頒之有司。」除尚書主奉行被一致公認外，對中書、門下兩省職事的歸納，存在着一些差別。這說明古人對中書、門下兩省職事性質的理解是有分歧的。對此，當今學界並未加以注意，其認識至今依然含混不清。

對三省職能性質認識不清的關鍵，在於對兩省職事性質認識的模糊。如前所述，兩漢以來，中樞機構有了內外朝之分以及決策與行政的區別，確切地說，即決策歸於內朝，行政歸於外朝。[1] 隋和唐初時中書、門下兩省既然仍然具有內朝地位，在禁中設有內省，說明隋唐中樞三省仍然有內外朝的劃分，且仍然是內朝掌決策，外朝掌行政。唐太宗曾說「中書、門下，機要之司」[2]，明確指出兩省是朝廷的機要決策機構。由此可見，中書、門下兩省的職能性質是大致相同的，都是皇帝的決策輔助機構。兩省地處宮禁，「對居近密」[3]，具有同等的地位，這和隋以前機衡之任偏重於一省，

1　參見勞榦《漢代尚書的職任及其和內朝的關係》。

2　《資治通鑒》卷一九三，唐太宗貞觀三年。

3　《資治通鑒》卷一八六唐高祖武德元年。胡三省註云：「黃門侍郎居門下省，謂之東省；中書侍郎居中書省，謂之西省，故曰對居近密。」

中書、門下交替出令的情況相比，應該說是體制上的調整和完善。

中書、門下兩省既職能性質相同，其人員編制、組織結構亦大體相同。兩省參預決策的直屬政務官都分為三級：中書省有中書令二員（正三品）、中書侍郎二員（正四品）、中書舍人六員（正五品上），共合十員；門下省有侍中二員、黃門侍郎二員、給事中四員，共合八員，品秩與中書三級官對應相等。兩省直屬三級官體制的第一級中書令和侍中各為本省首長，「總判省事」[1]，又同為法定正宰相，「佐天子而執（統）大政」[2]。第二級官的兩省侍郎各為本省次長，「掌貳令（侍中）之職」[3]，「通判省事」[4]，一般又多加差遣銜「參議」大政，任副宰相。兩省直屬第三級官的中書舍人和給事中各在本省掌具體政務，「分判省事」[5]，作為宰相、副相的助手，被稱為「宰相判官」[6]。三級政務官不同程度地參預樞機，在決策機構中「總判」「通判」「分判」省事，上下級關係十分明確。又據《唐六典》所載中書、門下兩省編制統計，三級政務官以下，中書省設有下級令、史、書、吏 221 名，門下省 68 名。兩省令、侍、給、舍及其直屬令、史、書、吏通過權責和任務分配結成兩套系統協調、精幹而極具效率的工作班子，其人員編制和組織目標達到了和諧的統一。

中書省的具體工作為起草詔書和批答章奏，其性質都是代皇帝立言，是決策出令過程中的一道重要程序。單純的草詔，只是祕書事務性工作，但中書令既身為宰相，「掌軍國之政令」，其工作就絕非單純的祕書事務。中書三級政務官以皇帝的名義批答百司奏鈔章表，書草詔令制敕，要經過

1 《通典》卷二一《職官三．中書令．侍中》。

2 《唐六典》卷八《侍中》、卷九《中書令》。

3 《唐六典》卷九《中書侍郎》、卷八《門下侍郎》。

4 《通典》卷二一《職官三．中書侍郎．門下侍郎》。

5 《通典》卷二一《職官三．中書舍人．給事中》。

6 錢易《南部新書》丁篇載：「中書舍人，時謂宰相判官。」又見《太平廣記》卷一八七引《盧氏雜說》。

反覆討論，「宣署申覆」[1]，手續繁多，實際上是協助皇帝決策立法，制定政策。在批簽草擬工作中，中書令和其副手侍郎以宰相身份審定把關，具體運筆則為舍人。據《唐六典》卷九《中書省．中書舍人》條：

> 六人分押尚書六司，凡有章表，皆商量可否，則與侍郎及令連署而進奏。

又錢易《南部新書》乙篇載：

> 凡中書有軍國政事，則中書舍人各執所見，雜署其名，謂之五花判事，其舍人中選一人明練政事者，專典機密，謂之解事舍人。

這裏所述「六人分押尚書六司」的「六押」制度和「五花判事」，正是作為「宰相判官」的中書舍人批簽奏章的制度。由於百司章奏總匯尚書省，經門下送達中書省，所以中書舍人批簽奏章，按尚書六部進行分工，「分押六司」，六員舍人各押一部，進行對口監督，以「平奏報」[2]。「平」乃「批」之意，即有權處理一般政務，提出初步意見，交令、侍定奪。而所謂「五花判事」，據《新唐書》卷四七《百官二．中書省》條：「大事舍人為商量狀，與本狀皆下紫微令，判二狀之是否，然後乃奏。」此事《唐會要》卷五五《省號下．中書舍人》條有更詳盡的記載：

> 開元二年（714）十二月二十日，紫微令姚崇奏：「中書舍人六員，每一人商量事，諸舍人同押，連署狀進說。凡事有是非，理均與奪，人心既異，所見或殊，抑使雷同，情有不盡。臣令商量，其大事執見不同者，望請便作商量狀，連本狀同進。若狀語交互，恐

1　《唐六典》卷九《中書令》。

2　《舊唐書》卷一八《楊炎傳》。

煩聖思，臣既是官長，望於兩狀後略言二理優劣，奏聽進止。則人各盡能，官無留事。」敕曰：「可。」

可見「五花判事」就是中書舍人「佐宰相判案」，[1]為最高決策提供參謀和諮詢。凡繫軍國大事，舍人六員得各執所見，廣為商討，集思廣益，提出「商量狀」，擬定各種備選方案，供宰相作最優選擇，起到決策智囊團的作用。而有時，宰相也會主動找中書舍人，「諮訪政事以自廣」[2]，所以中書舍人中「明練政事者」又獲得了「解事舍人」的美稱。舍人「五花判事」後，中書令把商量狀集中，並根據自己的選擇略陳己見，寫下簡略的批語，然後，交皇帝作最後裁奪。此制對於提高中樞決策的科學性、正確性具有重要意義，因此，中書舍人在朝政決策中極為活躍，地位崇重，成為「文士之極任，朝廷之盛選」[3]，而為文學才華之士竟趨之鵠的。

軍國大政經過皇帝裁定，就要制為詔令送有關官司執行。草擬詔書是中書省的中心工作，《唐六典》卷九《中書省．中書舍人》條稱：

其中書舍人在省，以年深者為閣老，兼判本省雜事，一人專掌畫，謂之知制誥，得食政事之食，餘俱分署制敕。

舍人一人執筆掌畫，得預宰相政事堂會議，食政事之食，是直接進入了高層決策核心，充當機要祕書，其餘舍人則「分署制敕」，輪流值班，待命草詔。

中書詔令製作的程序，大概先由皇帝出旨，或將經皇帝批准的宰相政事堂議決制為「詞頭」，由令、侍交舍人起草，若「詞頭」有誤，中書舍

1 《唐會要》卷五五《省號下．中書舍人》。

2 《舊唐書》卷一一九《常袞傳》。又《唐會要》卷五五《中書舍人》載：「開元五年（717）高仲舒為中書舍人，侍中宋璟每詢訪故事。時又有中書舍人崔琳達於政治，璟等亦禮焉。嘗謂人曰：『古事問高仲舒，今事問崔琳，又何疑也。』」

3 《通典》卷二一《職官三．中書舍人》。

人可以將其封還，並附狀說明理由，「奏而改正之」[1]。舍人草詔是代表皇帝立言，不僅內容嚴肅，文字要求也很嚴格，要用四六駢儷體，「按典故起草進畫」[2]。為草好詔書，舍人嘔心瀝血，苦思冥想，施展其全部才華，有時也不免要翻閱資料。張鷟《朝野僉載》卷二載：

> 陽滔為中書舍人時，促命制敕，令史持庫鑰他適，無舊本檢尋，乃斫窗取得之，時人號為斫窗舍人。

陽滔的窘迫之狀，活現了舍人工作的艱難辛苦。詔書草好後，交令、侍審定，最後審者、草者都署名，乃轉交門下省。

門下省的總職責，可以用「出納帝命」[3]來概括。所謂出納，即傳達。當然，門下官既居宰相之重，出納非簡單的上通下達。《通典》據唐令式所述門下直屬三級官，都有「駁正違失」[4]的職掌。凡上行下達的百司表奏，中書所擬詔敕，都要經過門下省的審議把關。這樣，門下出納時即以審議封駁為手段，參預立法決策。也只有門下省頒發的詔書，才稱符合手續，才具有法律效力。《唐大詔令集》所載詔令，多以「門下」或門下省的別稱「東台」「鸞台」「黃門」等起首，而沒有一件是以中書或尚書起首的，說明詔令的頒發權在門下省，其對詔令的審議封駁，成為決策出令的又一道重要程序。

門下省的工作程序，史書記載很零散。《唐六典》卷八《門下省》有一段註文，作了一個簡略的排列：

> 覆奏，畫可訖，留門下省為案。更寫一通，侍中註制可，印

1　《唐六典》卷九《中書舍人》。

2　《唐六典》卷九《中書舍人》。

3　《通典》卷二一《職官三・門下省》。

4　《資治通鑒》卷一八五唐高祖武德元年。

逢，署送尚書省施行。

據此，詔敕在門下審覆大約要經過如下幾道手續：

首先，重要敕令必須經門下三級政務官審閱，有時還得向皇帝覆奏，由皇帝「畫可」。所謂「畫可」，即皇帝在中書草擬的詔書上畫一「可」或「敕」字，表示批准同意，這是詔令獲得法律效力不可缺少的手續。宇文化及弒隋煬帝，立煬帝孫秦王浩為傀儡時，「令衞士七十餘人守之，遣令史取其畫敕」[1]。可見連矯詔發令亦不得不履行這一手續。又見陸游《老學庵筆記》卷八載：「自唐至本朝，『中書門下』出敕，其『敕』字畢（必）平正渾厚。」説明皇帝畫敕的手續自唐至宋一貫遵行，而且皇帝畫敕也相當認真，來不得半點潦草與馬虎。經皇帝畫敕的中書詔書，要留在門下省存檔，由門下史「更寫一通」。門下省置有「書令史二十二人」負責抄寫詔書，「甲庫令史七人」[2]，負責存檔工作，另有能書、裝潢、修補制敕匠等吏[3]協助工作。詔書抄好後，由侍中畫押，「註制可」，説明此詔乃是經過皇帝批准的，然後審議者侍郎、給事中和侍中一樣都要簽署姓名。這樣，中書詔敕就變成了門下詔敕。如果認為從中書經門下下達尚書的詔敕為同一張紙，當是極大的誤會。

門下詔敕下達尚書執行之前，必須經過「璽封」，也稱「印逢」，即蓋上皇帝的印璽。這道手續十分重要，「璽者，印也；印者，信也」[4]。只有蓋了皇帝印璽的門下詔敕，才具有法律效力。皇帝印璽有八，隋稱「璽」，

1 《唐六典》卷八《門下省》。

2 《新唐書》卷四七《百官二．門下省》。

3 《唐六典》卷八《侍中》。

4 蔡邕《獨斷》卷上。

唐稱「寶」，八寶用途各有不同[1]，有符寶郎專為保管。《通典》卷二一《職官三》載侍中職事，「侍從負寶」居其首，表面上看似乎是歷史遺留下來的宮職，實際上掌印事權重大，璽封表示皇帝對詔令作出了最後裁定，因此，皇帝「法駕行幸」時，「則八璽為五輿，函封從於黃鉞之內」[2]，由侍中「負寶以從」[3]，以確保朝廷政令不致稽緩。門下詔敕蓋印後由侍中、侍郎親自「監封」[4]，密縫封口，以防泄漏機密，這樣才算完成了最後一道手續。然後，下達尚書省。

中書所擬詔敕若有違失，門下可以駁正，封還中書重擬，即所謂「封駁」。唐太宗說：「國家本置中書、門下以相檢察，中書詔敕或有差失，則門下當行駁正。」[5]這一手續大約進行於侍中向皇帝覆奏、畫可之前，具體執行主要為給事中。《唐會要》卷五四《省號上・給事中》條載：

凡制命頒行，事有不可，給事中職合封進。

又《新唐書》卷四七《百官二・門下省・給事中》條云：

詔敕不便者，塗竄而奏還，謂之塗歸。

所謂「塗歸」，也就是用墨筆於中書詔敕後批改，陳述意見，以駁歸

1　據《唐六典》卷八《門下省・符寶郎》條：「八寶，一曰神寶，所以承百王，鎮萬國；二曰授命寶，所以修封禪，禮神祇；三曰皇帝行寶，答疏於王公則用之；四曰皇帝之寶，勞來勛賢則用之；五曰皇帝信寶，徵召臣下則用之；六曰天子行寶，答四夷書則用之；七曰天子之寶，慰撫蠻夷則用之；八曰天子信寶，發番國兵則用之。」另參見《隋書》卷十二《禮七・印綬》。

2　《唐六典》卷八《侍中》。

3　《新唐書》卷二四《車服志》。

4　《通典》卷二一《職官三・侍中・門下侍郎》。

5　《資治通鑑》卷一九二，唐太宗貞觀元年。

中書重寫，即「批敕」[1]。《唐會要》卷五四《省號上．中書省》載開元十九年（731）四月二十六日敕云：「有駁正者，便即落下墨塗訖，仍於甲上具註事由，並牒中書省。」所謂「甲」，即敕甲，又稱封甲，指詔書的外封[2]有權用墨筆直接在詔敕上塗改，並在封面上「具註事由」，表示異議，可謂非同小可。封駁有「脱誤」，朝廷也不以為罪。[3]給事中以「塗歸」為手段，對大政方針陳述意見，當然是參預了中樞決策，並對整個制令出詔程序具有不可低估的重要影響。有唐一代，給事中封駁詔書的事例史不絕書[4]，受到了統治階級的高度重視。給事中封駁中書詔敕，成為主掌門下政務的骨幹。凡中書詔敕和批答都須經給事中審閱，大事則上侍中、侍郎審議、覆奏，小事則不必覆奏，由給事中以皇帝的名義直接「署而頒之」[5]。給事中和中書舍人一樣，處於中樞權力的要衝，既為機衡之任，當然要嚴守機密，不出差錯。唐人張鷟撰《龍筋鳳髓判》卷一載：

> 中書舍人王秀漏泄機密，斷絞。
>
> 給事中楊珍奏狀錯，以崔午為崔牛，斷笞三十，徵銅四斤。

其處罰之嚴厲及工作制度之嚴格，由此可見一斑。

門下審議手續的完成，也是整個制令出詔程序的完成。門下省的封駁、覆奏、璽封等手續，性質仍然是輔助決策立法，而不應視為是司法，其於決策立法的意義，較之中書批答草擬並不遜色。所以，《資治通鑒》卷二一七唐玄宗天寶十三載曰：「唐初，詔敕皆中書、門下官有文者為之。」

---

1 《舊唐書》卷一四八《李藩傳》：「李藩為給事中，制敕有不可，遂於黃敕後批之。吏曰：宜別連白紙。藩曰：別以白紙是文狀，豈是批敕邪？」

2 龐元英《文昌雜錄》卷三。

3 《舊唐書》卷一七二《蕭倣傳》：「蕭倣……以封駁脱誤，法當罰。侍講學士孔溫曰：『給事中駁奏，為朝廷論得失，與有司奏事不類，不應罰。』詔『可』。」

4 參見顧炎武《日知錄》卷九八《封駁》條。

5 《唐六典》卷八《門下省．給事中》。

說明制令出詔是兩省共同的職事，二者既分工又配合，互相制約，使中樞決策有序可循，因而切實可行，「鮮有敗事」[1]。兩省以其制令出詔程序，和君臣入常朝御前會議及宰相政事堂議決緊密結合，形成唐代極有成效的決策機制，對開創「貞觀之治」生動活潑的政治局面，發揮了巨大作用。

「尚書主奉行」，即施行制敕。尚書省不是決策機關，其與中書、門下兩省不僅職事性質不同，內部組織和工作程序也差異極大。尚書省的機構組織和人員編制都較兩省龐大，有都省（又稱都堂）、六部、二十四司三級機構。五品以上僕、尚、丞、郎官有 52 名，六品員外郎 29 名，加上書、令、史等下級官總計有員 1432 名。[2]《隋書》卷二八《百官下》總論其職事曰：「尚書省，事無不總。」由於尚書省總匯了全國行政，事繁責重，需要維持一個部門齊全的官署和眾多的管理人員，以履行其職責。所以，貞觀名臣劉洎云：「尚書，萬機本。」[3] 開元名相張九齡亦謂：「尚書，國之理本。」[4] 唐太宗強調說：「尚書省，天下綱維，百司所稟，若有一事失，天下必有受其弊者。」[5] 唐高宗亦稱：「中台（尚書省）政本，眾務所歸，分列曹僚，司存是屬。」[6] 宋人歸納為：「王政之本，繫於中台，天下所宗，謂之會府。」[7]

1　《資治通鑒》卷一九三貞觀三年載：「故事，凡軍國大事，則中書舍人各執所見，雜署其名，謂之五花判事，中書侍郎、中書令省審之；給事中、黃門侍郎駁正之。上始申明舊制，由是鮮有敗事。」這裏稱「故事」「舊制」，說明兩省制令出詔程序並非太宗首創，而是隋唐相循的制度。

2　據《唐六典》卷一、二、三、四、五、六、七《尚書都省・吏部》《戶部》《禮部》《兵部》《刑部》《工部》統計。

3　《新唐書》卷九九《劉洎傳》。

4　《全唐文》卷二九二張九齡《故開府儀同三司行尚書左丞相燕國公贈太師張公（說）墓志銘》。原文為：「尚書，國之理本，公悉更之。中書，朝之樞密，公亟掌之。」這裏張九齡更把尚書省與中書省在職能目標上行政與決策的劃分說得很清楚。中書，朝之樞密，乃機要決策機關；尚書，國之理本，是行政總樞。國之理本，即國家的行政管理是也。

5　《舊唐書》卷七〇《戴胄傳》。

6　《唐會要》卷五七《尚書省諸司上・尚書省》。

7　王應麟《困學記聞》卷十三《考史》條。

說明尚書省事權與地位也極為重要。作為國家行政管理總樞，尚書省施行制敕也有一套嚴密的程序和制度。

尚書省的中心工作是怎樣貫徹執行詔令制敕。門下詔敕下達尚書省，須先經都省長官的審閱，若發現差錯，可「不奉詔」[1]，甚至「封還詔書」[2]，但一般都是奉敕力行。詔敕經都省執政官（左右僕射、丞、郎）審閱後，再頒部、司「詳定」，各部、司要根據具體政務和行政法規，進行可行性論證、審定，並聞奏於上。永泰二年（766）四月十五日有敕曰：「敕到南省，有不便於事者，省司詳定聞奏，然後施行。」[3] 所謂「施行」，乃是將詔敕制為具體政令，送交有司執行，原門下詔敕則要由都省存檔並別錄進呈於宮內。[4] 諸司郎中和員外郎對於都省頒下的門下詔敕若認為不便執行，也有權封還，[5] 而兩省對於難作具體判斷的政事，有時也並不忙於草成政令，而是先付尚書部、司「商量」。開元十九年四月二十六日有敕稱：「尚書省諸司，有敕後起請及敕付所司商量事，並錄所請及商量狀，送門下及中書省，各連於元（原）敕後，所申仍於元（原）敕年月前云起請及商量如後。」[6] 將商量狀附於原敕後進呈，兩省再據以制令出詔，使決策與行政不致脱節。尚

1 《舊唐書》卷一八六《韋溫傳》。

2 《舊唐書》卷一五四《呂元膺傳》。尚書左丞呂元膺封還詔書之事觀《唐會要》卷五八《尚書省諸司中．左右丞》，有二例：元和十五年（820）三月，「呂元膺為左丞。時度支使潘孟陽、太府少卿王遂，互相奏論。孟陽除散騎常侍，遂為鄧州刺史，皆假以美詞。元膺封還詔書，請示曲直」。又，「江西觀察使裴堪奏處州刺史李將順贓贓，朝廷不覆按，遽貶將順道州司戶。元膺曰：廉使奏刺史贓罪，不覆驗即謫去，縱堪之詞足信，亦不可為天下法。又封還詔書，請發御史按問，宰臣不能奪」。

3 《唐會要》卷五七《尚書省諸司上．尚書省》。

4 《唐會要》卷五七《尚書省諸司上．尚書省》載：「神龍二年（706）九月一日，敕下門下及都省，宜日別錄制敕，每三月一進。」

5 《文苑英華》卷二八九載元稹《授韋審規等左司戶部郎中等制》：「尚書郎司天下政，上可以封還制詔，下可以免牧守。」同書同卷載崔嘏《授馮韜司封員外郎等制》云：「（員外郎）分列宿之位，應覆被之榮，入可以封還詔書，出可以分領符竹。」

6 《唐會要》卷五七《尚書省諸司上．尚書省》。

書省施行制敕還要進行會商，「凡庶務，皆會而決之」[1]。都省有都堂會議，又稱「八座會議」[2]；部、司有部司會議。按規定，六部尚書每天上午都往都省，有事則開會商討，午時則在都堂會食，[3]下午乃回本部處置部務。可見，「尚書主奉行」並不是盲目聽命，作為政務官，僕、尚、丞、郎都有機會從行政的角度，對國家大政表示意見，或根據制敕所確定的大政方針制定具體施政方案。但就尚書省的基本職責而言，其職能目標是行政管理，而不是制令決策，這一點絕不能混淆，畢竟居於禁外皇城，與中樞機要相去甚遠。另外，尚書對詔敕的封還及商量一般是在詔敕頒佈之後，與門下封駁在詔敕頒佈之前不同，很難說是參預決策。所以，《唐六典》卷一《尚書令》條云：「其國政樞密，皆委中書；八座之官，但受其成事而已。」

尚書省的內部機構也完全是按照行政管理這一目標來設置的，按照行政事類，尚書省分設六個部，每部再按事類分設四個司，是謂六部二十四司。六部二十四司所進行的細密分工，幾乎總括了全國各項行政。但作為行政總樞，尚書部、司並不躬親具體事務，而是將門下詔敕用黃紙[4]草成政令，蓋上部、司的印章[5]，由都省發遣[6]，交中央諸寺、監和地方州、府、縣

1 《唐六典》卷一《尚書都省》。

2 《新唐書》卷九九《崔仁師傳》。又《唐會要》卷五七《尚書省諸司上．尚書省》載貞觀二年（628）唐太宗敕：「尚書細務，屬左右丞，惟大事應奏者，乃關左右僕射。」三年三月十日又敕：「尚書細務屬於左右丞，惟枉屈大事，合聞奏者，關於僕射。」僕射為法定宰相，每天上午要入政事堂議政，「八座會議」恐難經常參加，或亦由左、右丞代替，與六部尚書議施行制敕。

3 李肇《唐國史補》卷下。

4 《唐會要》卷五七《尚書省諸司上．尚書省》：「上元三年（676）閏三月二十日，制：『尚書省頒下諸州、府、縣，並宜用黃紙』。」

5 尚書省部、司亦有印，唐人趙璘撰《因話錄》卷五載：「尚書二十四司印，故事，悉納值廳，每郎官交值時，吏人懸之手臂，頗覺為煩，楊虔州虞卿任吏部員外郎，始置櫃加鐍以貯之，人以為便，至今不改。」

6 《唐六典》卷一《尚書都省》：「凡制敕施行，京師諸司有符牒關移下諸州者，必由都省以遣。」

具體執行。尚書省與中央諸寺、監在施政中有政令承受關係，史稱「九卿之職，亦中台之輔」[1]。從唐太極宮皇城衙署建制圖我們可清楚看到，尚書省居於皇城正中，一度稱「中台」，九寺五監諸衞府皆佈列於其周圍，尚書省實處於行政節制中心的地位。所以，《唐會要》卷七八《諸使中．諸使雜錄上》明確地稱諸寺、監、衞、府為「王者之有司，各勤所守，以奉職事。尚書准舊章立程度以頒之」。尚書省主政務，諸寺、監主事務，此即所謂「總羣官而聽曰省，分務而專治曰寺」[2]。正因為如此，唐太宗稱尚書省為「百司所稟，若有一事失，天下必有受其弊者」。尚書省是行政管理總樞，諸寺、監為行政事務機關。[3]尚書省以節制和督促為手段執行制敕，「凡內外百司所受之事，皆印其發日，為之程限。尚書省施行制敕，案成則給程以鈔之，若急速者，不出其日」[4]。所謂「程限」，即規定辦「案」的期限，務求其行政的高效率。如上所述，我們看到，三省圍繞着皇帝的詔敕運轉，中書草詔，門下審覆，尚書執行，合成完整有機的施政體系。另一方面，三省首長既各領本省庶政，又以宰相身份聯袂入朝，在門下內省的政事堂「共議國政」[5]，通過政事堂會議將三個不同的機構整合為一個統一的中樞體。這樣，三省權能配合，既各自發揮自己的職能，又相集發揮整體功效，推動着整個國家機器的正常運轉。

對於這種三位一體、相互協調的體制，學術界一般歸納為「三權分立」「三省並重」。強調「三權分立」，表面上看似乎不錯，但這種歸納相當模糊，根本沒有道出三省分權的實質。從我們上面對三省的職能性質和工作程序的粗略分析可知，三省分權其實有兩個層次，首先還是漢魏以來根據

1 《唐會要》卷五七《尚書省》。

2 《舊唐書》卷八一《劉祥道傳》。

3 參見嚴耕望《論唐代尚書省之職權與地位》，載《史語所集刊》第二四輯；《唐代六部與九寺諸監之關係》載《大陸雜誌》第一輯第四冊。嚴耕望先生並認為尚書省與諸寺監之間有上下級關係。

4 《舊唐書》卷四三《職官二．尚書省》。

5 《新唐書》卷四一《百官一》。

內外朝劃分而區分的決策與行政的分職，這是最本質的分權分職，其次才是決策權內草詔制令與審覆封駁的分職。更確切地說，第一層是中書、門下兩省行使的輔政決策事權與尚書省行使的行政管理事權的分立。第二層是在此基礎上，決策權又一分為二，中書主草詔制令，門下主審覆封駁，成為輔政決策的兩道程序。中書、門下兩省雖有分工，但論事權性質卻都是決策，即事權性質同一而不可分，我們不能光論其分而不論其合。兩省同在內廷掌樞密機要，與尚書事權則迥然相異。這層關係不可忽視，不問決策與行政分職的內在實質而籠統地把三省分工説成是「三權分立」，或誇大其中任何一省的權力，都會離開三省制的本來涵義。如「中書主出令」[1] 的提法就不太準確，出令就是決策，應是中書、門下兩省共同行使的權力，不能歸之於一省。

必須強調的是，制令出詔既分為兩道程序，兩省之間的權力平衡與制約關係是相當明顯的，兩省與尚書省之間也存在着明顯的權力制衡關係。使三省互相牽制，以免出現宰相專權，是三省中樞體制的重要內涵。但是，不能因為三省之間互相牽制就認定有所謂「三省並重」。兩者「對居近密」，職事性質一致，庶幾平等，但與尚書省的權力關係卻不能這樣看，居於內廷的兩省既為輔政決策機構，內重外輕之勢非常明顯，這種形勢自漢武帝重用「中朝官」以來就已形成，甚至一直延續到清朝南書房、軍機處體制，千年大勢不可逆轉，也不可動搖，而決不會在君主專制體制空前強化的隋唐王朝出現例外。

從衙署建制來看，三省所體現出的決策與行政及其輕重區分的特點更是明顯。《通典》卷二一《職官三．中書省》載：

> 時謂尚書省為南省，門下、中書為北省。亦謂門下省為左省，中書省為右省，或通謂之兩省。

1 王素《三省制略論．序》稱：「非中書不得出令。」

這裏的南北、左右的別稱正是依據三省在太極宮中的位置而取的。中書省和門下省同處北面宮城，共掌決策，二位一體，以致通謂「北省」，或乾脆統稱「兩省」。龍朔二年（662），中書省曾改稱西台，門下省改稱東台，[1] 兩省左右對稱，東西相屬，與主行政的尚書省則隔着宮牆，南北分開。史稱：「南省地疏於北省」[2]，這種東西、南北的建制構型，其實就體現了劃分為兩個層次的三權分立的權力結構，體現了三省的不同職能目標方向。

內外朝的輕重情勢，說明中樞決策權與皇權密不可分，中樞決策必須由皇帝牢牢控制。前一章我們已講到魏晉隋唐時代大臣入禁宮有「監搜」「霸制」，宰相大臣入朝議政要被搜身，一方面是顯露了皇權的專制與霸道，另一方面也說明兩省決策機構處在皇帝的嚴密控制之下。而禁內外界限越是嚴格，內外朝的輕重之勢就越更分明。

然而，由於尚書僕射官秩高於中書令、侍中，史書記載又往往居先，論者一般誤以為隋及唐初尚書省的權力地位高於中書、門下兩省[3]，或認定「尚書省為宰相機關兼行政機關」[4]。這種誤解，正是因為沒有正確分析三省分權的內在結構和實質。我們知道，宰相的主要職權是協助皇帝決策，從體制上看，尚書令、僕的「宰相職」是因為能入內廷參預政事堂會議和入朝議，而不是因其總領尚書省。尚書省既不主決策，當然不能稱為宰相機關。既然中樞最高權力被皇帝牢牢地抓在宮禁之內，從動態的權力運作過程看，兩省親接天子，決策出令，顯然處於更有權的地位，這是由三省分

---

1 《唐會要》卷五四《省號上》。《新唐書》卷四七《百官二・中書省》記改中書省曰西台為龍朔元年（661），乃錯。

2 晏殊《類要》卷一四引《柳氏家錄》。

3 沈任遠《隋唐政治制度》第二章稱：「隋代亦是尚書省當權，唐初仍是如此。」王素《三省制略論》第七章第二節，黃利平《隋唐之際三省制的特點及尚書令的缺職》一文亦表述了這一觀點。

4 見嚴耕望《論唐代尚書省之職權與地位）。又周道濟《漢唐宰相制度》亦把唐代尚書省稱為宰相機關。

權的內在結構所決定的，品秩等並不能說明問題，也不能因史乘所載的少許例證來顛倒這種輕重關係。早在20世紀30年代，日本學者內藤乾吉氏曾提出過一種看法，認為三省制是天子和貴族的「合意」體制。中書省代表天子的「意思」草詔，是天子的祕書機關；門下省代表貴族的「意思」，對中書下達的詔敕進行審查封駁，是貴族的「同意機關」；尚書省是執行機關。皇帝的意見必須經過貴族的「同意」，給事中的封駁即具體代表了貴族的意向。並進而得出了唐朝政治不是皇帝獨裁政治，而是「貴族政治」的結論[1]。內藤氏的論點在日本史學界至今仍有影響[2]，香港學者孫國棟氏又據此進一步發揮說：「君主雖名為行政領袖，其實只有同意權。」[3]似乎皇權已受到三省的極大限制。這些看法完全顛倒了三省的權力關係。特別是誇大了門下封駁的意義，將其獨立於皇權之外，這顯然是極端錯誤的。其致誤的原因，也是沒有正確地理解三省分權的實質，特別是沒有正確理解中書、門下兩省作為決策輔助機構的實質。

如前所述，三省分權只是圍繞着皇帝詔書將施政過程分成三道程序，和現代西方政體的立法、行政、司法三權分立有本質區別。中書、門下兩省是以皇帝的名義草擬和頒發詔令，且門下審覆的第一個手續就是向皇帝覆奏畫敕，最後一個手續是用皇帝的寶璽進行「印逢」，也就是出令必須得到皇帝的批准，其工作運轉受到了皇帝的嚴密控制，其權力完全是皇帝所賦予，其官員也完全由皇帝任免，不可能代表貴族的「意思」。兩省都只是決策輔助機構，不是獨立於皇權之外的最高立法和司法機關。另外，隋唐一般政務決策的宰相政事堂會議也淩駕在兩省之上，並不因其會址設在門下內省就受門下省控制。皇帝親自參加的入朝議則是御前最高決策會議，更是高踞於三省之上。當然，無論是政事堂會議還是入常朝議決，其形成詔令頒佈執行都離不開三省，離不開兩省制令程序的制約，但這和

1　內藤乾吉《唐の三省》，載《史林》第十五輯。

2　礪波護《唐の三省六部》，載《隋唐帝國と東ろジろ世界》，日本汲古書院版。

3　孫國棟《唐代三省制之發展研究》第一章・引論。

「合意體制」「貴族政治」性質迥然相異。吳兢《貞觀政要》卷一《政體第二》記有貞觀年間唐太宗與侍臣討論兩省工作關係的幾段意味深長的對話，貞觀元年（627），太宗謂黃門侍郎王珪曰：

> 中書所出詔敕，頗有意見不同，或兼錯失而相正以否。元（原）置中書、門下，本擬相防過誤。人之意見，每或不同，有所是非，本為公事。或有護己之短，忌聞其失，有是有非，銜以為怨。或有苟避私隙，相惜顏面，知非政事，遂即施行。難違一官之小情，頓為萬人之大弊。此實亡國之政，卿輩特須在意防也。隋日內外庶官，政以依違，而致禍亂，人多不能深思此理。當時皆謂禍不及身，面從背言，不以為患。後至大亂一起，家國俱喪，雖有脫身之人，縱不遭刑戮，皆辛苦僅免，甚為時論所貶黜。卿等特須滅私徇公，堅守直道，庶事相啟沃，勿上下雷同也。

唐太宗這段話明確地告訴我們，最高統治者委門下以封駁權，為制令出詔設置兩道程序，目的在於避免最高決策中可能出現的「錯失」，「相防過誤」，性質是為了協助和輔佐皇帝治國，而絕不與皇權對立。唐太宗甚至指陳前朝隋煬帝「依違而致禍亂」「家國俱喪」的沉痛教訓，以隋煬帝作為反面教員，提請朝臣注意，並懇切地要求門下省官員能嚴守職責，「滅私徇公，堅守直道」，發揮糾檢職能，主動擔當輔助決策的責任。太宗並嚴正指出：「苟避私隙」，「相惜顏面」，「知非政事」而不封駁是「亡國之政」。貞觀三年（629），唐太宗再次向侍臣宰相們強調：

> 中書、門下，機要之司。擢才而居，委任實重。詔敕如有不穩便，皆須執論。比來惟覺阿旨順情，唯唯苟過，遂無一言諫諍者，豈是道理？若惟署詔敕、行文書而已，人誰不堪？何煩簡擇，以相委付？自今詔敕疑有不穩便，必須執言，無得妄有畏懼，知而寢默。

對「阿旨順情，唯唯苟過」而不敢封駁的瀆職行為大加申斥。貞觀四年（630），唐太宗又對宰相蕭瑀論説隋文帝「至察多疑」，「不肯信任百司，每事皆自決斷，雖則勞神苦形，未能盡合於理」，以致朝臣「亦不敢直言，宰相以下，惟即承順而已」。唐太宗表示自己與隋文帝不同，「朕意則不然，以天下之廣，四海之眾，千端萬緒，須合變通，皆委百司商量，宰相籌劃，於事穩便，方可奏行。豈得以一日萬機，獨斷一人之慮也。且日斷十事，五條不中，中者信善，其如不中者何？以日繼月，乃至累年，乖謬既多，不亡何待？豈如廣任賢良，高居深視，法令嚴肅，誰敢為非？」宰相百司既都是輔佐協助皇帝施政，皇帝最擔心的就是臣下自動棄職。為此，唐太宗再次強調：

> 若詔敕頒下有未穩便者，必須執奏，不得順旨便即施行，務盡臣下之意。

皇帝既然三令五申地要求臣下擔當封駁的責任，所謂牽制皇帝的「同意權」之説就沒有任何説服力。三省分權既是按照皇帝的意志，在皇權的控制下的分權分職，「合意體制」的説法顯然是站不住腳的了。[1] 值得注意的是，以上所引《貞觀政要》唐太宗君臣的數段對話，作者吳兢將其歸納為「政體」，即對中樞政治體制進行討論，説明作者是慧眼獨具，而當今學界更不可不加以注意。

我們雖然反對三省體制是「合意體制」的説法，但並不否認三省制對皇權存在着一定的制約。決策出令既有程序，從制度上講，兩省的設置也就不能不對皇權產生一定的制約。但這種制約的前提是皇帝的心甘情願，因而又極有限度。皇帝不情願時，往往隨心所欲，不遵循制度。如垂拱三年（687），武則天使人持「手敕」推鞫宰相劉禕之，禕之不服，抗議道：「不經鳳閣（中書省）、鸞台（門下省），何名為敕？」不承認未經兩省制令程序

1　可參見王素《三省制略論》第八章中對內藤乾吉氏論點的駁斥。

而發出的詔令的合法性和權威性，結果卻以「拒捍制使」的罪名「賜死於家」[1]，這充分說明皇權乃是淩駕於三省之上的至高無上的權力。皇帝不循制度，也是三省體制很快被扭曲變形的主要原因。

設官分職依據的是職事，根據職事性質和職能目標進一步剖析三省的內部組織，可以加深我們對三省分權體制的認識，並進而探求日後三省體制發生變故的內在潛因。

從歷史發展來看，尚書省形成較早，機構發展得最為完備。按行政事類，尚書省分設六部，每部再按事類分設四個司，是謂六部二十四司，其部、司名及其職事據《唐六典》載：

吏部：轄吏部、司封、司勛、考功四司，「掌天下官吏選授、勛封、考課之政令」。（卷二）

戶部：轄戶部、度支、金部、倉部四司，「掌天下戶口、井田之政令」。（卷三）

禮部：轄禮部、祠部、膳部、主客四司，「掌天下禮儀、祠祭、燕饗、貢舉之政令」。（卷四）

兵部：轄兵部、職方、駕部、庫部四司，「掌天下軍衞，武官選授之政令」。（卷五）

刑部：轄刑部、都官、比部、司門四司，「掌天下刑法及徒隸、勾覆、關禁之政令」。（卷六）

工部：轄工部、屯田、虞部、水部四司，「掌天下百工、屯田、山澤之政令」。（卷七）

尚書省各級機構依據行政管理這一總目標，通過權責和任務分配，構成系統協調的整體。其都堂、六部、二十四司機構分工合理，編制完備，齊整劃一，上下級的統屬關係相當明確，各層級的管理幅度也較適

1 《舊唐書》卷八七《劉禕禕之傳》。

中，形成自上而下的金字塔形結構。由於組織結構與職能目標達到了高度的統一，成為一個高度穩定的組織系統，並因此而定制千年，其六部諸司作為封建王朝行政管理總樞的地位，直至清末才被新的內閣衙門所取代。

中書、門下兩省的人員編制雖較尚書省要少得多，但組織機構似更為複雜。前面我們述及兩省直屬三級政務官依據輔政決策這一總目標組成了兩套責任權限分明，上下級關係明確，精幹而極具效率的工作班子，但兩省除直屬三級政務官以外，還有龐雜的文屬系統。兩省部屬分成直屬和文屬兩類截然有別的部分，如《唐六典》載門下省職事官，先述侍中、侍郎、給事中及所屬諸書吏等，然後才次第述及散騎、諫議、補闕、拾遺、起居郎等，而別為一組。中書省也是在中書令、侍郎、舍人及諸書吏之後，次第述散騎、補闕、拾遺、起居等，也別為一組，而不是以品位高低排列。如門下省的左散騎常侍（從三品）排在給事中（正五品上）之後，中書省的右散騎常侍（從三品）和諫議大夫（正四品）也排在中書舍人（正五品上）之後[1]。這兩組官，前者為直屬，後者為文屬，界限清楚，涇渭分明。所謂文屬，即附屬[2]，按其職事，可分為四大系統：

其一為侍從事務官系統，包括中書省的通事舍人，門下省的典儀、符寶郎、城門郎。

其二為史官系統，包括門下省的起居郎、中書省的起居舍人及史館人員。

其三為館職系統，即門下省的弘文館和中書省的集賢殿書院。

1　《舊唐書》《通典》《文獻通考》職官部的排列順序都與《唐六典》同，唯《新唐書》卷四七《百官二》門下省乃按官品排列，中書省的排列則同《唐六典》。

2　文屬一詞，見《通典》卷二一《職官三・通事舍人》條，其含義不很明確，或謂附屬，一般指與兩省首長沒有直接統轄關係而附屬或寄設在兩省下的機構和人員。又《後漢書》志二六《百官三》記當時尚書台於少府「以文屬焉」，即名義上尚書台屬少府，實際上已是獨立機構。

其四為諫官系統，包括左、右散騎常侍、諫議大夫、補闕、拾遺等。

從表面上看，文屬官分隸兩省，左右對稱，形式上可謂齊整，但其組織目標並不一致。兩省設官的基本目標是制令出詔，輔助決策，而文屬官各系統的人員、機構並不都是按這一目標來編制，更不在兩省制令出詔程序之內，因而其組織極不穩定，變化多端。文屬官掛名於兩省，大概主要是由於歷史的淵源。如通事舍人、符寶郎、城門郎等事務性侍從宮官，隋以前就隸屬於兩省。且中書、門下兩省的前身也是卑下的宮職，作為內廷供奉官，兩省過去就兼領禁內圖書及文章顧問之職，這又是館職文屬於兩省的淵源。弘文館和集賢殿書院主要是侍從文化機構，集賢館有「四庫書總八萬一千九百九十卷」[1]，集賢學士有時與機要決策有些關係，但非其本職。弘文館設於武德四年（621），初名修文館，太宗時精選天下賢良兼學士，於「聽朝之餘，引入內殿，講論文義，商量政事」[2]。卻也屬帝王一時興到之舉，而非制度。史館原隸祕書省，由於唐代史書由「宰相監修」，「貞觀三年（629）閏十二月移史館於門下省北」[3]，似乎史館與兩省的關係要大一些。唐制，凡仗下議政事，史官執簡記錄、註記，得備聞機務。所以，「大明宮初成，置史館，以中書地切樞密，記事者宜其附近，史官、諫議大夫尹愔遂奏移於中書省北，其地本尚藥局內藥院」[4]。但永徽以後，史官於「仗下後謀議皆不得聞，其所記註但於制敕內採錄，更無他事」[5]。可見史官在任何機要決策場合都無發言權，只是事務官，而非政務官，很難説是兩省首長的真正下屬，因為修史與機要決策畢竟不是同一性質的事。諫

1 《唐會要》卷六四《史館下．集賢院》。

2 《唐會要》卷六四《史館下．弘文館》。

3 《唐會要》卷六三《史館上．史館移置》。

4 《唐會要》卷六三《史館上．史館移置》。

5 《唐會要》卷五六《起居郎．起居舍人》。

官系統雖然都是政務官，進諫可以說是參預決策，但也不在兩省制令出詔程序之內。我們知道，職官內部組織系統應該具有明確而穩定的目標，但文屬各系統與兩省直屬政務官的設官目標大都不一致，結構上並不是一個有機的整體。文屬各系統各有其不同的職能目標，多有其相對的獨立性，相互之間亦無統屬關係，和兩省首長的上下級關係也不明確，組織也極為鬆散。如諫官系統各職官，雖分隸兩省，實際上卻自成系統，職不可分。《舊唐書》卷四三《職官二・中書省》述曰：「右（散騎）常侍、補闕、拾遺，掌事同左省。」可見左右職事相同，並無差別，本無必要將其分開，分隸兩個不同的機構。隋朝時，諫官都屬於門下省，唐統治者為了平衡兩省編制，分一半隸於中書，完全是出於形式上的考慮，而從職事上看，這種分法實有些不倫不類。諫官職事可謂崇重，貞觀元年（627），唐太宗根據王珪的倡議，下令「自今中書、門下及三品以上入議事，皆命諫官隨之，有失輒諫」[1]。高級諫官品位崇高，入議事時往往與宰相分庭抗禮，可「十日一上封事，直論得失」[2]。而且，「諫官論事不須宰相先知」[3]，說明其與兩省首長根本沒有統屬關係，兩省首長根本就不能對諫官發號施令。諫官雖與決策有關，得入禁中與聞政事，但史料表明，諫官不加「同中書門下」等差遣銜是不能入門下內省的政事堂議政的，雖是供奉官，卻不能參加兩省制令出詔程序。《南部新書》丁篇載：「兩省諫議，無事不入，每遇入省，有厨食四孔炙。」說明諫官平時不居內省，只是偶爾才入，不能和兩省直屬官同當機衡之任。諫官入諫只是入朝議時得立仗下，對象主要是皇帝，效果則要看皇帝是否能虛心納諫，因而極有限度。諫官系統完全可以視為一個獨立的機構，所以至建中（780—783）以後，「別鑄諫院印」[4]，實際上已獨立於兩省之外。

1　《資治通鑒》卷一九二唐太宗貞觀元年。

2　《唐會要》卷五五《省號下・諫議大夫》。

3　《唐會要》卷五五《省號下・諫議大夫》。

4　《冊府元龜》卷六四《帝王部・發號令第三》。

從以上對兩省的組織職能目標和內部機構的分析我們可以確知，構成兩省決策體系的只是令、侍、給、舍三級十八員政務官及少許書吏，文屬系統基本上與此沒有關係。所以，我們分析三省運行機制完全可以撇開文屬官系統，將其擱置不顧，或排斥於兩省體制之外。學術界有不少人認為兩省諫官設置的完善，始標誌着兩省機構的正式確立，把三省制正式成立的時間誤解為唐初而不是隋代[1]，這又是沒有剖析兩省的組織目標和內部結構而產生的錯誤。

實際上，隋朝時，兩省直屬三級政務官體制已經確立，內史（中書）省雖基本沒有拖上長長的文屬官尾巴，卻不影響其草詔職事。隋唐之際，兩省屬官編制變化很大，但變化的也主要是文屬，直屬三級政務官基本未動。唐統治者人為地追求形式上的完美，為平衡兩省編制而刻意求工，將職事相同的官硬分為左右，分隸兩省，又將職事不同的幾類官「文屬」於某一省，形式上雖稱齊整，但卻違背了組織機構與職能目標相一致的原則，造成機構組織內涵的複雜化。由於設官總目標的不一致，兩省內部結構很不穩定，其在高宗武后之後迅速發生變化也就不可避免。同時，真正掌機衡的兩省直屬三級官雖分為左右，但職能目標一致，其後來的合二而一也是勢所必然，玄宗時出現的「中書門下」實體機構即可作如是觀。同樣的道理，尚書省既無關中樞機要決策，其首長左、右僕射不久被擠出宰相行列，二品大員不加「同中書門下三品」銜竟不再能參議國政，也就不足為怪了。

1 參見王素《三省制略論》第七章；姚澄宇《唐三省制述論》；楊志玖、張國剛《發展變化中的唐五代官制（一）》，載《文史知識》一九八五年第七期。

第三章
宰相制度與政事堂

宰相是封建官僚體系中最關重要的職務，是政治中樞的當然成員。《新唐書》卷四六《百官一》曰：「宰相之職，佐天子，總百官，治萬事，其任重矣。然自漢以來，位號不同。而唐世宰相，名尤不正。」所謂「名尤不正」，說的是隋唐宰相名實不符，稱號繁雜，變化多端，難以把握。對此，古今學者多有討論，而意見不一。如何把握隋唐宰相制度？如何從其繁雜多變的名號中抓住實質，找出規律？筆者認為，其關鍵在於決策機制，在於深刻認識決策機構的變化及意義，這一點以往多為人們所忽視，因而正是本章所要着力分析的。

第一節　宰相職與政事堂

決策機構的建立，對於漢魏以來的宰相制度產生了決定性的影響，《歷代職官表》卷一《內閣表》加按語總結隋以前宰相制度曰：

> 迨東漢安定時，眾務悉由尚書，魏文帝又置中書監令，自是事歸台閣，歷南北兩朝皆以中書監、侍中、尚書令、僕射諸官參掌機密，並無常職，其事雖宰相之事，其官已非宰相之官矣。

又《通典》卷二一《職官三》曰：

> 自魏晉以來，宰相但以他官參掌機密，或委知政事者則是矣，無有常官。

所謂「參掌機密」，「委知政事」，即在內廷議政決策。由於決策與行政的分職，宰相只管決策，不負行政責任，「掌機密」「知政事」就成了宰相的代名詞，凡能進入內廷決策機構參與決策者，都是領有宰相職事，宰相官號反而可有可無。隋文帝改制，取消了三公的宰相名義，三省首長成了法定正宰相。由於三省首長皆宰相，人們一般將隋唐宰相制度概括為「三省首長宰相制」，認為隋唐宰相就是尚書令（或左右僕射）、中書令和侍中。進而更有一種意見認為，「凡委任省外官或雖是省內官但非該省首長」為宰相，都是對這一制度的破壞[1]。這種觀點很具代表性，乍一看，似乎不錯，但仔細查閱史料，而一經推敲，就發現這種觀點根本站不住腳，其錯誤的關鍵正是沒有深刻理解決策機構和宰相職事的意義。

由於史書記載不詳備，人們對隋唐宰相制度很容易產生誤解，如《新唐書》卷四六《百官一》載：

> 以太宗嘗為尚書令，臣下避不敢居其職，由是僕射為尚書省長官，與侍中、中書令號為宰相，其品位既崇，不欲輕以授人，故常以他官居宰相職，而假以他名。自太宗時，杜淹以吏部尚書參議朝政，魏徵以祕書監參預朝政，其後或曰參議得失、參知政事之類，其名非一，皆宰相職也。

這條被人們廣為證引的史料，其實基本上是錯誤的。首先，所謂「太宗嘗為尚書令，臣下避不敢居其職」，就不符合史實。早在隋朝，或隋以前，尚書令已多是闕而不置，隋充尚書令者惟楊素，已是「外示殊禮，內

1 王素《三省制略論》第七章第一節。

情甚薄」[1]。可見，缺令是隋朝既有制度，唐不過是承襲而已。如果說唐太宗嘗居尚書令而唐臣避不敢居，那麼武德八年(626)太宗亦任中書令[2]，唐臣何以不避中書令呢？足見其說非是。

其次，唐代「他官居宰相職而假以他名」，並非「自太宗時杜淹」始。杜淹入相的具體時間，《資治通鑒》繫於太宗貞觀元年（627）九月辛酉，其文曰：「御史大夫杜淹參預朝政，他官參預政事自此始。」是《通鑒》亦沿襲了《新唐書．百官志》的錯誤。據《新唐書》卷六一《宰相表上》：

> 武德元年（618）六月甲戌：趙國公（李）世民為尚書令，相國長史裴寂拜尚書右僕射，知政事。

這裏出現了尚書右僕射加「知政事」銜的情況，因為當時尚書令不缺，裴寂任右僕射就不是尚書省首長，只是副貳，所以其為宰相要另加「知政事」銜。可見，裴寂才是唐朝第一位「加銜」宰相，説明唐開國之初就有「假他名」為宰相者。

其三，所載他官假「參預朝政」等銜「皆宰相職」，亦非唐朝的創置，早在隋朝時，這一現象就很普遍，唐不過是沿襲隋制而已。所謂三省首長「品位既崇，不欲輕以授人」的說法，既不符合史實，又容易造成誤解，使人們認為「假以他名」為宰相是對宰相制度的破壞。

實際上，唐宰相一開始就不限於三省首長。「唐因隋制」，唐制度既然多因襲於隋，我們也就有必要對隋宰相制度作重點分析。三省首長為宰相，《隋書．百官志》並沒有明確記載，但是，在其他紀傳中，當時無論皇帝或大臣，都對三省首長以宰相視之。如高熲、楊素分任左右僕射，文帝

1　《隋書》卷四八《楊素傳》。

2　《舊唐書》卷一《高祖本紀》。

曰:「我以高熲、楊素為宰相。」[1] 虞慶則為右僕射，文帝稱其「位居宰相」[2]。又曾出敕示楊素曰：「僕射，國之宰輔。」[3] 可見皇帝已明確把僕射當作宰相，當時人也以僕射高熲「為真宰相」[4]。又如，蘇威任納言（侍中），曾「與高熲參掌朝政」，及降唐，被唐太宗稱為「隋朝宰輔」[5]。又據《隋唐嘉話》卷上：「李德林為內史令（中書令），與楊素共執隋政。」楊素為「國之宰輔」，內史令李德林與楊素「共執隋政」，顯然也是宰相。可見，兩省首長的宰相身份也很明確。隋兩帝享國凡三十七年，以三省首長居宰相位者凡十七人（參見表一），但除此以外，以他官居宰相職者，數亦不少，這些官擁有和三省首長同樣的相職，也應視為宰相。

三省首長以外以他官假他名居宰相職者在隋文帝之初就有，《隋書》卷五六《令狐熙傳》載：「高祖受禪之際，熙以本官行納言事。」納言既是宰相職，行納言事當然就是行宰相事。又同書卷六四《陳茂傳》:「及受禪，拜給事黃門侍郎，封魏城縣男，每典機密。」陳茂典機密決策，所掌也是宰相職事。如果說令狐熙、陳茂的宰相身份還不甚明顯，那麼文帝族子、右衞大將軍楊雄的宰相地位則是無可置疑的。據《隋書》卷四三《觀德王雄傳》:

> 高祖受禪，除左衞將軍，兼宗正卿，俄遷右衞大將軍，參預朝政，進封廣平王。……雄時貴寵，冠絕一時，與高熲、虞慶則、蘇威稱為「四貴」。

楊雄與法定宰相高熲、蘇威等平起平坐，其宰相身份應該確認。但楊

1 《隋書》卷五二《賀若弼傳》。

2 《隋書》卷四〇《虞慶則傳》。

3 《隋書》卷四八《楊素傳》。

4 《隋書》卷四一《高熲傳》。

5 《隋書》卷四一《蘇威傳》。

雄的本官為右衛大將軍，不是三省首長，其被加入「四貴」行列完全是因為加有「參預朝政」銜。參預朝政，即參與決策，任宰相職事。由於楊雄「寬容下士，朝野傾屬」，後來受到隋文帝猜忌，開皇九年（589）八月，拜為司空，「外示優崇，實奪其權也」[1]，所謂「奪其權」，當然是指宰相權。文帝時非三省首長為宰相者，還有內史侍郎薛道衡和兵部尚書柳述。薛道衡由於「久當樞要，才名益顯，太子諸王爭相與交」，高熲、楊素也「雅相推重」[2]。文帝之婿柳述，深得文帝寵愛，仁壽中，楊素被疏忌，「柳述任寄踰重，拜兵部尚書，參掌機密」[3]。柳述以兵部尚書掌機密，《通典》卷十九《職官典一》，同書卷二一《職官典三・宰相》條、《新唐書》卷七三上《宰相世系三上》均將其列為宰相，可見，柳述的宰相身份亦是無可置疑的。

煬帝時，他官入相的情況更加普遍，而三省首長為宰相者反倒逐漸減少。煬帝后期，除納言蘇威外，三省首長幾乎絕跡。據史書：

> 《舊唐書》卷六三《裴矩傳》：「大業初，拜民部侍郎，俄遷黃門侍郎，參預朝政。」
>
> 《隋書》卷六七《裴蘊傳》：「未幾，擢授御史大夫，與裴矩、虞世基參掌機密。」
>
> 《隋書》卷六七《虞世基傳》：「帝重其才，親禮踰厚，專典機密，與納言蘇威、左翊衛大將軍宇文述、黃門侍郎裴矩、御史大夫裴蘊等參掌朝政。」
>
> 《舊唐書》卷六三《蕭瑀傳》：「累加銀青光祿大夫、內史侍郎，既以後帝之親，委以機務。」
>
> 《隋書》卷六一《宇文述傳》：「還至江都宮，敕述與蘇威常典選

1　《隋書》卷四三《觀德王雄傳》。

2　《隋書》卷五七《薛道衡傳》。

3　《隋書》卷四七《柳機附述傳》。

舉，參預朝政，述時貴重，委任與蘇威等，其親愛則過之。」

《隋書》卷四一《蘇威傳》:「高熲、賀若弼等之誅也，威坐與相連，免官。歲餘，拜魯郡太守，俄召還，參預朝政。」大業四年（608），拜太常卿，「帝以威先朝舊臣，漸加委任。後歲餘，復加納言，與左翊衛大將軍宇文述、黃門侍郎裴矩、御史大夫裴蘊、內史侍郎虞世基參掌朝政，時人稱為『五貴』」。

隋末實際宰相當為「五貴」，除蘇威任納言外，其他四人皆以他官假他名居宰相職。其中裴蘊、宇文述根本不是三省官，宇文述甚至為軍官，加「參預朝政」銜後，其權勢竟甚於正宰相蘇威。《新唐書》卷一〇五《長孫無忌傳》載宰相許敬宗上唐高宗言：「陛下不見隋室乎，宇文化及父宰相⋯⋯。」也確認宇文述的宰相身份。可見其時宰相以他官兼任，已形成制度。

據上引材料，隋三省首長以外的宰相所假「他名」凡有：典機密、知機密、當樞要、參預朝政、參掌機密、參知機務、參掌朝政、委以機務、參軍機密等十數種，未有定名，極不規整，史書記載也不統一。如柳述，《隋書》本傳記其以兵部尚書「參掌機密」;《通典》卷十九《職官一・宰相》條卻記為「參軍機密」;同書卷二一《職官三・宰相》條又記為「參掌機事」;《新唐書》卷七三《宰相世系表上》則記為「參知機務」。又如裴矩，《舊唐書》本傳記其以民部尚書「參預朝政」，《隋書・裴蘊傳》卻記為「參掌機密」，同書《虞世基傳》又記為「參掌朝政」。這些銜名既不規整，顯然不是正式官號，也沒有品秩，「因人而命，皆出於臨時」[1]，屬臨時性差遣。但是，加其銜就可以參與軍國大政的謀議決策，任宰相職事，我們將其皆歸之為差遣宰相。如裴矩，民部尚書（正三品）是其本官，「參掌機密」「參掌朝政」等是差遣銜，加其銜即可任宰相職事，在這裏，官與職有明顯的區分。官與職不一致，是隋唐宰相制度一個重要特點。

1 葉夢得《石林燕語》卷三。

表一：隋宰相表

隋以三省首長為正宰相，三師三公為名譽宰相，又有以他官參預機務者為副宰相，並先後出現了「四貴」「五貴」「七貴」宰相羣體，而稱號各不同。　據《隋書》紀、傳表列有隋一代三帝（文帝、煬帝、越王侗）所命各類宰相二十五名，史料所出在《隋書》之外者，註於備註中。表中類別一欄，註明正宰相，即三省首長，簡稱「正」；副宰相，即非三省首長，而以他官兼、判、行納言、內史令者和錄尚書事者，還有他官以他名參預機務者，簡稱「副」；名譽宰相三師三公等簡稱「名」；無區別的宰相簡稱「相」。

姓名	官號	授官年代	類別	備註
趙芬	左僕射	開皇元年（581）	正	
高	左僕射兼納言	開皇元年（581）	正	
李穆	太師	開皇元年（581）	名	
竇熾	太傅	開皇元年（581）	名	
趙	①右僕射 ②兼內史令	開皇元年（581） 開皇三年（583）	正 副	
李德林	內史令	開皇元年（581）	正	
虞慶則	①內史監 ②右僕射	開皇元年（581） 開皇四年（584）	正 正	
蘇威	①兼納言 ②右僕射 ③納言 ④右僕射 ⑤太常卿參預機密 ⑥納言	開皇元年（581） 開皇九年（589） 開皇十四年（594） 仁壽元年（601） 大業中 大業中	副 正 正 正 副 相	煬帝後期唯蘇威等「五貴」為宰相，無副宰相
陳茂	給事黃門侍郎典機密	開皇元年（581）	副	《隋書．楊雄傳》云：「雄時貴寵，冠絕一時，與高熲、虞慶則、蘇威稱為『四貴』。高祖陰忌之，不欲其典兵馬，乃下冊書，拜雄為司空，外亦優崇，實奪其權也。」
令狐熙	行納言事	開皇元年（581）	副	
楊雄	①右衛大將軍參預朝政 ②司空	開皇初 開皇九年（589）	副 名	
于仲文	勘錄尚書省事	開皇二年（582）	副	
楊廣	太尉	開皇九年（589）	名	

續表

姓名	官號	授官年代	類別	備註
楊素	①納言 ②內史令 ③右僕射 ④左僕射 ⑤尚書令 ⑥司徒	開皇九年（589） 開皇十年（590） 開皇十二年（592） 仁壽元年（601） 大業元年（605） 大業二年（606）	正 正 正 正 名 名	《隋書．楊素傳》稱素「特為帝所猜忌，外示殊禮，內情甚薄」
楊秀	內史令	開皇十二年（592）	正	
楊	內史令	開皇十九年（599）	正	
柳機	納言	開皇中	正	據《新唐書．宰相世系上》
薛道衡	內史侍郎知機密	開皇仁壽中	副	
楊昭	內史令	仁壽元年（601）	正	
楊達	納言	仁壽二年（602）	正	
柳述	兵部尚書參掌機密	仁壽中	副	
楊約	內史令	大業元年（605）	正	
蕭琮	內史令	大業元年（605）	正	
楊文思	納言	大業元年（605）	正	
元壽	內史令	大業四年（608）	正	
蕭瑀	內史侍郎委以機務	大業中	副	見《舊唐書．蕭瑀傳》
宇文述	左翊衛大將軍參預朝政	大業中	相	《隋書．蘇威傳》云：「蘇威『復為納言』，與左翊衛大將軍宇文述、黃門侍郎裴矩、御史大夫裴蘊、內史侍郎虞世基參掌朝政，時人稱為『五貴』。」按煬帝大業中後期，除蘇威授納言外，不再委任三省首長，故「五貴」即為當時宰相
裴矩	黃門侍郎參預朝政	大業中	相	
裴蘊	御史大夫參掌機密	大業中	相	
虞世基	內史侍郎專典機密	大業中	相	
段達	納言	皇泰元年（618）	正	
王世充	納言	皇泰元年（618）	正	
元文都	內史令	皇泰元年（618）	正	

續表

姓名	官號	授官年代	類別	備註
盧楚	內史令	皇泰元年（618）	正	段達等為楊侗所封。據《隋書．越王侗傳》，當時洛陽稱段達，王世充、元文都、盧楚、皇甫無逸、趙長文、郭文懿為「七貴」
皇甫無逸	兵部尚書委以機務	皇泰元年（618）	副	
趙長文	黃門侍郎委以機務	皇泰元年（618）	副	
郭文懿	內史侍郎委以機務	皇泰元年（618）	副	
李密	太尉、尚書令	皇泰元年（618）	名	李密亦為楊侗所封，以令其拒宇文化及

差遣宰相官與職的區分十分明顯，三省首長尚書令僕、侍中、中書令是不是也存在着官與職的區分呢？回答是肯定的，只是人們未加注意而已。《新唐書》卷四六《百官一》載：

> 初，唐因隋制，以三省之長中書令、侍中、尚書令共議國政，此宰相職也。

又曰：

> 參議得失、參知政事之類，其名非一，皆宰相職也。

這裏明確地提出了「宰相職」。什麼是宰相職？上面講得很清楚，即「共議國政」「參知政事」；亦即掌機要、典機密，也就是參預決策。三省首長各領本省庶政，皆有其本職，「共議國政」則是兼職了。如尚書令本官所領本職是總行政，參預決策是兼職，因此，尚書令就有本職與兼職兩種職事，論其兼職是宰相，論其本職就不是宰相。本官即本職，其官與職的區別也是很明顯的，只不過尚書令兼宰相職淵源更早，且已固定，並非臨時性差遣而已。尚書令是法定正宰相，不是差遣宰相，但和差遣宰相一樣都是以本官兼宰相職，本質上並無二致。兩省首長中書令、侍中也有本官與兼職的區別，但情況與尚書令又有不同，兩省既為內廷決策機構，兩省首長的本職為「佐天子而執大政」，即決策，宰相職名義上雖說是兼，但本職卻和兼職一致，可以說是名實相符，為當然宰相，對此，史書也是有所記載的。如《通典》卷十九《職官一．宰相》：

> 隋有內史、納言是真宰相（原註：柳述為兵部尚書參軍機密，又楊素為右僕射，與高熲專掌朝政）。大唐侍中、中書令為真宰相。

同書卷二一《職官三．宰相》條又載：

> 隋有內史、納言（原註：即中書令、侍中）是為宰相，亦有他官參與焉（原註：柳述為兵部尚書參掌機事，又楊素為右僕射，與高熲專掌朝政）。大唐侍中、中書令是真宰相（原註：尚書左右僕射亦嘗為宰相），其餘以他官參掌者無定員。

杜佑《通典》兩次強調了隋唐「真宰相」為侍中、中書令，而把尚書僕射與差遣宰相相提並論，這兩段記載長期以來不為人所注意，更不為人所理解[1]，初看起來似乎與前引《隋書．高熲傳》等記載相悖，仔細推敲一下，我們就發現杜佑的記述獨具慧眼，是極有見地的。查其他史書，也有相應的記載，如《舊唐書》卷四三《職官二．中書令》條稱：「隋文帝廢三公府僚，令中書與侍中知政事，遂為宰相之職。」《冊府元龜》卷三〇八《宰輔部．總序》亦記曰：「隋……朝之眾務，總於台閣，內史令、納言是為宰輔，或以他官參掌機事及專掌朝政者並為輔弼。」這裏也都沒有提及尚書令僕，理由很清楚，因為尚書本官不主決策，身份不能和兩省首長相

1　王素《三省制略論》第七章第一節註②認為杜佑的記載「係唐人據唐制推定，隋時中書令、侍中始由宮官轉變為朝官，不可能與僕射佔有同等地位」。不僅認為僕射為當然宰相，而且認為其地位優於侍中、中書令，認為杜的記載為錯，顯然，作者沒有深刻理解決策機構的意義。

比。這就使我們領悟到，隋唐宰相制度的實質在於決策機構。史稱「中書職任，機務之司，不必他名，亦為宰相」[1]，「唯侍中機密所出，不必他名，嘗為宰相之職」[2]。就是說，惟兩省首長本官與兼職一致，是當然宰相；其他非決策機構長官包括尚書令僕為宰相者都是以本官兼職，不是當然宰相。

自從決策機構建立以來，宰相職就必須與決策機構結合，尚書省既早已不為決策機構，錄尚書事銜的取消也就勢所必然。但實際上自魏晉至隋，錄尚書事銜竟保留了幾百年，這可以看作是舊制度的影響遺存。隋承漢魏，尚書令和兩省首長一樣被法定為正宰相，其品秩和地位甚至更高，為此迷惑了很多人。人們據此提出了「三省首長宰相制」，把決策與行政混為一談，沒有深入發掘決策機構的意義。實際上，三省首長之所以為正宰相，侍中、中書令是因為兩省是決策機構，尚書令則是因為尚書省曾經是決策機構。但必須看到，隋唐時尚書省已不是決策機構，尚書令僕任正宰相是因為舊制度的遺留影響，和兩省首長是有差別的，其在唐太宗後不久就被剔出了決策者的行列，原因也正在於此。這說明隋唐宰相制度的實質在於決策機構，「三省首長宰相制」不但不符合歷史實際，反而會引起誤會，認為宰相非三省首長不能當，這更是錯誤的。

唐初因隋之舊，三省首長以外的差遣宰相比比皆是，但武德年間，差遣宰相的名號與隋制卻有些不同，出現了大量以本官兼、判檢校納言（侍中）、內史令（中書令）者，如《資治通鑒》卷八五載武德元年六月辛丑「內史令延安靖公竇威薨，以將作大匠竇抗兼納言；黃門侍郎陳叔達判納言」。胡三省註曰：「兼、判皆非正官。」《新唐書》卷四六《百官一》亦曰：「至於檢校、兼、守、判、知之類，皆非本制。」既非本制，非正官，兼、判納言就不是正式宰相，而是以本官兼職，屬於臨時性差遣。如竇抗本官為將作大匠；陳叔達本官為黃門侍郎，兼、判納言是其差遣銜，加之即可以入禁中參議決策。可見，兼、判納言和「參預機密」等銜具有同樣的意義。

1　《通典》卷十九《職官一・宰相》。

2　《冊府元龜》卷三〇八《宰輔部・總序》。

據《新唐書》卷六一《宰相表上》，武德年間兼、判納言、中書令者數目很多，佔當時宰相總額的三分之一：

> 武德二年（619）正月甲子，（陳）叔達兼納言。十月己亥，黃門侍郎、凉州總管楊恭仁遙領納言。
>
> 武德三年（620）三月甲戌，中書侍郎封德彝兼中書令。六年（623）正除中書令，楊恭仁入為吏部尚書兼中書令。
>
> 武德七年（624）十二月庚午，太子詹事裴矩檢校侍中。
>
> 武德八年（625）十一月庚子，天策府司馬宇文士及權檢校侍中，九年遷中書令。

這些兼、判、檢校侍中、中書令者，往往一年或兩年內正除，最長有達三年者。所有以兼、判為宰相者中，沒有一例是兼、判尚書令僕的，兩省長官又以兼、判門下侍中（納言）者為多。貞觀以後，兼、判侍中、中書令者逐漸減少，各種不規則的差遣銜名逐漸增多，如「參議朝政」「參知機密」之類，雖然又改換了銜名，但性質不變，都是以他官參與決策，任宰相職。《新唐書》卷六一《宰相表・序》曰：「唐因隋舊，以三省長官為宰相，已而又以他官參議，而稱號不一，出於臨時，最後乃有同品、平章之名，然其為職業則一也。」既然差遣宰相在隋唐兩朝開國就存在，雖非本制，卻極為普遍，説明這正是隋唐宰相制度的重要內容，是隋唐宰相一個不可分割的組成部分，談不上是對隋唐宰相制度的破壞。凡行宰相職者，不管其本官為何，都應視為宰相，近人沈任遠氏云：「隋唐兩代均無宰相之官名，而卻有很多人行宰相職權」，「隋唐職官無宰相名稱，但對掌握相權的人，公私均以宰相名之」。[1] 説的就是這種情況。這裏既包括三省首長，也包括差遣宰相，我們看重的是其職，而不是其官，這樣，才是抓住了隋唐宰相制度的實質，名號變化雖多，職事卻始終是一致的。

1　沈任遠《隋唐政治制度》自序・第二章第一節。

大量差遣宰相和三省首長一起構成決策者的羣體，凡能參預朝廷核心機密，參與國家大政決策的人都是宰相。三省首長中書令、侍中和左右僕射合稱「四輔」[1]，「共議國政」，是正宰相。[2]他官加差遣銜參議國政者，則為副宰相。[3]「稱號不一」，「然其為職業則一也」，「皆宰相職」。隋享國三十七年，有宰相二十八人，除三省首長外，還有差遣宰相十一人。唐歷時二百八十九年，其宰相數，據《新唐書》卷七五《宰相世系表五下》統計為三百六十九人，而其中「再入五十七人」，「三入十二人」，「四入三人」，「五入三人」，總計是四百四十四人次。實際上，唐宰相還不至此數，宋人呂夏卿統計為三百七十一人[4];近人周道濟統計為三百七十三人[5]，有的人計數還更多。而據《漢書·百官公卿表》，西漢二百三十年間僅有宰相四十五人。其數和唐朝不可相比。唐代前期，宰相員額一般保持在五六人以上，有時多達十餘人。「先天（712—713）末，宰相至十七人。」[6]實行集體決策，是隋唐宰相制度的一大特色。

宰相羣體與決策機構緊密結合，既然實行集體決策，「共議國政」，就必然要有一個議政的場所，這個議政之所即設於門下內省的政事堂。《大唐新語》卷十載：

> 舊制，宰相臣嘗於門下省議事，謂之政事堂，故長孫無忌、魏

---

1 《冊府元龜》卷三〇八《宰輔部·總序》。

2 《大唐新語》卷十：「自武德至長安四年（704）已前，僕射並是正宰相。」《唐史論斷》卷上亦稱：「僕射、侍中、中書令為正宰相。」

3 《資治通鑒》卷二四三唐敬宗寶曆元年，胡三省註：「所謂參議朝政，參加機務……雖皆宰相之職，然非正宰相也。」既非正宰相，則為副宰相。

4 《唐書直筆》卷四《新例須知條》。按，呂夏卿即《新唐書·宰相表》的作者，出自一人之手的兩書對唐宰相人數的統計卻不相同，可見唐宰相數多，名號繁雜，確實難以精確統計。

5 周道濟《漢唐宰相制度》附表。

6 《新唐書》卷一二四《姚崇傳》。

徵、房玄齡等，以他官兼政事者，皆云知門下省事。弘道初，裴炎自侍中轉中書令，執朝政，始移政事堂於中書省，至今以為故事。

門下政事堂作為宰相議政決策之所，既稱「舊制」，說明早就存在，由來已久。但由於史書記載不明確，關於政事堂設置的具體時間卻引起了後人的爭論。《舊唐書．職官二》、《唐會要》、《通典》和《大唐新語》一樣，含糊其詞地稱為「舊制」[1]，《新唐書．百官一》和《資治通鑒》或曰「初」，或云「故事」[2]，都沒有確定的具體時間，於是，一般人多據唐人李華所撰《中書政事堂記》「自武德以來，常於門下省議事，即以議事之所謂之政事堂」的記載，認為政事堂始置於唐初[3]，甚至被認為是唐太宗的創舉[4]。

政事堂設置的時間，其實並不複雜。政事堂起先並不是一個權力機關，只是宰相們的「議政之所」，《舊唐書》卷四二《百官一》所載唐武德七年（624）定令及以後的歷次變換，唐官署序列中均無政事堂，因此，史書或不作記載，或記載很簡略。但是，既然集體宰相定制於隋朝，宰相集體議事之所的政事堂，毫無疑問亦當始置於隋朝[5]。唐代史料記政事堂多稱「故事」「舊制」。既是「故」「舊」，就不是唐人的創新，政事堂議政作為

1 《唐會要》卷五一《中書令》條。《通典》卷二一《職官三．宰相》。

2 《資治通鑒》卷二〇三唐高宗弘道元年。

3 王素《三省制略論》第七章第二節。周道濟《漢唐宰相制度》後編第二章。

4 姚澄宇《唐朝政事堂制度初探》。

5 王超《政事堂制度辯證》推測：「唐代政事堂議政制度，至遲始於唐高祖武德年間，很可能在北朝、隋代即有此制。」田昌五師認為，政事堂宰相集體議政，與北魏初期「八部大人」制有淵源關係，深受少數民族軍事民主制的影響。王仲犖師認為，北魏有一個由氏族部落貴族和最有勢力的武士侍從組織的「特別會議」，即「八部大人」制，以後隨着封建化的加深，武士扈從逐漸變為封建勛貴，在禁中侍奉皇帝，職任則大抵和漢魏以來門下省的侍中、黃門侍郎相等，到隋唐，還沿襲北朝權在門下這一趨勢，因此，決定中樞大政的宰相議事廳——政事堂，開始也設在門下省。二位老師的見解均為面賜，均認為政事堂制度早有淵源，並非唐朝始建。

宰相制度的一項內容，和宰相制度一樣，也是「唐沿隋舊」。政事堂，顧名思義，即議政決策的廳堂，又稱「政事院」[1]、「政事省」[2]，或「政府」[3]。政事，即軍國大政決策事務。政事堂初設於門下省，和隋唐制度因襲北朝，而北朝「尤重門下官，多以侍中輔政」[4] 有關。隋大業三年（607）以前，門下負有皇帝衣、食、住、行等侍從宮職，和皇帝的關係最為親近，宰相議政之所設在門下省，其意圖是明確的。值得注意的是，隋朝僕射多兼納言之職，如高熲開皇元年（581）二月以尚書左僕射兼納言[5]；唐武德年間兼、判宰相者，亦多兼納言（侍中），所謂「以他官兼政事者，皆云知門下省事」，説明設在門下內省的政事堂，正是所謂機衡之地，是中樞機要的核心。宰相職必須與其結合，就是説，凡為宰相，必須得入禁內機衡之地的政事堂議決國政，不能入者就不是宰相。因此，宰相互相之間稱呼曰「堂老」[6]，他們是經常在政事堂見面的。

政事堂制度和三省施政體系緊密地聯繫在一起，是三省中樞體制的一個重要組成部分。《文獻通考》卷五〇《職官考四・門下省》引司馬光上言曰：

> 其後又置政事堂，蓋以中書出詔令，門下掌封駁，曰有爭論紛紜不決，故使兩省先於政事堂議定，然後奏聞。

這段話把政事堂設置的原因説成是為避免兩省的爭執，顯然有錯，但認為政事堂議政在中書草詔、門下封駁等程序之前，則是正確的。按制

1　《唐會要》卷五四《省號上・中書侍郎》條，《大唐新語》卷六。

2　《舊唐書》卷一九〇下《文苑下・蕭穎士傳》。

3　《資治通鑒》卷二一五唐玄宗天寶二年正月，胡三省註：「政府，謂政事堂。」

4　《通典》卷二一《職官三・宰相》。

5　《隋書》卷四一《高熲傳》。

6　《唐國史補》卷中。

度，宰相們先在政事堂議政，然後回本司工作。凡軍國大事，都要在這裏經宰相集體討論，所議內容相當廣泛。李華《中書政事堂記》曰：

> 政事堂者，君不可以枉道於天，反道於地，覆道於社稷，無道於黎元，此堂得以議之。臣不可悖道於君，逆道於仁，黷道於貨，亂道於刑，克一方之命，變王者之制，此堂得以易之。兵不可以擅與，權不可以擅與，貨不可以擅蓄，王澤不可以擅奪，君恩不可以擅間，私仇不可以擅報，公爵不可以擅私，此堂得以誅之。
>
> 事不可以輕入重，罪不可以生入死，法不可以剝害於人，財不可以擅加於賦，情不可以委之於幸，亂不可以啟之於萌，法紊不賞，爵紊不封，聞荒不救，見饉不矜，逆諫自賢，違道變古，此堂得以殺之。故曰：「廟堂之上，樽俎之前，有兵、有刑、有梃、有刃、有斧鉞、有鴆毒、有夷族、有破家，登此堂者得以行之。」[1]

可見，政事堂匯集了很大的權力。宰相議決的結果，需要作為政令向下貫徹者，則制為「詞頭」，交中書省草詔，通過三省施政渠道頒下。這樣，政事堂議政和三省運轉密切配合，成為整個決策程序中的重要一環。政事堂開會時，通常先由中書令於皇帝處領旨，再讓眾宰相討論，議政時有一執筆宰相，「執政事筆」[2]，又稱「執事宰相筆」[3]。執筆宰相為會議執行主席，由「宰相更直掌事」[4]，輪流擔任，起先是每一人十天，後改為一人一天[5]。又有中書舍人一人作為會議祕書列席會議，在會上專「掌書」[6]，作

1 李華《中書政事堂記》，見《全唐文》卷三一六。

2 《新唐書》卷一一七《裴炎傳》。

3 李華《中書政事堂記》，見《全唐文》卷三一六。

4 《新唐書》卷一四二《崔佑甫傳》。

5 《唐會要》卷五一《官號・中書令》條。

6 《唐六典》卷九《中書省・中書舍人》。

記錄。會議一般每日上午進行，宰相上午在政事堂議政，下午回省處理庶務，所謂「午前視禁中，午後視省中」[1]，「午前決朝政，午後決省事」[2]，一般要到「午後六刻始出歸第」[3]。午時又有會食之制，「政事堂有會食之牀」[4]，皇帝「每日出內厨食以賜宰相，饌可食十數人」[5]，所「供饌彌美」，又稱「公膳」[6]。宰相會食，又似工作午餐，會食時，「百寮無敢謁見者」[7]，通過會食，可以增加磋商大政的機會，融洽宰相之間的感情。政事堂既為機要之地，有嚴格的紀律，「非公事入中書（政事堂），每犯奪一月俸」[8]，非宰相議政則不得入內，「故事，宰臣不於政事堂邀客」，中官傳旨也不得入於此。[9] 這些制度在發展中逐漸完善，使政事堂議政成為朝政決策的一項根本性制度。

第二節　決策機構的變化與宰相制度的發展

隋唐中樞體制建立以後，一直處在不斷的發展和變化之中。隋及唐前期，幾乎每一個新皇帝上台，都要對三省的機構、人員編制或名稱作一番調整，宰相名號也隨之不斷地變換。從隋文帝到唐玄宗的一個半世紀裏，三省首長的名號變換竟有十三次。據《隋書》、《唐會要》及新、舊《唐書》，茲列一簡表如下：

---

1 《舊五代史》卷一四九《職官志》。

2 《資治通鑒》卷二〇八唐中宗神龍元年。

3 《舊唐書》卷一〇六《楊國忠傳》。

4 《大唐傳載》。

5 《舊唐書》卷一一九《常衮傳》。

6 《太平廣記》卷一六四引《談賓錄》。

7 《資治通鑒》卷二三六唐順宗永貞元年。

8 《唐會要》卷二四《朔望朝參》條。

9 《舊唐書》卷一一二《李峴傳》。

表二：隋唐三省首長名號簡表

年代	尚書省	門下省	中書省	備註
隋開皇元年（581）	尚書令、左右僕射各一人	納言二人	內史監、令各一人	尚書令無員，內史監尋廢，置令二人
大業十二年（616）	左右僕射	侍內	內史令	
唐武德元年（618）	尚書令	納言	內史令	
武德四年（621）	尚書令	侍中	中書令	
武德九年（626）	左右僕射	侍中	中書令	
龍朔二年（662）	左右匡政	左相	右相	
咸亨元年（670）	左右僕射	侍中	中書令	
光宅元年（684）	文昌左右相	納言	內史令	
神龍元年（705）	左右僕射	侍中	中書令	
開元元年（713）	左右丞相	黃門監	紫微令	
開元五年（717）	左右丞相	侍中	中書令	
天寶元年（742）	左右僕射	左相	右相	
至德二載（757）	左右僕射	侍中	中書令	自後不變

正宰相的名號不斷地變換，副宰相名號的變換更加頻繁。但這些變化只是表面現象，名號雖變，實質卻未變，且多為帝王興到之舉，並無太大的實際意義。我們所要着重討論的變化，主要是中樞體制內部結構以及權力關係等實質性的變化。

眾所周知，隋朝和唐武德貞觀時期的中樞權力基本上是掌握在北周系統的門閥貴族——「關隴集團」手中，所謂「創業君臣，俱是貴族」[1]，特別是正宰相——三省首長，多由關隴勛貴或皇親外戚擔任。但是，隨着社會各種關係和勢力的發展消長，在唐建立三十年之後，也就是高宗朝武后掌

1 《唐會要》卷三六《氏族》。

權之時，這種局面發生了激劇變化，庶族地主通過科舉入仕以及其他各種渠道參與政權，開始打入政治中樞，並得到了武則天的大力扶植，中樞的格局發生了巨大變化。史學界對武則天打擊關隴勛貴及李氏皇族，提倡科舉起用新人，使統治階級內部的權力關係發生轉變有比較充分的研究，但對中樞體制內部結構和建制的變化卻很少有人探討，實際上後一種變化對唐代政治的影響是更為深遠的。

中樞體制內部結構的變化，首先是與決策機構緊密聯繫在一起的禁省制度的變化。唐高宗時，禁省制度曾有過一次大的調整，這一調整，是由「移宮」事件而發端的。據《唐會要》卷三〇《大明宮》條載：龍朔三年（663）四月二十二日，唐高宗「移仗就蓬萊宮新作含元殿。二十五日，始御紫宸殿聽政，百僚奉賀，新宮成也」。這個新宮，即大明宮。自後，唐歷代皇帝便常居此宮，大明宮遂取代太極宮，成為唐政治中樞所在地和主要朝會之所。

大明宮又稱東內，在太極宮東北的龍首原上，最初建於唐太宗時。《唐會要》卷三〇《大明宮》條曰：「貞觀八年（634）十月，營永安宮，至九年正月，改名大明宮，以備太上皇清暑。」因太上皇當年崩駕，宮未建成而止。高宗龍朔二年（662）又重建，「改名蓬萊宮，北據高原，南望爽塏」，第二年建成，至長安元年（701）再改稱大明宮。關於唐高宗移居大明宮的原因，史書記載為「高宗染風痹，以（太極）宮內湫濕」[1]。唐高宗染有疾病當是事實，李商隱《瀟湘錄》載：「高宗承祧後，多患頭風，召醫於四方，終不可療。」許多史書都有這方面的記載。但是，僅因此就放棄設備齊全的朝會正衙，而另居新宮，實是難以置信，筆者認為，其中必有更重要的背景和原因。

《舊唐書》卷五一《后妃上·高宗廢后王氏、良娣蕭氏傳》有一段記載：

> 則天頻見王、蕭二庶人被髮瀝血，如死時狀。武后惡之，禱以

1　《唐會要》卷三〇《大明宮》。

巫祝，又移居蓬萊宮，復見，故多在東都。

這段話可以說是道出了移宮的政治背景和真正原因。此事《資治通鑒》繫於永徽六年（655）[1]。我們知道，這一年十月，唐高宗不顧以長孫無忌為首的關隴貴族元老的強烈反對，「廢皇后王氏為庶人，立昭儀武氏為皇后」[2]，引發了激烈而又殘酷的政治鬥爭，是唐代歷史上一樁影響極為深遠的大事。武則天出身寒微，以其美色和智謀征服了唐高宗，破除重重阻力，入主後宮，被立為皇后，並進而控制了朝政。《舊唐書》卷六《則天皇后紀》載：

> 永徽六年，廢王皇后而立武宸妃為皇后，高宗稱天皇，武后亦稱天后，后素多智計，兼涉文史。帝自顯慶（655—661）已後，多苦風疾，百司表奏，皆委天后詳決，自此內輔國政數十年，威勢與帝無異，當時稱為「二聖」。

又據《資治通鑒》卷二〇〇，武則天在高宗顯慶五年（660）「始委以政事，權與人主侔」。而三年後，即龍朔二年（662），朝廷即下令重修大明宮，四年後（龍朔三年）即發生了移宮事件，很清楚，移宮發生在武則天掌權之後。我們可以完全相信，移宮不一定是唐高宗的主意，原因也不會是因為他染有風疾，聯繫到廢立皇后時那場激烈的政治鬥爭，我們有理由認為，移宮乃出於武則天的旨意，是武則天對付政敵的需要。

我們知道，圍繞着廢立皇后，高宗永徽年間朝廷中樞曾有過激烈的爭論。唐太宗臨死時，以宰相皇舅長孫無忌輔政，令「長孫無忌檢校中書令，知尚書、門下省事」，胡三省曰：「長孫無忌蓋總三省之事。」[3] 其在太

1 《資治通鑒》卷二〇〇。

2 《舊唐書》卷四《高宗上》。

3 《資治通鑒》卷一九八太宗貞觀二十二年。

極宮中樞各機構的勢力可以說是根深蒂固的。當時宰相褚遂良、柳奭、于志寧、來濟、韓瑗等，大都是門閥貴族，強烈反對立武則天為皇后。如長孫無忌說：王皇后出身「名家」，「豈可輕廢」？褚遂良說：「陛下必欲易皇后，伏請妙擇天下令族，何必武氏？」韓瑗說：「匹夫匹婦，猶相選擇，況天子乎？」來濟說：「王者立后，上法乾坤，必擇禮教名家。」[1]這些舊貴族出身的宰相都是武則天的死對頭，武則天對於太宗時留下的舊中樞成員顯然是不會信任的。太極宮中樞三省既為門閥貴族壟斷，難以為武氏所用，為了擺脫關隴集團的控制，武則天掌權後毅然放棄舊宮衙署，而移居新宮，另立新署，這顯然是一個氣魄宏偉的政治舉動。到後來，武則天甚至乾脆離開關隴貴族集團的巢穴，移都洛陽，號為「神都」，而「終身不歸長安」[2]。更可見武則天與舊貴族鬥爭的決心。

移居大明宮，武則天一方面可以擺脫舊宰相官僚的包圍，另一方面，又可以根據自己的需要，調整禁省之內的中樞機構。在移居大明宮聽政的同時，中樞決策機構的中書省和門下省也隨之遷入，原太極宮中朝地域的機構基本上都搬進了大明宮，外朝尚書六部九寺五監則仍留在太極宮皇城內，禁省各機構的建制於是發生了巨大的變化。

按唐制：「天子居曰『衙』。」[3]大明宮內部南北佈列，分為南、北衙，南衙為皇城，北衙為宮城，亦具有外朝、中朝、燕朝的規制。《石林燕語》卷二載：

> 唐以宣正殿為前殿，謂之「正衙」，即古之內朝也；以紫宸殿為便殿，謂之「上」，即古之燕朝也；而外別有含元殿（即外朝）。

據此，大明宮以含元殿、宣政殿、紫宸殿三大殿為中心，分為三

1　《資治通鑑》卷一九九高宗永徽六年。

2　《資治通鑑》卷二〇〇高宗永徽六年。

3　《新唐書》卷二三上《儀衛志上》。

部，是為三朝，分別相當於太極宮的承天門、太極殿和兩儀殿。含元殿南面廣大地域曰「朝堂」，「如承天之制」[1]。但中朝和燕朝的建制卻有了很大的變化。據近年考古發掘圖[2]，大明宮南北衙建制和太極宮有很大的不同，南北衙以宣政殿為界限，一道東西向的宮牆將大明宮攔腰截斷，其北為宮城，其南為皇城，宣政殿兩旁為東、西上門，西有延英門、光順門，東有崇明門，以分斷禁內外。而中書省和門下省則佈列在宣政殿前東西兩側，已在宮禁之外矣！原來的中朝這時變成了外朝。《隋唐嘉話》下篇載：

> 武后臨朝，薛懷義勢傾當時，雖王主皆下之，蘇良嗣僕射遇諸朝，懷義偃蹇不為禮，良嗣大怒，使左右牽拽，撻面數十。武后知曰：「阿師當北門出入，南衙宰相往來，勿犯也。」

可見此時宰相所居已稱「南衙」，禁宮內外南北界限十分嚴格。中書、門下兩省完全被驅逐出了宮城，而居於皇城，實際上已不存在中書內省和門下內省了。決策機構被攆出宮禁，宰相議政居於禁外，致使其決策地位大為削弱，實際權力自然降低了。這是唐代政治史上的一大變局。將決策機構攆出宮禁，降低宰相的權力地位，是武則天打擊政敵，掃除唐開國以來把持中樞政權的關隴勳貴的絕妙一招。

值得注意的是，也正是在這個時刻，出現了所謂「北門學士」。《資治通鑒》卷二〇二唐高宗上元二年（675）載：

> 天后多引文學之士著作郎元萬傾、左史劉禕之等，朝廷奏議百司表疏，時密令參決，以分宰相之權，時人謂之「北門學士」。（胡三省註曰：「不經南衙，於北門出入，故云然。」）

1 《唐六典》卷七《尚書工部・工部員外郎》。

2 馬得志《唐代長安與洛陽》圖二《唐大明宮》。

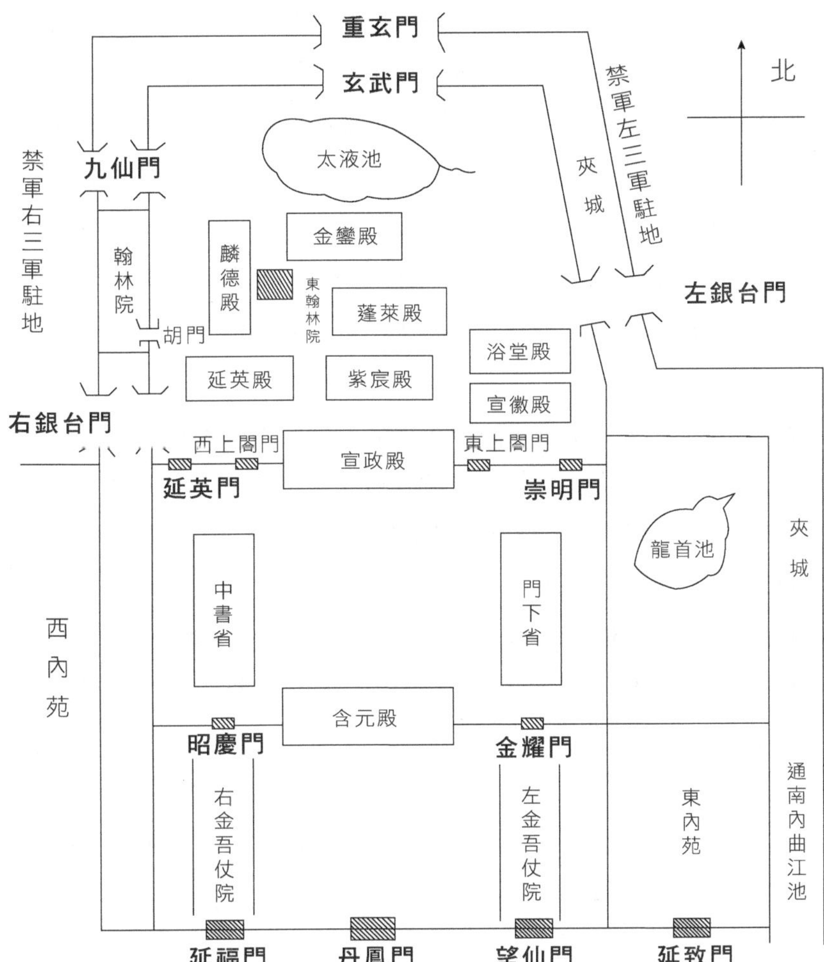

本圖參考：

① 馬得志《唐代長安與洛陽》圖二《唐大明宮》，載《考古》一九八二年第六期。

② 平岡武夫《長安與洛陽》圖十八。

③ 程大昌《雍錄》卷四《東內西內學士及翰林院圖》。

圖二：唐大明宮衙署建制圖

北門學士是完全聽命於武則天的文詞之士，他們官品較低，不是關隴勛貴，也不屬南衙系統，武則天讓他們出入禁宮，代為謀劃，「以分宰相之權」。聯繫起將中書、門下兩省攆出宮禁的舉動，可以說不是偶然，一內一外，一進一出，武則天的政治目的實在是再明顯不過了。

關於「北門學士」出現的時間，《舊唐書》卷八七《劉禕之傳》和上引《通鑒》一致，都記「上元中」，《唐會要》卷五七《翰林院》條則稍早，為「乾封（666—668）已後」[1]，則大約是龍朔三年（663）遷居大明宮後三五年之間的事，説明決策機構被攆出宮禁和北門學士居中用事是密切相關的。既然決策權與皇權密不可分，內廷畢竟不能缺少決策的助手，在禁內沒有決策助手的情況下，北門學士便應運而生了。這件事對唐代中樞政制的影響極大，直接引起了後來中樞體制的一系列變化。自後君相關係極不正常，內廷私臣宦官竊權之事時有所見，且逐漸坐大。北門學士在禁中謀議的時間就長達「二十餘年」[2]，而北門學士之後，又有新的私臣學士出現，他們都不是南衙宰相所轄的職事官。這樣，被隔於外廷的宰相的決策權橫遭剝奪，決策機構和宰相制度都相應地發生了巨大的變化。

宮省制度的變化，促使決策機構的內部組織結構也發生了變化。李華《中書政事堂記》載：

> 高宗光宅元年（684），裴炎自侍中除中書令，執事宰相筆，乃遷政事堂於中書省。

政事堂由門下遷至中書，是唐代中樞政制發展史上的一件大事，考其遷移時間，李華所記的「光宅元年」並非高宗年號，高宗李治在這年前，即弘道元年（683）十二月已崩，光宅元年乃是武則天「臨朝稱制」的第一

1 《資治通鑒》卷二一七唐玄宗天寶十三載亦有此種記載。

2 《冊府元龜》卷五五〇《詞臣部·選任》載：「周思茂為右史，時與左史范履冰、苗神客俱以文筆於禁中供奉，二十餘年，至於政事損益，多預焉。」

年，也是武則天向當女皇邁進的重要時刻。在此之前，武則天運用政治手腕，任用北門學士，已經完全控制了朝政局勢。麟德元年（664），唐高宗曾一度與宰相上官儀密謀廢后，武則天發覺後先發制人，結果，「則天遂誅（上官）儀及（王）伏勝等，並賜太子忠死，自是政歸武后，天子拱手而已」[1]。至「上元三年（676），高宗以風疹欲遜位，令天后攝知國事」[2]。可見高宗在世時武則天已經是實際上的皇帝，高宗一死，武則天當皇帝只待黃袍加身，地位已相當鞏固，主要政敵早已被斬盡殺絕，到這時，完全可以不再任用私臣，而委政於國家正式機構了。於是，武則天便著手整頓決策機構，政事堂由門下省遷中書省，正是在這種政治背景下發生的。

和唐太宗強調兩省分權互相糾檢不同，武則天整頓兩省機構的目的是提高工作效率。由於兩省分立，「中書出詔令，門下掌封駁，日有爭論，紛紜不決」，下一道詔書，手續繁多，嚴重影響了效率。馬端臨認為，「兩省之分，所以使之為仇敵矣」[3]，是有一定道理的。中書草詔，門下封駁的目的既為提高政令的可行性，使二省互相監督，以減少專權，而宰相羣體和政事堂集體議事決策制度的完善，實際上也可以實現上述目的，又可以避免扯皮的弊病。同時，兩省既被攆出宮禁，和皇帝的關係逐漸疏遠，樞機之任相對減少，也就沒有必要分為兩道程序，動不動就塗歸封駁了。所以，職事性質相同的兩省的合併是必然的，武則天可以說是第一個認識到並適應了這種發展趨勢的人。其採取的步驟正是提高政事堂地位，合併兩省中樞機構職事，而政事堂由門下遷於中書則是兩省合併的第一步。

按決策程序和禮儀，中書省都在門下省之先，《唐國史補》卷下云：「中書、門下官並於西省（中書省）上事，以便禮儀。」政事堂遷於中書省，似乎對宰相更為便利，光宅元年，中書令裴炎執政事筆，將政事堂遷於中書

1　《大唐新語》卷二。

2　《舊唐書》卷八四《郝處俊傳》。

3　《文獻通考》卷五〇《職官考四・門下省》。

省，獲得了武則天的批准。這一遷，加強了宰相和中書省的關係，使核心機密偏於中書，並重之勢有所改觀，門下審議封駁之任漸被架空，決策程序大為簡化，效率卻大為提高了。

武則天以後，中樞政局一度不穩，禁外兩省合併的進程暫時停滯了一段時間，至唐玄宗時，合併的步伐又趨加快。《唐會要》卷五一《中書令》條載：

> 至開元十一年（723），張說奏改政事堂為中書門下，其政事印亦改為中書門下之印。

說明兩省樞機決策職事的合併已經完成。馬端臨曰：「唐以中書門下為政事堂，則已合而為一矣。」[1] 然而，事實上的合併應該在名稱的改變之前，也只有兩省樞機職事已經合併之後，宰相張說才會奏請改名。因此，我們可以把從光宅元年至開元十一年的三十九年看成是一個過程，兩省的合併是逐漸地完成的，政事堂置印則是兩省合併的明確標誌。政事堂何時置「政事印」，史書不載，但可以肯定在開元十一年之前，估計當在中書政事堂時期，即光宅元年之後。印是權力的憑證，單獨有印，說明政事堂已由宰相會議廳發展為獨立的決策機構，理論上是唐代中央最高中樞機關。政事堂改名「中書門下」，「政事印」也改稱「中書門下之印」，但習慣上人們對「中書門下」仍以政事堂稱之，或簡稱「中書」，又或稱「相府」。[2]

中書門下（政事堂）內部建制分為堂前、堂後兩部，堂前是宰相議政的辦公廳，堂後有所謂「五房」機構，《新唐書》卷四六《百官一》載：

1 《文獻通考》卷五〇《職官考四．門下省》。

2 《舊唐書》卷一三五《韋渠年傳》。

> 開元中，張說為相，又改政事堂號「中書門下」，列五房於其後：一曰吏房，二曰樞機房，三曰兵房，四曰戶房，五曰刑禮房，分曹以主眾務焉。

五房除樞機房外，和尚書六部大致對口，類似中書省的「六押」，對尚書六部施行直接督導。樞機房為機要室，主掌軍機大事，是一個比較特殊的機關，《舊五代史》卷一四九《職官志》註引項安世《家說》云：

> 唐於政事堂後列五房，有樞密（即樞機）房，以主曹務，則樞密之任，宰相主之，未始他付。

又據《玉海》卷一六七《宋朝樞密院》條云：

> 開元中，設堂後五房，而機密自為一司，其職祕，獨宰相得知。

可見樞機房地位在其他四房之上，在決策機構被擠出宮禁的情況下，於政事堂設置專門的「樞機房」，以掌機密，保住了外廷相府的機衡之任，使中書門下（政事堂）仍為機要之司，這應被視為一項重大創革。五房皆有屬吏，即所謂「堂後官」，《舊唐書》卷一六九《王涯傳》記有「中書（政事堂）房吏焦寓、焦璇，台吏李楚等十餘人」。可見堂後五房人員和機構的設置都相當完善，是一個初具規模的官署。宰相平時在堂前的辦公廳議政，有事即可直接交「堂後官」處理。除樞機房以外，吏、兵、戶、刑禮四房「分曹以主眾務」，所謂「眾務」，不一定全是決策事務，恐怕也涉及行政管理，即把尚書省的某些職事攬進了政事堂，這從四房的名號也可以看出，因此，五房的建置也可以看成是三省職事合併的開始，到唐後期，五房所掌已主要是行政事務了。

中書門下（政事堂）處理日常政務有所謂「堂案」和「堂貼」，乃是直接處理地方和中央各司事務的公文。李肇《唐國史補》卷下曰：

宰相判四方之事有堂案，處分百司有堂貼，不次押名曰花押。

所謂「花押」，即宰相簽署政令的手續。又沈括《夢溪筆談》卷一《故事》云：「唐中書（政事堂）指揮事，謂之堂帖子，曾見唐人堂帖，宰相簽押，格如今之堂劄子也。」可見，這種「指揮事」的形式一直沿襲到宋朝，這顯然比中書制令，門下審議的繁雜程序簡便得多，效率顯然是提高了。政事堂直接發遣文書，五房又直接與尚書省對口掛鈎，則中書省和門下省的樞機事務就所剩無幾了，兩省原班人馬和機構雖依舊保存，實際上已成閒所，「五花判事」和「六押」制度也於此時廢止[1]。中書舍人一人既得入堂前列席政事堂會議，食「政事之食」，實際上已和政事堂機構結合，成為堂官。此時，「政事堂有後門」，直通舍人院，由於「五花判事」和「六押」制度已停廢，宰相只得屈尊下問，親自到「中書舍人院諮訪政事以自廣」了。代宗時，宰相常袞妄自「尊大」，杜絕了這道後門，與舍人院「不相往來」[2]，政事堂和中書省也就徹底分家了。但是，唐政府並沒有明令廢除兩省機構，中書門下（政事堂）的最高中樞地位也沒有明確的法律規定，其演變主要還是根據實際政務的需要而自發地進行，並經過了漫長的發展階段。直至唐亡，中書舍人仍然草詔，給事中依舊封駁，但卻與宰相謀議脫節，不能參與核心機密，其性質和先前已是大不相同了。

在決策機構發生變化的同時，宰相名號也發生了變化。我們在前面述及隋及唐武德貞觀時宰相名號混亂的情況，到高宗以後，宰相名號開始趨於統一，除兩省首長中書令，侍中外，他官兼宰相者都要加「同中書門下三品」或「同中書門下平章事」銜，最後，宰相皆統一到「同中書門下平章事」這一固定銜上。《舊唐書》卷四三《職官二．中書省．中書令》註：

1 《舊唐書》卷一八上《武宗紀》載：「天寶已前，中書除機密遷授之外，其他政事皆與中書舍人同商量。」據此，天寶以後已是不作商量了。又《舊唐書》卷一一八《楊炎傳》：「舊制，中書舍人分押尚書六曹，以平奏報，開元初廢其職。」

2 《舊唐書》卷一一九《常袞傳》。

（高宗）永淳（682—683）中，始詔郭正一、郭待舉、魏玄同等與中書門下同承受進旨平章事。自天后已後，兩省長官及同中書門下三品並平章事為宰相，其僕射不帶同中書門下三品者，但釐尚書省而已，總章二年（669），東台侍郎張文瓘，西台侍郎戴至德等，始以同中書門下三品著之入銜，自是相承至今。永淳二年（683），黃門侍郎劉齊賢知政事，稱同中書門下平章事，自後兩省長官及他官執政未至侍中、中書令者，皆稱同中書門下平章事也。

據此，宰相名號的統一，永淳二年是轉折點，這也正是決策機構發生重大變化的時刻。我們知道，兩省合併，政事堂成為決策機構始於光宅元年（684），比宰相名號的統一晚一年，這在時間上相差無幾，説明這兩件大事的發展有着密切的關聯，我們認為其所反映的正是宰相職與決策機構的進一步相結合。

考「平章事」名號，貞觀時已兩次出現，據《新唐書》卷四六《百官一》:「貞觀八年（634），僕射李靖以疾辭位，詔疾小瘳，三兩日一至中書門下平章事，而平章事之名蓋起於此。其後，李績以太子詹事同中書門下三品，謂同侍中、中書令也，而同三品之名蓋起於此。然二名不專用，而他官居職者，猶假他名如故。」可見，這時的「平章事」「同三品」和參知政事等銜一樣，都還只是臨時性差遣，名號也不規整，「平章」二字只是作為動詞用，即議論、商討之意，也就是於政事堂商討軍國大事，「共議國政」。高宗「天后已後」，僕射已被逐出宰相的行列，差遣宰相在宰相羣體中已居於多數，名號的繁雜帶來很大不便，統一名號的出現，是制度發展的需要，標誌着其已由臨時性差遣發展為固定的使職。到後來，中書令和侍中也不常置，「同中書門下平章事」就成了唯一的宰相名號，「獨為真宰相之官，至宋元豐以前皆然」。[1]

「同中書門下平章事」銜，同兩漢以來的「錄尚書事」極為相似。當

1　《文獻通考》卷四九《職官考三・宰相》。

兩漢尚書省為決策機構時，三公必「錄尚書事」，才得參與決策，才是真宰相。唐「同中書門下平章事」即「錄」中書門下（政事堂）事。舉一個例子：《新唐書》卷六一《宰相表上》載武則天長壽元年（692）八月「授姚璹同鳳閣鸞台平章事」;《南部新書》丙篇則記為「宰相姚璹，錄『中書門下』事」。可見，「同中書門下平章事」等同於「錄中書門下事」，其既可以理解為「同侍中、中書令」（開元十一年前），也可以理解為錄「中書門下（政事堂）」事（開元十一年後），即表示與決策機構結合的意思，明顯地反映了宰相職與決策機構的結合。從形式上看，平章事也與錄尚書事相似，嚴耕望氏稱漢魏錄尚書事僅為職稱，而非官名，故雖歷代皆有其人，而《職品令》不之載[1]，歷代官志均不見「錄尚書品秩」[2]。平章事也一樣，沒有品秩，「僅為職稱，而非官名」。可見，雖然宰相名號統一了，官與職的區別仍然存在，平章事形式上不過是固定常設的使職。

中書門下（政事堂）的建立，兩省樞機職事的合併，以及宰相名號的統一，不應看成是對隋唐宰相制度的破壞，而應看成是唐代前期中樞體制的重大發展。這時，決策機構、決策制度、決策人員三者達到了高度的統一，「決策機構宰相制」發展到了高峰。

這個發展起始於武則天掌權之時，完成於玄宗開元盛世。發展了的決策機制和武德貞觀時期的兩省決策已有很大的不同，在實際運用中有利也有弊，利是效率提高了，弊是糾檢功能削弱了，這對當時及以後的中樞決策和政治生活帶來了深遠的影響，我們在後面還要進行詳細考論的。

1 嚴耕望《北魏尚書制度考》。

2 《南齊書》卷二二《褚淵傳》。

表三：唐宰相表

唐因隋舊，宰相不僅人員眾多，且名號繁雜，變化多端。《新唐書》有「宰相表」，以年表的形式將有唐一代各類名號的宰相悉數排比，後人更據此多有訂補。本表擬以前輩們的研究為基礎，臚列唐三百七十二位真宰相，即參預中樞決策的各類正、副宰相。未參預中樞決策的名譽宰相三公、三師及以宰相名加之於藩鎮外臣的使相一般不列。而對由真宰相致位三公、三師及由真宰相出為使相，還有少數雖為名譽宰相，但也不時參預朝政決策者，則略作記註。以人為綱，註以類別，或可一攬有唐一代宰相之梗概和宰相個人職任變換之概況。表中類別一欄，正為正宰相之簡稱，副指副宰相，名指名譽宰相，使指使相，相即指宰相。

姓名	官號	授官年月	類別	備注
李世民	①尚書令 ②太尉 ③司徒 ④加中書令	武德元年（618）6月 武德元年（618）12月 武德四年（621）10月 武德八年（625）11月	正 名 名 正	唐初以三省首長為正宰相，三公三師為名譽宰相，他官以他名兼宰相取者為副宰相
裴寂	①右僕射知政事 ②左僕射 ③司空	武德元年（618）6月 武德四年（621）4月 武德九年（626）正月	副 正 名	時尚書省有令，僕射非首長，故以「知政事」銜充副宰相
劉文靜	納言	武德元年（618）6月	正	
蕭瑀	①內史令 ②右僕射 ③左僕射 ④御史大夫參議朝政 ⑤太子太保同中書門下三品	武德元年（618）6月 武德六年（623）4月 武德九年（626）7月 貞觀四年（630）2月 貞觀十七年（643）4月	正 正 正 副 副	武德三年（620）3月改內史令為中書令；納言為侍中 同中書門下三品銜自此始
竇威	內史令	武德元年（618）6月	正	
竇抗	將作大匠兼納言	武德元年（618）6月	副	
陳叔達	①黃門侍郎判納言 ②黃門侍郎兼納言	武德元年（618）6月 武德二年（619）正月	副 副	黃門即門下
楊恭仁	①涼州總管遙領納言 ②吏部尚書兼中書令	武德二年（619）10月 武德六年（623）4月	使 副	唐有使相始於此

續表

姓名	官號	授官年月	類別	備注
封德彝	①中書侍郎兼中書令 ②中書令 ③右僕射	武德三年（620）3 月 武德六年（623）4 月 武德九年（626）7 月	副 正 正	
李元吉	①司空 ②侍中 ③司徒	武德四年（621）10 月 武德八年（625）11 月 武德九年（626）2 月	名 正 名	
裴矩	太子詹事檢校侍中	武德七年（624）12 月	副	
宇文士及	①太子詹事檢校侍中 ②中書令	武德八年（625）11 月 武德九年（626）7 月	副 正	
房玄齡	①中書令 ②左僕射 ③司空仍綜朝政 ④太子太傅知門下省事	武德九年（626）7 月 貞觀三年（629）2 月 貞觀十六年（642）7 月 貞觀十七年（643）4 月	正 正 副 副	
高士廉	①侍中 ②右僕射 ③同中書門下三品、平章事 ④攝太子太傅同掌機務	武德九年（626）7 月 貞觀十二年（638）7 月 貞觀十七年（643）6 月 貞觀十九年（645）2 月	正 正 副 副	
長孫無忌	①右僕射 ②司空 ③司徒 ④太子太師同中書門下三品 ⑤攝侍中 ⑥司徒檢校中書令知尚書門下三省事 ⑦中書令、太尉、同中書門下三品	貞觀元年（627）7 月 貞觀七年（633）11 月 貞觀十六年（642）7 月 貞觀十七年（643）4 月 貞觀十九年（645）3 月 貞觀廿二年（648）正月 貞觀廿三年（649）正月	正 名 名 副 副 正 正	長孫無忌總領三省，為正宰相
杜淹	御史大夫參議朝政	貞觀二年（627）9 月	副	以他官參議朝政的差遣宰相自此漸多
李靖	①兵部尚書檢校侍中 ②右僕射 ③三兩日一至門下中書平章政事	貞觀二年（628）正月 貞觀三年（629）2 月 貞觀八年（634）10 月	副 正 副	平章事為相自此始
杜如晦	①兵部尚書檢校侍中 ②右僕射	貞觀二年（628）正月 貞觀三年（629）2 月	副 正	

續表

姓名	官號	授官年月	類別	備注
王珪	①黃門侍郎守侍中 ②右僕射	貞觀二年（628）12 月 貞觀四年（630）2 月	副 正	
魏徵	①祕書監參預朝政 ②祕書監檢校侍中 ③侍中 ④特進、知門下省事、朝章國典參議得失	貞觀三年（629）2 月 貞觀六年（632）5 月 貞觀七年（633）3 月 貞觀十年（636）6 月	副 副 正 副	
溫彥博	①中書令 ②右僕射	貞觀四年（630）2 月 貞觀十年（636）6 月	正 正	
戴冑	民部尚書參預朝政	貞觀四年（630）11 月	副	
侯君集	①兵部尚書參預朝政 ②吏部尚書仍參朝政	貞觀四年（630）11 月 貞觀十二年（638）8 月	副 副	
楊師道	①侍中 ②中書令 ③吏部尚書攝中書令	貞觀十年（636）6 月 貞觀十三年（639）11 月 貞觀十九年（645）11 月	正 正 副	
劉洎	①黃門侍郎參知政事 ②侍中 ③太子左庶子同掌機務	貞觀十三年（639）11 月 貞觀十八年（644）4 月 貞觀十九年（645）2 月	副 正 副	
岑文本	①中書侍郎專典機密 ②中書令	貞觀十六年（642）正月 貞觀十八年（644）8 月	副	
李世勣	①太子詹事同中書門下三品 ②同中書門下參掌機密 ③左僕射同中書門下三品 ④同中書門下三品 ⑤司空	貞觀十七年（643）4 月 貞觀廿三年（649）6 月 貞觀廿三年（649）9 月 永徽元年（650）10 月 永徽四年（653）2 月	副 副 正 副 名	自後僕射為相例加同中書門下三品
張亮	刑部尚書參預朝政	貞觀十七年（643）8 月	副	
馬周	中書侍郎守中書令	貞觀十八年（644）8 月	副	
褚遂良	①黃門侍郎參預朝政 ②中書令 ③吏部尚書同中書門下三品 ④右僕射同中書門下三品	貞觀十八年（644）9 月 貞觀廿二年（648）9 月 永徽三年（652）正月 永徽四年（653）9 月	副 正 副 正	

續表

姓名	官號	授官年月	類別	備注
許敬宗	①太子左庶子同掌機務 ②侍中 ③中書令 ④太子太師同東西台三品，仍知西台事	貞觀十九年（645）2月 顯慶二年（657）8月 顯慶三年（658）11月 龍朔二年（662）8月	副 正 正 副	龍朔二年（662）2月，中書省改稱西台，門下省改稱東台；中書令改稱西台右相，侍中改稱東台左相
高季輔	①太子右庶子同掌機務 ②兼中書令 ③侍中	貞觀十九年（645）2月 貞觀廿三年（649）5月 永徽二年（651）8月	副 副 正	
張行成	①太子詹事同掌機務 ②侍中 ③右僕射同中書門下三品	貞觀十九年（645）2月 永徽元年（650）正月 永徽二年（651）8月	副 正 正	
崔仁師	中書侍郎參知機務	貞觀廿二年（648）正月	副	
于志寧	①侍中 ②左僕射同中書門下三品 ③太子太師同中書門下三品	貞觀廿三年（649）5月 永徽二年（651）8月 顯慶四年（659）4月	正 正 副	
宇文節	①黃門侍郎同中書門下三品 ②侍中	永徽二年（651）正月 永徽三年（652）7月	副 正	
柳奭	①中書侍郎同中書門下三品 ②守中書令 ③中書令	永徽二年（651）正月 永徽三年（652）3月 永徽四年（653）11月	副 副 正	
韓青	①兵部侍郎同中書門下三品 ②侍中	永徽三年（652）3月 永徽六年（655）5月	副 正	
來濟	①守中書侍郎同中書門下三品 ②中書令	永徽三年（652）9月 永徽六年（655）5月	副 正	
崔敦禮	①侍中 ②中書令 ③太子太師同中書門下三品	永徽四年（653）11月 永徽六年（655）7月 顯慶元年（656）7月	正 正 副	
李義府	①中書侍郎參知政事 ②兼中書令 ③吏部尚書同中書門下三品 ④右相	永徽六年（655）7月 顯慶二年（657）3月 顯慶四年（659）8月 龍朔三年（663）正月	副 副 副 正	
杜正倫	①黃門侍郎同中書門下三品 ②兼中書令	顯慶元年（656）3月 顯慶二年（657）9月	副 副	

續表

姓名	官號	授官年月	類別	備注
辛茂將	大理卿兼侍中	顯慶三年（658）11月	副	
許圉師	①守黃門侍郎同中書門下三品 ②左散騎常侍檢校侍中 ③左侍極、檢校左相	顯慶四年（659）4月 顯慶四年（659）11月 龍朔二年（662）2月	副 副 副	
盧承慶	①度支尚書參知政事 ②同中書門下三品	顯慶四年（659）5月 顯慶四年（659）11月	副 副	
任雅相	兵部尚書同中書門下三品	顯慶四年（659）5月	副	
上官儀	西台侍郎同東西台三品	龍朔二年（662）10月	副	
劉祥道	太常伯兼右相	麟德元年（664）8月	副	
竇德雲	太常伯檢校左相	麟德元年（664）8月	副	
樂彥璋	西台侍郎同知軍國政事 同東西台三品	麟德元年（664）12月 麟德元年（664）12月	副 副	
孫處約	西台侍郎同知軍國政事 同東西台三品	麟德元年（664）12月 麟德元年（664）12月	副 副	
陸敦信	左侍極、檢校右相	麟德二年（665）4月	副	
姜恪	①司戎太常伯同東西台三品 ②檢校左相 ③侍中	麟德二年（665）3月 總章元年（668）12月 咸亨二年（671）	副 副 副	總章二年（669）後，同中書門下三品為正宰相
劉仁執	①大司憲兼知政事 ②大司憲兼右相 ③太子左庶子同中書門下三品 ④左僕射仍同三品 ⑤太子少傅同中書門下三品 ⑥左僕射 ⑦文昌左相	麟德二年（665）10月 乾封元年（666）7月 咸亨三年（672）12月 上元二年（675）8月 開耀元年（681）7月 弘道元年（683）12月 光宅元年（684）9月	副 副 副 正 正 正 正	光宅元年（684）9月，改左、右僕射為文昌左、右相，中書令為內史令，侍中為納言；中書省為鳳閣，門下省為鸞台
楊弘武	西台侍郎同東西台三品	乾封二年（667）6月	副	
戴元德	①西台侍郎同東西台三品 ②右僕射仍同三品	乾封二年（667）6月 上元二年（675）8月	副 正	
趙仁本	司列少常伯同東西台三品	乾封二年（667）6月	副	
李安期	東台侍郎同東西台三品	乾封二年（667）6月	副	

續表

姓名	官號	授官年月	類別	備注
張文瓘	①東台舍人參知政事 ②東台侍郎同東西台三品 ③侍中	乾封二年（667）6月 總章二年（669）2月 上元二年（675）8月	副 正 正	
閻立本	①司馬太常伯守右相 ②中書令	總章元年（668）12月 咸亨二年（671）	副 正	咸亨元年（670）12月，西台右相復名中書令，東台左相復名侍中
李敬玄	①西台侍郎同東西台二品 ②中書令	總章二年（669）2月 儀鳳元年（676）11月	正 正	
郝處俊	①東台侍郎同東西台三品 ②中書令 ③侍中	總章二年（669）3月 上元二年（675）8月 調露元年（679）4月	正 正 正	
來恆	黃門侍郎同中書門下三品	儀鳳元年（676）3月	正	
薛元超	①中書侍郎同中書門下三品 ②守中書令	儀鳳元年（676）3月 開耀元年（681）閏7月	正 副	
李義琰	中書侍郎同中書門下三品	儀鳳元年（676）3月	正	
高智周	黃門侍郎同中書門下三品	儀鳳元年（676）6月	正	
張大安	太子左庶子同中書門下三品	儀鳳二年（677）4月	正	
王德真	①中書侍郎同中書門下三品 ②侍中 ③納言	永隆元年（680）4月 光宅元年（684）2月 垂拱元年（685）5月	正 正 正	
裴炎	①黃門侍郎同中書門下三品 ②侍中 ③中書令	永隆元年（680）4月 開耀元年（681）閏7月 弘道元年（683）12月	正 正 正	
崔知溫	①黃門侍郎同中書門下三品 ②守中書令	永隆元年（680）4月 開耀元年（681）閏7月	正 副	
郭待舉	①守黃門侍郎與中書門下同承受進止平章事 ②左散騎常侍同中書門下三品	永淳元年（682）4月 弘道元年（683）12月	副 正	同平章事銜為宰相者漸多
岑長倩	①守兵部侍郎與中書門下同承受進止平章事 ②兵部尚書同中書門下三品 ③內史令 ④文昌右相同鳳閣鸞台三品	永淳元年（682）4月 弘道元年（683）12月 垂拱二年（686）4月 天授元年（690）正月	副 正 正 正	

續表

姓名	官號	授官年月	類別	備注
郭正一	①守祕書員外少監與中書門下同承受進止平章事 ②中書侍郎同中書門下平章事	永淳元年（682）4月 弘道元年（683）4月	副 副	
魏玄同	①守吏部侍郎與中書門下同承受進止平章事 ②黃門侍郎同中書門下三品 ③檢校納言	永淳元年（682）4月 弘道元年（683）12月 垂拱三年（687）8月	副 正 副	
劉齊賢	①黃門侍郎同中書門下平章事 ②守侍中	永淳元年（682）10月 弘道元年（683）12月	副 副	
劉禕之	中書侍郎同中書門下三品	光宅元年（684）2月	正	
韋弘敏	太府卿同中書門下三品	光宅元年（684）正月	正	
武承嗣	①太常卿同中書門下三品 ②禮部尚書同鳳閣鸞台三品 ③納言 ④文昌左相 ⑤同鳳閣鸞台三品	光宅元年（684）閏5月 垂拱元年（685）2月 永昌元年（689）3月 天授元年（690）正月 神功元年（697）6月	正 正 正 正 正	
李景諶	鳳閣舍人同鳳閣鸞台平章事	光宅元年（684）10月	副	
騫味道	①內史同鳳閣鸞台三品 ②御史大夫同鳳閣鸞台平章事	光宅元年（684）10月 垂拱四年（688）9月	正 副	
沈君諒	正諫大夫同鳳閣鸞台平章事	光宅元年（684）10月	副	
崔詧	正諫大夫同鳳閣鸞台平章事	光宅元年（684）10月	副	
韋方質	①守鳳閣侍郎同鳳閣鸞台平章事 ②同鳳閣鸞台三品	光宅元年（684）11月 垂拱元年（685）5月	副 正	
裴居道	①秋官尚書同鳳閣鸞台三品 ②內史 ③納言	垂拱元年（685）2月 垂拱元年（685）5月 垂拱三年（687）4月	正 正 正	
韋思謙	①御史大夫同鳳閣鸞台三品 ②納言	垂拱元年（685）2月 垂拱二年（686）4月	正 正	
蘇良嗣	①冬官尚書守納言 ②守文昌左相同鳳閣鸞台三品	垂拱元年（685）5月 垂拱二年（686）6月	副 正	

續表

姓名	官號	授官年月	類別	備注
韋待價	①天官尚書同鳳閣鸞台三品 ②文昌右相	垂拱三年（687）6月 垂拱二年（686）6月	正 正	
張光輔	①鳳閣侍郎同鳳閣鸞台平章事 ②守納言 ③守內史令	垂拱三年（687）5月 永昌元年（689）3月 永昌元年（689）3月	副 副 副	
王本立	①夏官侍郎同鳳閣鸞台平章事 ②同鳳閣鸞台三品	垂拱四年（688）9月 永昌元年（689）7月	副 正	
范履冰	春官尚書同鳳閣鸞台平章事	永昌元年（689）10月	副	
邢文偉	①鳳閣侍郎同鳳閣鸞台平章事 ②守內史令	永昌元年（689）10月 天授元年（690）正月	副 副	
武攸寧	①納言 ②夏官尚書同鳳閣鸞台三品	天授元年（690）正月 聖曆元年（689）9月	正 正	
宗秦客	鳳閣侍郎檢校納言	天授元年（690）9月	副	
史務滋	司賓卿守納言	天授元年（690）9月	副	
傅遊藝	鸞台侍郎同鳳閣鸞台平章事	天授元年（690）9月	副	
樂思晦	鸞台侍郎同鳳閣鸞台平章事	天授二年（691）6月	副	
任知古	鳳閣侍郎同鳳閣鸞台平章事	天授二年（691）6月	副	
格輔元	地官尚書同鳳閣鸞台平章事	天授二年（691）6月	副	
歐陽通	司禮卿兼判納言事	天授二年（691）8月	副	
裴行本	冬官侍郎同鳳閣鸞台平章事	天授二年（691）9月	副	
狄仁傑	①守地官侍郎同鳳閣鸞台平章事 ②鸞台侍郎同鳳閣鸞台平章事 ③守納言 ④守內史	天授二年（691）9月 神功元年（697）閏10月 聖曆元年（698）8月 久視元年（700）正月	副 副 副 副	
楊執柔	夏官尚書同鳳閣鸞台平章事	長壽元年（692）正月	副	
李遊道	冬官尚書同鳳閣鸞台平章事	長壽元年（692）正月	副	
袁智宏	秋官尚書同鳳閣鸞台平章事	長壽元年（692）2月	副	

續表

姓名	官號	授官年月	類別	備注
崔神基	司賓卿同鳳閣鸞台平章事	長壽元年（692）7月	副	
崔元綜	鸞台侍郎同鳳閣鸞台平章事	長壽元年（692）7月	副	
李昭德	①鳳閣侍郎同鳳閣鸞台平章事 ②檢校內史	長壽元年（692）7月 延載元年（694）3月	副 副	
姚璹	①文昌左丞同鳳閣鸞台平章事 ②守納言	長壽元年（692）7月 延載元年（694）8月	副 副	
李元素	文昌右丞同鳳閣鸞台平章事	長壽元年（692）7月	副	
王璿	守夏官尚書同鳳閣鸞台平章事	長壽元年（692）8月	副	
婁師德	①夏官侍郎同鳳閣鸞台平章事 ②守納言 ③納言	長壽二年（693）正月 神功元年（697）9月 聖曆元年（698）3月	副 副 正	
豆盧欽望	①司賓卿守內史 ②文昌右相同鳳閣鸞台三品 ③左僕射 ④加平章軍國重事 ⑤左僕射同中書門下三品	長壽二年（693）9月 聖曆元年（699）8月 神龍元年（705）5月 神龍元年（705）6月 景龍三年（709）2月	副 正 正 正 正	神龍元年（705）2月，改文昌左、右相為左、右僕射，內史令為中書令，納言為侍中
韋巨源	①文昌右丞同鳳閣鸞台平章事 ②納言 ③太子賓客同中書門下三品 ④侍中	長壽二年（693）9月 久視元年（700）正月 神龍元年（705）7月 景龍元年（707）9月	副 正 正 正	
陸元方	鸞台侍郎同鳳閣鸞台平章事	長壽二年（693）9月	副	
蘇味道	①鳳閣侍郎同鳳閣鸞台平章事 ②同鳳閣鸞台三品	延載元年（694）3月 長安二年（702）10月	副 正	
王孝傑	夏官尚書同鳳閣鸞台三品	延載元年（694）4月	正	
武什方	正諫大夫同鳳閣鸞台平章事	延載元年（694）7月	副	
楊再思	①鸞台侍郎同鳳閣鸞台平章事 ②守內史 ③戶部尚書同中書門下三品 ④檢校中書令 ⑤行侍中 ⑥中書令 ⑦右僕射同中書門下三品	延載元年（694）8月 長安四年（704）7月 神龍元年（705）2月 神龍元年（705）6月 神龍元年（705）10月 景龍元年（707）9月 景龍三年（709）2月	副 副 正 副 副 正 正	

續表

姓名	官號	授官年月	類別	備注
杜景佺	①檢校鳳閣侍郎同鳳閣鸞台平章事 ②鳳閣侍郎同鳳閣鸞台平章事	延載元年（694）8月 神功元年（697）閏10月	副 副	
周允之	檢校鳳閣侍郎同鳳閣鸞台平章事	延載元年（694）10月	副	
孫元亨	檢校夏官侍郎同鳳閣鸞台平章事	萬歲通天元年（696）4月	副	
王方慶	①鸞台侍郎同鳳閣鸞台平章事 ②鳳閣侍郎同鳳閣鸞台平章事	萬歲通天元年（696）9月 萬歲通天元年（696）10月	副 副	
李道廣	殿中監同鳳閣鸞台平章事	萬歲通天元年（696）9月	副	
王及善	①內史 ②文昌左相同鳳閣鸞台三品	神功元年（697）4月 聖曆二年（699）8月	正 正	
武三思	①春官尚書同鳳閣鸞台三品 ②檢校內史 ③內史 ④司空同中書門下三品	神功元年（697）6月 聖曆元年（698）8月 聖曆二年（699）8月 神龍元年（705）2月	正 副 正 正	
宗楚客	①檢校夏官侍郎同鳳閣鸞台平章事 ②行兵部尚書同中書門下三品 ③中書令	神功元年（697）6月 景龍元年（707）9月 景龍三年（709）3月	副 正 正	
姚崇	①夏官侍郎同鳳閣鸞台平章事 ②兼知夏官尚書同鳳閣鸞台三品 ③兵部尚書同中書門下三品 ④兼中書令 ⑤中書令 ⑥兵部尚書同中書門下三品 ⑦紫微令（中書令）	聖曆元年（698）10月 長安四年（704）6月 景雲元年（710）6月 景雲元年（710）7月 景雲元年（710）11月 開元元年（713）10月 開元元年（713）12月	副 正 正 副 正 正 正	
李嶠	①知鳳閣侍郎同鳳閣鸞台平章事 ②納言事 ③知內史事 ④守中書令 ⑤中書令 ⑥守兵部尚書同中書門下三品	聖曆元年（698）10月 長安三年（703）閏四月 長安四年（704）4月 神龍二年（706）7月 景龍元年（707）7月 景龍三年（709）8月	副 副 副 副 正 正	

續表

姓名	官號	授官年月	類別	備注
吉頊	天官侍郎同鳳閣鸞台平章事	聖曆二年（699）12 月	副	
魏元忠	①鳳閣侍郎同鳳閣鸞台平章事 ②同鳳閣鸞台三品 ③侍中 ④中書令 ⑤右僕射兼中書令仍知兵馬事 ⑥左僕射仍兼中書令	聖曆二年（699）12 月 長安元年（701）10 月 神龍元年（705）6 月 神龍元年（705）10 月 神龍二年（706）7 月 神龍二年（706）12 月	副 正 正 正 正 正	
張錫	①鳳閣侍郎同鳳閣鸞台平章事 ②工部尚書同中書門下三品	久視元年（700）閏七月 景雲元年（710）6 月	副 正	
韋安石	①守鸞台侍郎同鳳閣鸞台平章事 ②同鳳閣鸞台三品 ③中書令 ④侍中 ⑤左僕射同中書門下三品 ⑥左僕射	久視元年（700）10 月 長安二年（702）10 月 神龍元年（705）6 月 景龍三年（709）8 月 景雲二年（711）8 月 景雲二年（711）10 月	副 正 正 正 正 名	
李懷遠	①鸞台侍郎同鳳閣鸞台平章事 ②左散騎常侍同中書門下三品	久視元年（700）10 月 神龍元年（705）4 月	副 正	
顧琮	天官侍郎同鳳閣鸞台平章事	長安元年（701）5 月	副	長安四年（704）以後，僕射不加同中書門下三品者，不是相職，僅為名譽虛銜
李迥秀	①夏官侍郎同鳳閣鸞台平章事 ②同鳳閣鸞台三品	長安元年（701）6 月 長安二年（702）10 月	副 正	
李旦	司徒 太尉同鳳閣鸞台三品	長安二年（702）11 月 神龍元年（705）正月	名 正	
朱敬則	正諫大夫同鳳閣鸞台三品	長安三年（703）7 月	副	
唐休璟	①夏官尚書同鳳閣鸞台平章事 ②同鳳閣鸞台三品 ③右僕射同鳳閣鸞台三品 ④太子少師同中書門下三品	長安三年（703）7 月 神龍元年（705）4 月 神龍元年（705）5 月 景龍三年（709）12 月	副 正 正 正	
韋嗣立	①守鳳閣侍郎同鳳閣鸞台三品 ②中書令	長安四年（704）6 月 景雲元年（710）10 月	正 正	
崔玄	①鸞台侍郎同鳳閣鸞台平章事 ②守內史	長安四年（704）6 月 神龍元年（705）正月	副 副	

續表

姓名	官號	授官年月	類別	備注
張柬之	①判秋官侍郎同鳳閣鸞台平章事 ②守鳳閣侍郎同鳳閣鸞台平章事 ③夏官尚書同鳳閣鸞台三品 ④中書令	長安四年（704）10 月 長安四年（704）11 月 神龍元年（705）正月 神龍元年（705）4 月	副 副 正 正	
房融	正諫大夫同鳳閣鸞台平章事	長安四年（704）10 月	副	
韋承慶	鳳閣侍郎同鳳閣鸞台平章事	長安四年（704）11 月	副	
袁恕己	①鳳閣侍郎同鳳閣鸞台平章事 ②鳳閣侍郎同鳳閣鸞台三品 ③中書令	神龍元年（705）正月 神龍元年（705）正月 神龍元年（705）4 月	副 正 正	
敬輝	納言	神龍元年（705）正月	正	
桓彥範	①左羽林將軍守納言 ②侍中	神龍元年（705）正月 神龍元年（705）4 月	副 正	
祝欽明	太子少詹事同中書門下三品	神龍元年（705）2 月	正	
蘇環	①戶部侍郎守侍中 ②侍中 ③右僕射同中書門下三品 ④左僕射同中書門下三品	神龍二年（706）3 月 神龍二年（706）10 月 景龍三年（709）9 月 景雲元年（710）7 月	副 正 正 正	
於惟謙	中書侍郎同中書門下平章事	神龍二年（706）正月	副	
紀處訥	①太僕卿同中書門下三品 ②侍中	景龍元年（707）9 月 景龍元年（707）9 月	正 正	
蕭至忠	①黃門侍郎同中書門下三品 ②守侍中 ③中書令	景龍元年（707）9 月 景龍三年（709）3 月 景龍三年（709）8 月	正 副 正	
韋溫	①太子少保同中書門下平章事 ②同中書門下三品，總知內外兵馬	景龍三年（709）3 月 景雲元年（710）6 月	副 正	
崔湜	①中書侍郎同中書門下平章事 ②中書侍郎同中書門下三品 ③檢校中書令	景龍三年（709）3 月 景雲二年（711）10 月 先天元年（712）8 月	副 正 副	
趙彥昭	中書侍郎同中書門下平章事	景龍三年（709）3 月	副	

續表

姓名	官號	授官年月	類別	備注
鄭愔	太常卿同中書門下平章事	景龍三年（709）3月	副	
裴談	刑部尚書同中書門下三品	景雲元年（710）6月	正	
李隆基	殿中監同中書門下三品	景雲元年（710）6月	正	
鍾紹京	①中書侍郎參預機務 ②中書侍郎同中書門下三品 ③中書令	景雲元年（710）6月 景雲元年（710）6月 景雲元年（710）6月	副 正 正	
李日知	①黃門侍郎同中書門下三品 ②守侍中	景雲元年（710）7月 景雲二年（711）4月	正 副	
宋璟	①檢校吏部尚書同中書門下三品 ②守吏部尚書兼黃門監（侍中） ③兼侍中	景雲元年（710）7月 開元四年(716)閏十二月 開元五年（717）9月	正 副 副	
岑羲	①中書侍郎同中書門下平章事 ②戶部尚書同中書門下三品 ③侍中	景雲元年（710）6月 先天元年（712）正月 先天元年（712）6月	副 正 正	
張嘉福	吏部尚書同中書門下平章事	景雲元年（710）6月	副	
劉幽求	①中書舍人參預機務 ②侍中 ③守右僕射同中書門下三品 ④守左僕射知軍國重事 ⑤兼侍中	景雲元年（710）6月 景雲二年（711）10月 先天元年（712）8月 開元元年（713）8月 開元元年（713）11月	副 正 正 正 副	
薛稷	黃門侍郎參預機務	景雲元年（710）6月	副	
崔日用	行黃門侍郎參知機務	景雲元年（710）7月	副	
郭元振	太僕卿同中書門下平章事	景雲二年（711）正月	副	
張說	①中書侍郎同中書門下平章事 ②檢校中書令 ③中書令 ④守兵部尚書同中書門下三品 ⑤兼中書令 ⑥中書令	景雲二年（711）正月 開元元年（713）7月 開元元年（713）9月 開元九年（721）9月 開元十一年（723）2月 開元十一年（723）4月	副 副 正 正 副 正	

續表

姓名	官號	授官年月	類別	備注
竇環貞	①御史大夫同中書門下平章事 ②守侍中 ③同中書門下三品 ④右僕射，軍國重事宜共平章 ⑤守左僕射同中書門下三品	景雲二年（711）4月 景雲二年（711）9月 先天元年（712）正月 先天元年（712）7月 先天元年（712）8月	副 副 正 正 正	
魏知古	①右散騎常侍同中書門下三品 ②守侍中	景雲二年（711）10月 先天元年（712）8月	正 副	
陸象先	①中書侍郎同中書門下平章事 ②同中書門下三品	景雲二年（711）10月 先天元年（712）正月	副 正	
盧環慎	黃門侍郎同紫微黃門平章事	開元元年（713）12月	副	開元元年（713）12月，改中書省為紫微省，門下省為黃門省，中書令為紫微令，侍中為黃門監，左右僕射為左、右丞相
薛訥	和戎大武諸軍節度使同紫微黃門三品	開元二年（714）正月	正	
源乾曜	①黃門侍郎同紫微黃門平章事 ②侍中	開元四年（716）11月 開元八年（720）5月	副 正	
蘇頲	行紫微侍郎同紫微黃門平章事	開元四年（716）閏12月	副	
張嘉貞	①守中書侍郎同中書門下平章事 ②中書令	開元八年（720）正月 開元八年（720）5月	副 正	開元五年（717）9月，改紫微令為中書令，黃門監為侍中
王晙	兵部尚書同中書門下三品	開元十一年（723）4月	正	
李元	中書侍郎同中書門下平章事	開元十四年（726）4月	副	
杜暹	檢校黃門侍郎同中書門下平章事	開元十四年（726）9月	副	
蕭嵩	①守兵部尚書同中書門下平章事 ②兼中書令	開元十六年（728）11月 開元十七年（729）6月	副 副	
裴光庭	①中書侍郎同中書門下平章事 ②侍中	開元十七年（729）6月 開元十八年（730）正月	副 正	
宇文融	黃門侍郎同中書門下平章事	開元十七年（729）6月	副	
韓休	守黃門侍郎同中書門下平章事	開元廿一年（733）3月	副	

續表

姓名	官號	授官年月	類別	備注
裴耀卿	①守黃門侍郎同中書門下平章事 ②守侍中	開元廿一年（733）12 月 開元廿二年（734）5 月	副 副	
張九齡	①中書侍郎同中書門下平章事 ②守中書令	開元廿一年（737）12 月 開元廿二年（734）5 月	副 副	
李林甫	①守禮部尚書同中書門下三品 ②兼中書令 ③右相	開元廿二年（734）5 月 開元廿四年（736）11 月 天寶元年（742）2 月	正 副 正	天寶元年（742）二月，改中書令為右相，侍中為左相，左右丞相改為左右僕射
牛仙客	①守工部尚書同中書門下三品 ②知門下省事 ③侍中 ④左相	開元廿四年（736）11 月 開元廿四年（736）12 月 開元廿六年（738）正月 天寶元年（742）2 月	正 副 正 正	
李適之	左相	天寶元年（742）8 月	正	
陳希烈	①門下侍郎同中書門下平章事 ②左相	天寶五載（746）4 月 天寶六載（747）3 月	正 正	
楊國忠	①右相兼文部尚書 ②司空	天寶十一載（752）11 月 天寶十三載（754）2 月	正 名	
韋見素	守武部尚書同中書門下平章事知門下省事	天寶十三載（754）8 月	正	
崔圓	①中書侍郎同中書門下平章事 ②中書令	至德元載（756）6 月 至德二載（757）12 月	正 正	至德二載（757）12 月，改右相為中書令，左相為侍中，自後三省首長名號不再改變，但肅宗朝中書令，侍中為相者僅各一例，宰相名至此統一為同中書門下平章事。同三品銜亦僅一例
房琯	文部尚書同中書門下平章事	至德元載（756）7 月	正	
裴冕	①中書侍郎同中書門下平章事 ②右僕射 ③左僕射同中書門下平章事	至德元載（756）7 月 至德二載（757）3 月 大曆四年（769）11 月	正 名 相	
崔渙	門下侍郎同中書門下平章事	至德元載（756）7 月	正	
李麟	①憲部尚書同中書門下平章事，總上皇行在百官 ②同中書門下三品	至德二載（757）正月 至德二載（757）12 月	正 正	
苗晉卿	①左相 ②行侍中	至德二載（757）3 月 上元元年（760）5 月	正 副	

續表

姓名	官號	授官年月	類別	備注
張鎬	①中書侍郎同中書門下平章事 ②平章事兼河南節度使都統淮南諸軍事	至德二載（757）5月 至德二載（757）8月	正 使	
王璵	中書侍郎同中書門下平章事	乾元元年（758）5月	相	
呂諲	兵部侍郎同中書門下平章事	乾元二年（759）3月	相	
李峴	吏部尚書同中書門下平章事	乾元二年（759）3月	相	
李揆	中書侍郎同中書門下平章事	乾元二年（759）3月	相	
第五琦	戶部侍郎同中書門下平章事	乾元二年（759）3月	相	
蕭華	中書侍郎同中書門下平章事	上元二年（761）2月	相	
裴遵慶	行黃門侍郎同中書門下平章事	上元二年（761）4月	相	
李輔國	①司空 ②兼中書令	寶應元年（762）正月 寶應元年（762）5月	名 相	唐宦官有宰相正式名號僅此一例
元載	①戶部侍郎同中書門下平章事 ②權知門下省事	寶應元年（762）正月 大曆四年（769）11月	相 相	
劉晏	吏部尚書同中書門下平章事	廣德元年（763）正月	相	
李適	兼中書令	廣德元年（763）7月	相	
王縉	①黃門侍郎同中書門下平章事 ②侍中、持節都統河南淮南等道行營節度使 ③門下侍郎同中書門下平章事 ④平章事兼幽州盧龍節度使 ⑤平章事兼河東節度使	廣德二年（764）正月 廣德二年（764）8月 廣德二年（764）8月 大曆三年（768）閏六月 大曆三年（768）8月	相 使 相 使 使	
杜鴻漸	①兵部侍郎同中書門下平章事 ②黃門侍郎同中書門下平章事兼成都尹持節山南西道劍南東西川等道副元帥劍南西川節度副大使	廣德二年（764）正月 大曆元年（766）2月	相 使	大曆二年（767）後，中書令、侍中不單除，與左右僕射一樣都為名譽虛銜，或僅為使相加銜
楊綰	中書侍郎同中書門下平章事	大曆十二年（777）4月	相	
常袞	門下侍郎同中書門下平章事	大曆十二年（777）4月	相	
崔祐甫	門下侍郎同中書門下平章事	大曆十四年（779）閏5月	相	

續表

姓名	官號	授官年月	類別	備注
喬琳	御史大夫同中書門下平章事	大曆十四年（779）8月	相	
楊炎	①門下侍郎同中書門下平章事 ②左僕射	大曆十四年（779）8月 建中二年（781）7月	相 名	
盧杞	門下侍郎同中書門下平章事	建中二年（781）2月	相	
張鎰	中書侍郎同中書門下平章事	建中二年（781）7月	相	
關播	中書侍郎同中書門下平章事	建中三年（782）10月	相	
蕭復	吏部尚書同中書門下平章事	建中四年（783）10月	相	
劉從一	刑部尚書同中書門下平章事	建中四年（783）10月	相	
姜公輔	諫議大夫同中書門下平章事	建中四年（783）10月	相	
盧翰	兵部侍郎同中書門下平章事	興元元年（784）正月	相	
李晟	①司徒中書令 ②中書令鳳翔隴右諸軍涇原四鎮世庭行營兵馬元帥 ③太尉兼中書令	興元元年（784）6月 興元元年（784）8月 貞元三年（787）3月	名 使 名	
渾瑊	①侍中 ②侍中河中招撫使	興元元年（784）6月 貞元元年（785）4月	名 使	
李勉	檢校司徒同中書門下平章事	興元元年（784）10月	相	
馬燧	①檢校司徒同中書門下平章事兼侍中 ②侍中綏銀麟勝招討使	貞元元年（785）8月 貞元二年（786）12月	使 使	平章事亦為使相加銜
張延賞	①中書侍郎同中書門下平章事 ②左僕射	貞元元年（785）6月 貞元元年（785）8月	相 名	
劉滋	左散騎常侍同中書門下平章事	貞元二年（786）正月	相	
崔造	給事中同中書門下平章事	貞元二年（786）正月	相	
齊映	中書舍人同中書門下平章事	貞元二年（786）正月	相	
韓滉	鎮海節度使同中書門下平章事（入朝）	貞元二年（786）11月	相	以使相入朝為宰相
柳渾	兵部侍郎同中書門下平章事	貞元三年（787）正月	相	

續表

姓名	官號	授官年月	類別	備注
李泌	守中書侍郎同中書門下平章事	貞元三年（787）6月	相	
竇參	中書侍郎同中書門下平章事	貞元五年（789）2月	相	
董晉	門下侍郎同中書門下平章事	貞元五年（789）2月	相	
趙憬	中書侍郎同中書門下平章事	貞元八年（792）4月	相	
陸贄	中書侍郎同中書門下平章事	貞元八年（792）4月	相	
賈耽	①右僕射同中書門下平章事 ②左僕射同中書門下平章事	貞元九年（793）5月 貞元十五年（799）4月	相 相	
盧邁	尚書右丞同中書門下平章事	貞元九年（793）5月	相	
崔損	右諫議大夫同中書門下平章事	貞元十二年（796）10月	相	
趙宗儒	給事中同中書門下平章事	貞元十二年（796）10月	相	
鄭餘慶	中書侍郎同中書門下平章事	貞元十四年（789）7月	相	
齊抗	中書侍郎同中書門下平章事	貞元十六年（800）9月	相	
杜佑	①檢校左僕射、檢校司空同中書門下平章事 ②司徒、仍同平章事 ③加太保	貞元十九年（803）3月 元和元年（806）4月 元和七年（812）6月	相 名 名	
高郢	中書侍郎同中書門下平章事	貞元十九年（803）12月	相	
鄭珣瑜	門下侍郎同中書門下平章事	貞元十九年（803）12月	相	
韋執誼	尚書左丞同中書門下平章事	永貞元年（805）2月	相	
杜黃裳	門下侍郎同中書門下平章事	永貞元年（805）7月	相	
袁滋	①中書侍郎同中書門下平章事 ②檢校吏部尚書同平章事西川節度使	永貞元年（805）7月 永貞元年（805）10月	相 使	
鄭絪	中書侍郎同中書門下平章事	永貞元年（805）12月	相	
武元衡	①守門下侍郎同中書門下平章事 ②檢校吏部尚書兼門下侍郎同平章事，西川節度使 ③門下侍郎同中書門下平章事	元和二年（807）11月 元和八年（813）10月 元和八年（813）3月	相 使 相	

續表

姓名	官號	授官年月	類別	備注
李吉甫	①中書侍郎同中書門下平章事 ②檢校兵部尚書兼中書侍郎同平章事淮南節度使	元和二年（807）正月 元和三年（808）9月	相 使	
於頔	檢校左僕射守司空同中書門下平章事	元和二年（807）9月	相	
裴垍	守中書侍郎同中書門下平章事	元和三年（808）9月	相	
李藩	守門下侍郎同中書門下平章事	元和四年（809）2月	相	
權德輿	守禮部尚書同中書門下平章事	元和五年（810）9月	相	
李絳	守中書侍郎同中書門下平章事	元和六年（811）12月	相	
張弘靖	刑部尚書同中書門下平章事	元和九年（814）6月	相	
韋貫之	守尚書右丞同中書門下平章事	元和九年（814）12月	相	
裴度	①守中書侍郎同中書門下平章事 ②同平章事彰義節度使淮西宣慰處置使 ③檢校左僕射兼門下侍郎同平章事 ④守司空 ⑤守司空兼門下侍郎同中書門下平章事 ⑥右僕射 ⑦守司空同中書門下平章事 ⑧守司徒平章軍國重事 ⑨司徒兼侍中山南東道節度使	元和十年（815）6月 元和十二年（817）7月 元和十四年（819）4月 元和十四年（819）9月 長慶二年（822）3月 長慶二年（822）6月 寶曆二年（826）2月 太和四年（830）6月 太和四年（830）9月	相 使 相 名 相 名 相 相 使	
李逢吉	①守門下侍郎同中書門下平章事 ②檢校司空同平章事山南東道節度使	元和十一年（816）2月 寶曆二年（826）11月	相 使	
王涯	①守中書侍郎同中書門下平章事 ②右僕射諸道鹽鐵轉運使同中書門下平章事	元和十一年（816）12月 太和七年（833）7月	相 使	
崔羣	中書侍郎同中書門下平章事	元和十二年（817）7月	相	

續表

姓名	官號	授官年月	類別	備注
李鄘	檢校左僕射守門下侍郎同中書門下平章事	元和十二年（817）10 月	相	
李夷簡	①守門下侍郎同中書門下平章事 ②檢校左僕射同平章事	元和十三年（818）3 月 元和十三年（818）7 月	相 相	
皇甫鎛	守戶部侍郎判度支同中書門下平章事	元和十三年（818）9 月	相	
程異	守工部侍郎諸道鹽鐵轉運使同中書門下平章事	元和十三年（818）9 月	使	
令狐楚	守中書侍郎同中書門下平章事	元和十四年（819）7 月	相	
韓弘	守司徒兼侍中同平章事兼中書令	元和十四年（819）8 月	相	
蕭俛	①守中書侍郎同中書門下平章事 ②右僕射	元和十五年（820）閏正月 長慶元年（821）正月	相 名	
段文昌	①守中書侍郎同中書門下平章事 ②檢校刑部尚書同平章事西川節度使	育和十五年（820）閏正月 長慶元年（821）2 月	相 使	
崔植	守中書侍郎同中書門下平章事	元和十五年（820）8 月	相	
杜元穎	①守戶部侍郎同中書門下平章事 ②檢校禮部尚書同平章事西川節度使	長慶元年（821）2 月 長慶三年（823）10 月	相 使	
王播	①守中書侍郎同中書門下平章事 ②檢校右僕射同平章事淮南節度使 ③左僕射同中書門下平章事	長慶元年（821）10 月 長慶二年（822）3 月 太和元年（827）6 月	相 使 相	
元稹	工部侍郎同中書門下平章事	長慶二年（822）2 月	相	

續表

姓名	官號	授官年月	類別	備注
牛僧孺	①戶部侍郎同中書門下平登事 ②檢校禮部尚書同平章事武昌節度使 ③兵部尚書同中書門下平章事 ④檢校右僕射同平章事淮南節度使	長慶三年（823）3月 寶曆元年（825）正月 太和四年（830）正月 太和七年（833）6月	相 使 相 使	
李程	吏部侍郎同中書門下平章事	長慶四年（824）5月	相	
竇易直	①守戶部侍郎判度支同中書門下平章事 ②檢校左僕射同平章事山南東道節度使	長慶四年（824）5月 太和二年（828）10月	相 使	
韋處厚	中書侍郎同中書門下平章事	寶曆二年（826）12月	相	
路隨	①守中書侍郎同中書門下平章事 ②檢校右僕射同平章事鎮海軍節度使	太和二年（828）12月 太和九年（835）4月	相 使	
李宗閔	吏部侍郎同中書門下平章事	太和三年（829）8月	相	
宋申錫	行尚書右丞同中書門下平章事	太和四年（830）7月	相	
李德裕	①守兵部尚書同中書門下平章事 ②檢校兵部尚書同平章事山南西道節度使 ③吏部尚書兼門下侍郎同中書門下平章事 ④司空兼門下侍郎同中書門下平章事 ⑤守太尉兼門下侍郎同中書門下平章事 ⑥檢校司徒同平章事荊南節度使	太和七年（833）2月 太和八年（834）10月 開成五年（840）9月 會昌二年（842）正月 會昌四年（844）6月 會昌六年（846）4月	相 使 相 相 相 使	
賈𫗧	守中書侍郎同中書門下平章事	太和九年（835）4月	相	

續表

姓名	官號	授官年月	類別	備注
李固言	①守門下侍郎同中書門下平章事 ②檢校兵部尚書山南西道節度使 ③守門下侍郎同中書門下平章事 ④門下侍郎同平章事西川節度使	太和九年（835）7月 太和九年（835）9月 開成元年（836）4月 開成二年（837）10月	相 使 相 使	
舒元輿	守刑部侍郎同中書門下平章事	太和九年（835）9月	相	
李固言	①守門下侍郎同中書門下平章事 ②檢校兵部尚書山南西道節度使 ③守門下侍郎同中書門下平章事 ④門下侍郎同平章事西川節度使	太和九年（835）7月 太和九年（835）9月 開成元年（836）4月 開成二年（837）10月	相 使 相 使	
舒元輿	守刑部侍郎同中書門下平章事	太和九年（835）9月	相	
李訓	禮部侍郎同中書門下平章事	太和九年（835）9月	相	
鄭覃	①右僕射同中書門下平章事 ②左僕射	太和九年（835）11月 開成四年（839）5月	相 名	
李石	①戶部侍郎判度支同中書門下平章事 ②中書侍郎同平章事荊南節度使	太和九年（835）11月 開成三年（838）正月	相 使	
陳夷行	守工部尚書同中書門下平章事	開成二年（837）4月	相	
楊嗣復	戶部尚書同中書門下平章事	開成三年（838）正月	相	
李玨	戶部侍郎判戶部同中書門下平章事	開成三年（838）正月	相	
崔鄲	①太常卿同中書門下平章事 ②檢校吏部尚書同平章事劍南西川節度使	開成四年（839）7月 會昌元年（841）11月	相 使	
李紳	①中書侍郎同中書門下平章事 ②檢校右僕射同平章事淮南節度使	會昌二年（842）2月 會昌四年（844）閏七月	相 使	

續表

姓名	官號	授官年月	類別	備注
李讓夷	①中書侍郎同中書門下平章事 ②檢校司空同平章事淮南節度使	會昌二年（842）7月 會昌六年（846）7月	相 使	
崔鉉	中書侍郎同中書門下平章事	會昌三年（843）5月	相	
杜悰	①右僕射兼中書侍郎同中書門下平章事並領諸道鹽鐵轉運使 ②右僕射 ③左僕射判度支兼門下侍郎同中書門下平章事	會昌四年（844）閏七月 會昌五年（845）5月 咸通二年（681）2月	使 名 相	
李回	①中書侍郎同中書門下平章事 ②檢校吏部尚書同平章事劍南西川節度使	會昌五年（845）5月 大中元年（847）8月	相 使	
鄭肅	山南東道節度使檢校右僕射本官同中書門下平章事	會昌五年（845）7月	使	
白敏中	①兵部侍郎同中書門下平章事 ②守司空同中書門下平章事兼分邠寧慶等州節度使 ③檢校司徒平章事西川節度使 ④守司徒兼門下侍郎同中書門下平章事 ⑤中書令 ⑥檢校司徒兼中書令鳳翔節度使	會昌六年（846）5月 大中五年（851）10月 大中六年（852）4月 大中十三年（859）12月 咸通元年（860）9月 咸通二年（861）2月	相 使 使 相 名 使	單除中書令在晚唐僅此一例
盧商	中書侍郎兼工部尚書同中書門下平章事	會昌六年（846）9月	相	
崔元式	門下侍郎兼刑部尚書同中書門下平章事	大中元年（847）3月	相	
韋悰	中書侍郎同中書門下平章事	大中元年（847）3月	相	
馬植	①刑部侍郎諸道鹽鐵轉運使同中書門下平章事 ②檢校禮部尚書天平軍節度使	大中二年（848）正月 大中三年（849）3月	使 使	

續表

姓名	官號	授官年月	類別	備注
周墀	兵部尚書判度支同中書門下平章事	大中二年（848）5 月	相	
魏扶	兵部侍郎判戶部同中書門下平章事	大中三年（849）4 月	相	
崔龜從	戶部尚書同中書門下平章事	大中四年（850）6 月	相	
令狐綯	①兵部侍郎同中書門下平章事 ②司空 ③檢校司徒同平章事河中節度使	大中四年（850）6 月 大中十三年（859）8 月 大中十三年（859）12 月	相 名 使	
魏謩	戶部侍郎判戶部同中書門下平章事	大中五年（851）10 月	相	
裴休	諸道鹽鐵轉運使同中書門下平章事	大中六年（852）8 月	使	
鄭郎	①守工部尚書同中書門下平章事 ②檢校右僕射	大中十年（856）正月 大中十一年（857）10 月	相 名	
崔慎由	工部尚書同中書門下平章事	大中十年（856）12 月	相	
蕭鄴	守兵部侍郎判度支同中書門下平章事	大中十一年（857）7 月	相	
劉瑑	戶部侍郎判度支同中書門下平章事	大中十二年（858）4 月	相	
夏侯孜	①守兵部侍郎諸道鹽鐵轉運使同中書門下平章事 ②左僕射兼門下侍郎同中書門下平章事	大中十二年（858）4 月 咸通三年（862）7 月	使 相	
蔣伸	①兵部侍郎判戶部同中書門下平章事 ②檢校兵部尚書同平章事河中節度使	大中十二年（858）12 月 咸通三年（862）正月	相 使	
杜審權	守兵部侍郎同中書門下平章事	大中十三年（859）12 月	相	
畢諴	禮部尚書同中書門下平章事	咸通元年（860）10 月	相	
楊收	兵部侍郎同中書門下平章事	咸通四年（863）5 月	相	

續表

姓名	官號	授官年月	類別	備注
曹確	①兵部侍郎判度支同中書門下平章事 ②檢校司徒同平章事鎮海軍節度使	咸通四年（863）閏六月 咸通十一年（870）3 月	相 使	
蕭置	兵部侍郎判戶部同中書門下平章事	咸通五年（864）4 月	相	
路巖	①兵部侍郎同中書門下平章事 ②檢校司徒平章事劍南西川節度使	咸通五年（864）11 月 咸通十二年（871）4 月	相 使	
高璩	兵部侍郎同中書門下平章事	咸通六年（865）4 月	相	
徐商	①兵部侍郎同中書門下平章事 ②檢校尚書右僕射平章事荊南節度使	咸通六年（865）2 月 咸通十年（869）6 月	相 使	
於悰	①兵部侍郎諸道鹽鐵轉運使駙馬都尉同中書門下平章事 ②檢校左僕射山南東道節度使	咸通八年（867）7 月 咸通十三年（872）2 月	使 使	
劉瞻	①戶部侍郎同中書門下平章事 ②檢校刑部尚書同平章事荊南節度使	咸通十年（869）6 月 咸通十一年（870）9 月	相 使	
韋保衡	①兵部侍郎駙馬都尉同中書門下平章事 ②右僕射 ③司空 ④司徒	咸通十一年（870）4 月 咸通十三年（872）2 月 咸通十三年（872）11 月 咸通十四年（873）8 月	相 名 名 名	
王鐸	①禮部尚書判度支同中書門下平章事 ②檢校左僕射同平章事宣武軍節度使 ③左僕射兼門下侍郎同中書門下平章事 ④司徒 ⑤司徒兼門下侍郎同中書門下平章事 ⑥兼侍中 ⑦檢校司徒兼中書令義成軍節度使	咸通十一年（870）3 月 咸通十四年（873）6 月 乾符三年（876）3 月 乾符四年（877）6 月 中和元年（881）2 月 中和元年（881）4 月 中和三年（883）正月	相 使 相 名 相 名 使	

續表

姓名	官號	授官年月	類別	備注
劉鄴	①禮部尚書諸道鹽鐵轉運使同中書門下平章事 ②檢校左僕射同平章事淮南節度使	咸通十二年（871）10月 乾符元年（874）10月	使 使	
趙隱	戶部侍郎同中書門下平章事	咸通十三年（872）2月	相	
蕭仿	①中書侍郎兼兵部尚書同中書門下平章事 ②司空	咸通十四年（873）10月 乾符元年（874）11月	相 名	
裴坦	中書侍郎同中書門下平章事	乾符元年（874）2月	相	
崔彥昭	①中書侍郎同中書門下平章事 ②司空	乾符元年（874）8月 乾符四年（877）正月	相 名	
鄭畋	①兵部侍郎同中書門下平章事 ②守司空兼門下侍郎同中書門下平章事、京城四面行營都統 ③司空兼門下侍郎同中書門下平章事 ④檢校司徒守太子太保	乾符元年（874）10月 中和元年（881）6月 中和二年（882）2月 中和三年（883）7月	相 相 相 名	鄭畋為宰相兼唐攻討黃巢諸軍統帥
盧攜	①戶部侍郎同中書門下平章事 ②門下侍郎同中書門下平章事	乾符元年（874）10月 乾符六年（879）12月	相 相	
李蔚	①中書侍郎同中書門下平章事 ②檢校司空判東都留守東畿汝都防禦使	乾符二年（875）6月 乾符五年（878）9月	相 使	
豆盧瑑	兵部侍郎同中書門下平章事	乾符五年（878）5月	相	
崔沆	戶部侍郎同中書門下平章事	乾符五年（878）5月	相	
鄭從讜	①中書侍郎兼吏部尚書同中書門下平章事 ②檢校司空兼平章事河東節度使 ③司空兼門下侍郎同中書門下平章事 ④太傅兼侍中	乾符五年（878）9月 廣明元年（880）2月 中和三年（883）5月 光啟二年（886）3月	相 使 相 名	
王徽	戶部侍郎同中書門下平章事	廣明元年（880）12月	相	

續表

姓名	官號	授官年月	類別	備注
裴澈	①工部侍郎同中書門下平章事 ②左僕射	廣明元年（880）12月 光啟元年（885）3月	相 名	
蕭遘	①工部侍郎同中書門下平章事 ②左僕射 ③司空	中和元年（881）正月 中和二年（882）5月 中和四年（884）10月	相 名 名	
韋昭度	①行兵部侍郎同中書門下平章事 ②左僕射兼門下侍郎 ③太保兼侍中 ④兼中書令 ⑤檢校太尉兼中書令劍南西川節度使 ⑥司徒兼門下侍郎同中書門下平章事 ⑦太保	中和元年（881）7月 中和四年（884）10月 光啟三年（887）8月 文德元年（888）2月 文德元年（888）6月 景福二年（893）9月 乾寧二年（895）4月	相 名 名 名 使 相 名	
孔緯	①兵部侍郎同中書門下平章事 ②左僕射司空 ③檢校太保荊南節度使	光啟二年（886）3月 文德元年（888）4月 大順二年（891）正月	相 名 使	
杜讓能	兵部侍郎同中書門下平章事	光啟二年（886）3月	相	
張濬	①兵部侍郎同中書門下平章事 ②檢校右僕射鄂岳觀察使	光啟三年（887）9月 大順二年（891）正月	相 名	
劉崇望	①兵部侍郎同中書門下平章事 ②檢校司徒同中書門下平章事武寧軍節度使	龍紀元年（889）正月 景福元年（892）2月	相 使	
崔昭緯	①兵部侍郎同中書門下平章事 ②左僕射 ③右僕射	大順二年（891）正月 景福二年（893）6月 乾寧二年（895）8月	相 名 名	
徐彥若	①戶部尚書同中書門下平章事 ②檢校尚書左僕射同平章事鳳翔節度使 ③中書侍郎兼吏部尚書同中書門下平章事 ④左僕射兼門下侍郎 ⑤兼侍中 ⑥太保 ⑦檢校太尉同平章事清海軍節度使	大順二年（891）正月 景福二年（893）正月 乾寧元年（894）6月 乾寧二年（895）6月 乾寧三年（896）3月 光化二年（899）11月 光化三年（900）9月	相 使 相 名 名 名 使	

續表

姓名	官號	授官年月	類別	備注
鄭延昌	①中書侍郎同中書門下平章事 ②左僕射	景福元年（892）3 月 乾寧元年（894）6 月	相 名	
崔胤	①戶部侍郎同中書門下平章事 ②檢校右僕射同平章事護國節度使 ③中書侍郎兼禮部尚書同中書門下平章事 ④檢校禮部尚書同平章事武安軍節度使 ⑤左僕射兼門下侍郎同中書門下平章事諸道鹽鐵轉運使兼判度支 ⑥守司空兼門下侍郎同中書門下平章事兼判六軍十二衛事 ⑦守司徒兼侍中	景福二年（893）9 月 乾寧二年（895）3 月 乾寧二年（895）7 月 乾寧三年（896）7 月 光化三年（900）6 月 天復三年（903）正月 天復三年（903）2 月	相 使 相 使 使 相 名	崔胤亦為宰相兼軍事統帥
鄭綮	禮部侍郎同中書門下平章事	乾寧元年（894）2 月	相	
李磎	禮部尚書同中書門下平章事	乾寧元年（894）6 月	相	
王摶	①中書侍郎同中書門下平章事 ②檢校戶部尚書同平章事威勝軍節度使 ③吏部尚書同中書門下平章事 ④右僕射兼門下侍郎 ⑤司空	乾寧元年（894）6 月 乾寧三年（896）8 月 乾寧三年（896）10 月 光化元年（898）正月 光化二年（899）11 月	相 使 相 名 名	
陸希聲	戶部侍郎同中書門下平章事	乾寧二年（895）正月	相	
孔緯	司空兼門下侍郎同中書門下平章事	乾寧二年（895）6 月	相	
李知柔	京兆尹檢校司徒兼戶部尚書判度支諸道鹽鐵轉運使權知中書事	乾寧二年（895）7 月	使	
孫偓	①中書侍郎同中書門下平章事 ②平章事兼鳳翔四面行營都統	乾寧三年（896）7 月 乾寧三年（896）10 月	相 使	
陸扆	戶部侍郎同中書門下平章事	乾寧三年（896）7 月	相	
朱樸	左諫議大夫同中書門下平章事	乾寧三年（896）8 月	相	

續表

姓名	官號	授官年月	類別	備注
崔遠	①行兵部尚書同中書門下平章事 ②右僕射	乾寧三年（896）9月 天祐二年（905）3月	相 名	
裴贄	①中書侍郎兼刑部尚書同中書門下平章事 ②左僕射	光化三年（900）9月 天復三年 003）12月	相 名	
王溥	戸部侍郎同中書門下平章事	天復元年（901）2月	相	
裴樞	①戸部侍郎同中書門下平章事 ②門下侍郎同中書門下平章事 ③左僕射	天復元年（901）2月 天復三年（903）2月 天祐二年（905）3月	相 相 名	
盧光啟	①兵部侍郎權勾當中書事兼判三司 ②右諫議大夫參知機務	天復元年（901）11月 天復元年（901）11月	相 相	以參知機務銜為宰相在晚唐僅此一例
韋貽範	①工部侍郎同中書門下平章事 ②守戸部侍郎同中書門下平章事	天復二年（902）正月 天復二年（902）8月	相 相	
蘇檢	工部侍郎同中書門下平章事	天復二年（902）6月	相	
獨孤損	①兵部侍郎同中書門下平章事 ②檢校左僕射同平章事靜海軍節度使	天復三年（903）12月 天祐二年（905）3月	相 使	
柳璨	①右諫議大夫同中書門下平章事 司空諸道鹽鐵轉運使	天祐元年（904）正月 天祐二年（905）12月	相 使	
張文蔚	禮部侍郎同中書門下平章事	天祐二年（905）3月	相	張文蔚、楊涉入梁亦為宰相
楊涉	吏部侍郎同中書門下平章事	天祐二年（905）3月	相	

第四章

內朝新機構的設置與《大唐六典》的編纂

唐玄宗開元二十六年（738），出現了兩件對於唐代中樞政制的發展演變具有重要意義的大事：其一是正式設置了一個新的內朝機構——翰林學士院；其二是編纂成功了一部具有國家法典性質的政制文書——《大唐六典》[1]。這兩件大事雖出現於同一年，但意義卻截然相反。翰林學士院是三省施政系統以外直屬於皇帝的內廷御用機構，其設置目的在於排斥中書門下決策體制，削弱宰相職權；編纂《大唐六典》則是總結唐建國一百二十年來的統治經驗，主旨是重申以三省六部為核心的政府施政體系的地位，強調它的權限和職能。兩件互相矛盾的大事出現於同一年，既有其偶然性又有其必然性。我們認為，這兩件大事正是唐中樞體制以及整個職官制度發生重大轉折的標誌，具有劃時代的意義。

下面，我們對這兩件大事分別進行論述。

第一節　內朝新機構——翰林學士院的設置

由於不斷變化的外部環境以及自身結構與職能的矛盾，以三省為核心的隋唐中樞體制，特別是兩省決策體制一直在不斷地發生變化。武則天後

1　關於《大唐六典》編成的時間，《新唐書》卷五八《藝文志·職官類）記為「開元二十六年書成」。《唐會要》卷三六則謂：「（開元）二十七年二月，中書令張九齡等撰《六典》三十卷成，上之。」前後時間相差不大。劉肅《大唐新語》卷九亦記為開元二十六年。今依二十六年說。

兩省樞機職事的合併，最高權力機構中書門下（政事堂）的建立，是三省中樞體制為適應新的政治環境而作的調整和發展。但與此同時，破壞這一體制的各種事件也不斷發生，皇帝經常任用三省施政系統以外的私臣，或在三省機構之外另立機構，來取代其職事，這種發展與破壞，從一開始就幾乎是同步進行的。

首先變化發展的是決策體制，首先遭到破壞的也是決策體制。我們知道，宰相必須和決策機構結合，才能參預決策，差遣宰相必須假以名號，才能入政事堂議政。但是，皇帝有時會撇開兩省決策機構，召私臣直接入禁宮，不通過政事堂，不經兩省決策程序謀議政事，發佈命令，我們前面講的北門學士，就屬這種情況。封建君主往往喜歡耍弄兩面手法，一方面竭力維護並完善三省體制，一方面又帶頭破壞三省制度。早在唐太宗時，破壞制度的情況就時有發生。太宗雖極力強調兩省糾檢職能，要求宰相奉公盡職，依程序決策，但另一方面，他卻經常引諸學士，「會於禁中，內參謀猷」[1]，「商榷政事，或至夜分乃罷」[2]，撇開宰相和兩省程序謀議政事。這顯然是對法定決策機構的破壞。

學士都是一些什麼人呢？

所謂學士，最初並不是官名，僅是指在學的貴族子弟或文人學者，魏晉南北朝時期，各類學士增置漸多，才開始有了以學士為名的官稱。當時皇宮、東宮、宗王府、政府各部門、藩將節帥府多置有學士，但其官皆無品秩，政治地位大都不高，一般由寒門庶族充任。在門閥士族把持政治的時代，這些文人學士只是做些文字方面的工作，在政治上沒有發言權，有時甚至不免遭撻受辱。[3]

1　韋執誼《翰林院故事》。

2　《資治通鑑》卷一九二唐高祖武德九年。

3　《隋書》卷六〇《段文振傳》：「文振弟文操，大業中……帝令督祕書省學士，時學士頗存儒雅，文操輒鞭撻之，前後或至千數，時議者鄙之。」參見趙翼《陔餘叢考》卷二六《學士》條。

唐時，學士開始介入政治鬥爭。武德初，唐太宗與李建成相傾軋時，延攬「十八學士」作為自己的智囊，策劃發動了「玄武門之變」，奪得帝位後，十八學士「多至公輔」。[1] 此後，學士參政日漸增多，不僅在內廷謀議，而且直接受命草語，制定政策，侵奪兩省職事。從太宗到玄宗，朝廷設置了許多學士機構，《新唐書》卷四六《百官一》載：

> 學士之職，本以文學言語被顧問，出入侍從，因得參謀議，納諫諍，其禮尤寵；而翰林院者，待詔之所也。……自太宗時，名儒學士時時召以草制，然猶未有名號；乾封以後，始號「北門學士」；玄宗初，置「翰林待詔」，以張說、陸堅、張九齡等為之，掌四方表疏批答，應和文章，既而又以中書務劇，文書多壅滯，乃選文學之士，號「翰林供奉」，與集賢院學士分掌制詔書敕。開元二十六年，又改翰林供奉為學士，別置學士院，專掌內命。凡拜免將相、號令征伐，皆用白麻。其後，選用益重，而禮遇益親，至號為「內相」，又以為天子私人。……唐之學士，弘文、集賢分隸中書、門下省，而翰林學士獨無所屬。

學士從「時時召以草制」到「專掌內命」，地位日益重要。弘文館和集賢書院尚文屬於兩省，算是三省職事官系統之內，但玄宗時建立的翰林學士院卻「獨無所屬」，游離於三省體制之外，實際上是直屬於皇帝的內朝新機構。設立新的內朝機構，有其歷史的必然性。我們知道，龍朔三年（663）移宮後，中書內省和門下內省被攆出禁宮，皇帝的住地沒有決策機構長達六十多年，這與決策權與皇權密不可分的原則相背離。宰相在外朝決策，得不到皇帝的信任，重新建立內朝決策機構也就勢所必然。武則天及中宗、睿宗朝的幾十年間，中樞政局動盪不穩，雖然沒有內廷決策機構，但決策草詔等重大政事大都由皇帝的私臣學士在內廷謀議定奪，武

1 韋執誼《翰林院故事》。

則天為皇后執政時，任用北門學士就長達二十餘年，成為她得力的政治助手，外朝宰相遭到冷落，成為閒職。[1] 武周晚期至唐中宗之時，宮廷女學士上官婉兒「獨當書詔之任」[2]。婉兒自小「沒入掖庭，辯慧善屬文，明習吏事，則天愛之，自聖曆（698）以後，百司表奏多令參決」，及中宗即位，「又使專掌制命，益委任之，拜為婕妤，用事於中」[3]。婉兒由於「恆掌宸翰，其軍國謀猷，殺生大柄多其決」[4]，掌握了巨大的權力。武則天死後，武三思一度處境艱難，卻因緣「通於婉兒」，婉兒將他「引入禁中」，「圖議政事」，竟致宰相「張柬之等皆受制於三思」，武氏勢力由是復振。自萬歲通天（696）至景龍（707－710）十五年間，婉兒在內廷「輕弄權勢，朝廷畏之」[5]，其實際權力較之外朝宰相實有過之而無不及。上官婉兒可以說是唐朝的第一個「內相」。

唐玄宗時，經常任用弘文館學士和集賢書院學士。《冊府元龜》卷五五〇《詞臣部．總序》載：「中宗朝制詔多出宮中，明皇始置麗正殿學士，又改為集仙、集賢，以典治書籍，然亦別草詔書。」可見任用學士私臣入禁中謀議草詔，自武則天將兩省擯出宮禁之後，從未間斷過。《舊唐書》卷四三《職官二．翰林院》條載高宗至玄宗歷代帝王任用私臣學士的情況說：

> 永徽後，有許敬宗、上官儀，皆召入禁中驅使，未有名目。乾封中，劉懿之、劉褘之兄弟，周思茂、元萬頃、范履冰皆以文詞召入待詔，常於北門候進止，時號「北門學士」。天后時，蘇味道、韋承慶皆待詔禁中。中宗時，上官昭容獨當書詔之任。睿宗時，薛

---

1 《舊唐書》卷九〇《王及善傳》載武則天時宰相王及善「因病請假月餘，則天都不問之，及善歎曰：『豈有中書令而天子得一日不見乎？事可知矣。』乃上疏乞骸骨」。

2 《舊唐書》卷四三《職官三．翰林院》。

3 《資治通鑑》卷二〇八唐中宗神龍元年。

4 《太平廣記》卷二七一《上官昭容》條引《景龍文館記》。

5 《資治通鑑》卷二〇八唐中宗神龍元年。

稷、賈膺福、崔湜又代其任。玄宗即位，張說、陸堅、張九齡、徐安貞、張垍等，召入禁中，謂之翰林待詔。

這些文人學士的參政和草詔，均屬臨時性差遣。雖然弘文館和集賢書院是文屬兩省的朝廷正式機構，但官志並未載其有議政草詔的職責。「北門學士」和翰林待詔更不是正式官號。這些學士的共同特點是：皆由他官兼領，無品秩，他們的參政和草詔，均屬非制。在朝廷置有法定宰相和專掌草詔的中書舍人的情況下，這些被臨時差遣的學士的參政攬權，顯然是直接破壞了法定中樞機構的職能，排斥了法定宰相的地位。

值得注意的是，這些新進文詞之士，歷官資格和聲望都很淺，本官品秩皆很低下，而一入宮禁，便秉掌大政，有不少人後來被提拔為正式宰相，這樣就使政治中樞的格局大為改觀了。

隨着內朝職權的不斷擴大以及唐內政外交事務的繁複，宮廷內的各種文書逐漸增多，臨時差遣弘文、集賢學士兼職已不敷需要。正是在這樣的政治需要之下，一個新的內朝機關一一翰林學士院在玄宗開元二十六年（738）正式設置了。

翰林學士是唐代名目繁多的諸學士之一。「翰林」一詞，最早見於漢揚雄著《長楊賦》[1]，《文選》卷九李善註云：「翰林，文翰之多，若林也。」又《說文解字》釋「翰」曰：「翰，天雞赤羽也。」古用羽毛為筆，故以翰代稱。「翰林」為擬人之稱，亦稱「翰苑」，猶言文翰薈萃之處。梁鍾嶸《詩品》卷中稱郭璞為「翰林詩首」。但以「翰林」名官，則自唐始。

按唐制：凡乘輿所在，「皆有待詔之所，其待詔者，有詞學、經術、合煉、僧道、卜祝、術藝、書奕，各別院以廩之，日晚而退」[2]。由於在這批待詔者中，「詞學」最為所重，故冠以「翰林」之雅名。可見詞學乃「翰林」之一，既非官名，亦非什麼榮銜尊號，只是得出入禁宮，為皇帝宴居

1 《漢書》卷八七下《揚雄傳》載《長楊賦》。有「聊因筆墨之成文章，故藉翰林以為主人」句。

2 《舊唐書》卷四三《職官二》。

遊藝、尋歡作樂獻其詞伎而已。《資治通鑒》卷二〇九中宗景龍三年載：「上數與近臣學士宴集，令各效伎藝以為樂。」説明這個翰林雜班子中宗時就已存在。至玄宗「即位，始置翰林院，密邇禁廷」[1]，在宮禁為諸伎術正式設院，這個雜班子就可以更經常地和皇帝接近了。隨着朝廷政治形勢的發展，其中的文詞之士逐漸參預政治，後來更選用朝官入充兼職，終於演變成為皇帝的近臣。韋執誼《翰林院故事》有一段話説：

> 玄宗以四隩大同，萬樞委積，詔敕文誥，悉由中書，或慮當劇而不周，務速而時滯，宜有偏掌，列於宮中，承道邇言，以通密命。由是始選朝官有詞藝學識者，入居翰林供奉別旨，於是中書舍人呂向、諫議大夫尹愔首充焉。雖有密近之殊，然亦未定名，制詔書敕猶或分在集賢，時中書舍人張九齡、中書侍郎徐安貞等迭居其職，皆被恩遇。至二十六年，始以翰林供奉改稱學士，由是遂建學士（院），俾專內命。

翰林從置「待詔」到置「供奉」，選朝官中有「詞藝學識」者入居兼職；從與集賢書院學士分掌制詔書敕，到「俾專內命」，政治上的重要性日益顯著。大詩人李白就因其詩才，以布衣被召入翰林，受到唐玄宗的禮遇，榮任過「翰林供奉」。其時翰林「人才與雜流並處」[2]，李白在翰林院主要是賣弄文筆，寫詩陪皇帝尋歡作樂，做「應和文章」，但也擔任過書詔之事。他在《翰林讀書言懷呈集賢諸學士》詩中自稱：「晨趨紫禁中，夕待金門詔。」[3] 李陽冰《草堂集序》也説李白為「翰林供奉」時「置於金鑾殿，出入翰林中，問以國政，潛草詔誥」[4]。從「批答表疏」到「潛草詔誥」，翰

1　《資治通鑒》卷二一七唐玄宗天寶十三載。

2　《文獻通考》卷五四《職官考八・學士院》條引致堂胡氏曰。

3　見《全唐詩》卷一八三。

4　見《全唐文》卷四三七。

林與政治的關係越來越密切。開元二十六年（738），唐玄宗在翰林院之南別建學士院，正式設置翰林學士，文詞之士遂從雜班子中脱穎而出，成為內廷直接聽命於皇帝的機要祕書，學士草詔也就由臨時性差遣發展為固定的使職。

翰林學士院的建立，對唐中樞體制產生了巨大的影響，內廷長達六十五年沒有決策機構的狀況宣告結束了。雖然當時學士院僅具雛型，職權還不穩固，但它一開始便「俾專內命」，不屬三省系統，直接隸屬於皇帝，與外廷宰相機構處於對峙狀態。范祖禹曰：「中書門下，出納王命之司也，故詔敕行焉，明皇始置翰林，而其職始分。既發號令，則宰相以下進退輕重繫之矣。」[1] 這樣，內廷外朝便有了兩個並行的決策機構，中樞權力的結構發生了明顯的變化。

在北衙私臣學士接踵不斷地操弄政柄的同時，內朝宦官也開始參預政治。唐初，曾嚴格限制宦官參政，太宗定制，「內侍省不置三品官……至永淳末，向七十年，權未假於內官，但在門守禦，黃衣廩食而已」[2]。貞觀時，雖「屢有閹官充外使」，但經魏徵進諫後，即行廢止。[3] 唐朝宦官參預政事，起始於武后當政之時。由於宮禁制度的嚴密化，中樞決策機構被逐出外廷之後，內外傳達出納不便由士人領掌，所以，「自太后臨朝以來，喉舌之任，或出於閹人之口」[4]。到中宗時，「嬖幸猥多」[5]，出現了「宦官用權，（宰相竇）懷貞尤所畏敬，每親事聽訴，見無須者，誤以接之」[6] 的故事。到玄宗時，宦官「品官黃衣已上三千人，衣朱紫者千餘人」，「中官稍

1 《唐鑒》卷十。

2 《舊唐書》卷一八四《宦官傳．序》。

3 《貞觀政要》卷五《公平第十六》。

4 吳兢《開元升平源》。

5 《資治通鑒》卷二一〇唐玄宗開元元年。

6 《舊唐書》卷一八三《外戚．竇懷貞傳》。

稱旨者，即授三品左右監門將軍」[1]玄宗經常「遣中使宣詔令」[2]，宦官得參預政事，權勢急劇膨脹。時宦官「（楊）思勖屢將兵征討，（高）力士常居中侍衛」[3]，最得玄宗信任，以致「鍾紹京為宰相，而稱義男於楊思勖之父」[4]。唐玄宗常說：「力士上直，吾寢則安。」[5]是時，「每四方進奏文表，必先呈力士，然後進御，小事便決之」[6]。高力士所處地位和其所掌職事其實就是後來的樞密使，只是當時還沒有這一職銜而已。高力士可以說是第一個宦官宰相。由於宦官參政和諸私臣學士在內中謀議草詔，武則天以後，內朝事權便一直在不斷地擴展，外朝宰相的職權在不斷地削弱，形成內重外輕之勢。為了進一步控制外朝宰相，武則天聲稱：「要欲我家及外氏常一人為宰相。」[7]神龍以後，宰輔多由女主上官婕妤、安樂公主、太平公主等除授。如崔湜於景龍三年（709）除中書侍郎同平章事，即為上官婉兒所引[8]安樂公主則「恃寵橫縱，權傾天下，自王侯宰相已下除拜多出其門」[9]。太平公主更是「權移人主，軍國大政，事必參決。如不朝謁，宰臣就第議其可否」[10]，景雲二年（711），「宰相有七，五出其門」[11]。宰相成了內朝女主的點綴品，外朝全為內朝所控制，決策機制遭到了極大的破壞。三省的中樞地位開始動搖了。

---

1 《舊唐書》卷一八四《宦官傳·序》。

2 《大唐新語》卷三。

3 《資治通鑒》卷二一三唐玄宗開元十八年。

4 《困學記聞》卷十四。

5 《資治通鑒》卷二一三玄宗開元十八年。

6 《舊唐書》卷一八四《宦官·高力士傳》。

7 《新唐書》卷一〇《楊恭仁附楊執柔傳》。

8 《資治通鑒》卷二〇九中宗景龍三年。

9 《舊唐書》卷一八三《外戚·武延秀附安樂公主傳》。

10 《舊唐書》卷一八三《外戚·太平公主傳》。

11 《大唐新語》卷九。

第二節 《大唐六典》的編纂與差遣使職的盛行

開元二十六年（738），在翰林學士院正式建立的同時，唐政府編纂的大型職官典——《大唐六典》，在拖延十六年之後，宣告完成了。前面講過，這兩件同一年發生的事，意義是截然相反的。查《六典》，翰林學士院和翰林學士未著一字，清人顧炎武解釋曰：「蓋書成於張九齡，其時尚未置也。」[1] 這或許可以相信。但設置翰林學士是破壞三省體制，編纂《唐六典》則是重申三省的權力地位，號稱一代英主的唐玄宗在其統治的鼎盛時期對於至關重要的中樞官制竟舉措矛盾，這是值得深究的。

我們知道，唐玄宗即位後，很快結束了長期動盪不安的政治局面，他任用姚崇、宋璟為相，大革前弊，鋭意求治，至「不六七年，天下大治，河清海晏，物殷俗阜」[2]，很快把唐朝推上了鼎盛時期。開元十一年（723），政事堂改名「中書門下」，設置了「五房」機構。就在這年的前一年，玄宗下令修纂《大唐六典》，劉肅《大唐新語》卷九云：「開元十年，玄宗詔（集賢）書院撰《六典》以進。」説明開元之時唐最高統治者對調整國家機器是十分重視的。《六典》先後由四位宰相（張說、蕭嵩、張九齡、李林甫）奉敕領銜監撰，至少有十二位大手筆（陸堅、徐堅、賀知章、韋述等）參加編纂。[3] 統治階級如此重視，其目的無非是總結唐建國一百二十年來治國興邦的統治經驗，重申舊有施政系統的法律效用和職能。對此，古人和近人作了很多研究，自宋朝以來就有不少爭論。[4] 大多數人認為《唐六典》是以開元時代現行官制為依據，反映了開元時期的職官制度。如著名史學家嚴耕望先生認為：「《六典》一書之編撰，以開元時代現行官制為綱領，以現行

---

1 《日知錄》卷二四《翰林》。

2 鄭綮《開天傳信記》。

3 王應麟《玉海》卷五一稱：「知院四人，參撰官十二人。

4 參見程大昌《考古編》卷九。

令式為材料……其性質即為一部開元時代現行職官志。」[1]《唐六典》是否真的反映了開元時代的現行制度？這個問題與唐代中樞體制的發展演變關係極大，有必要進一步探討。

我們知道，自唐建立至玄宗開元盛世，一百二十多年來唐官制，特別是中樞官制發生了很大的變化，《六典》如果以開元現行官制為綱，應該反映這些變化。但《六典》不僅沒有記載翰林學士院，開元十一年建置的中書門下（政事堂）這一國家重要中樞機構也未見記載[2]中書門下建立於玄宗下令編修《六典》的第二年，有規模不小的五房辦事機構，至《六典》編纂成功，中書門下作為國家中樞決策機構行使權力已有十五年，而修撰《六典》的四位宰相和十二位館臣竟然視而不見，不加記載，這不能不使人惑疑。不僅如此，唐初以來大量出現的差遣副宰相及後來的正式宰相「同中書門下平章事」，《六典》也不加記載。查《六典》卷九《中書令》條，其正文後有一條很長的註文：「武德貞觀故事……皆稱同中書門下平章事也。」與《舊唐書》卷四三《中書令》條註文完全一致。這段註文簡略地概述了唐代宰相制度的發展過程，特別是對宰相名號統一於「同中書門下平章事」的記載尤為明晰。（此條前面已引用）人們一般認為《舊唐書》係抄襲《六典》原文，但據日本 1973 年刊行的廣池、內田本《大唐六典》[3]，上述註文之前有日本學者近衛家熙的批註：「此下疑脱註文，以舊唐志補之。」欄上又有內田智雄氏據宋殘本所作的校註：「此下宋本無註文。」[4] 此批文和校註極為重要，但卻久未為史學界注意，人們對註文

1　嚴耕望《略論〈唐六典〉之性質與施行問題》。王超《我國古代的行政法典——〈大唐六典〉》一文亦基本同意嚴氏的看法，云：「嚴文肯定《唐六典》是開元時現行制度，是正確的。」

2　查《六典》全文，僅卷九《中書省．中書舍人》條註文載：「（中書舍人）一人專掌畫，謂之知制誥，得食政事之食。」

3　按，這是目前《六典》最好的版本，參見張弓《〈唐六典〉的編撰刊行和其他》。

4　《唐六典》最早版本為北宋元豐本，南宋紹興四年（1134）重刻，今尚有紹興本殘卷存世，藏北京圖書館，內田氏即據日本所藏紹興本殘卷照片校註。參見張弓上揭文。

未加考訂即加以引用，而誤認為是《六典》所原有。退一步講，即使這段註文不是後人據《舊唐書》添補，而為《六典》固有，宰相制度這一關係到國家治亂興亡的根本性制度，號稱為「行政法典」的《大唐六典》竟然不加詳載，而僅以註文簡述，也會使人驚詫，更何況被稱為宰相府的中書門下（政事堂）竟沒有一字述及。這樣的官典如何能稱之為「開元時代現行職官志」呢？

《大唐六典》不僅對三省體制的發展變化不加記載，而且對其時大量出現的差遣使職也未作敘述。

我們知道，從唐初到開元的百多年間，唐社會內部發生了很大的變化，在政治制度、經濟制度和階級關係等各方面都呈現出明顯的轉折。唐初均田制、租庸調制和府兵制的結合，使社會經濟得到了發展，國力逐漸強盛，唐朝成了當時世界上最強大的國家。隨着封建經濟的發展，封建社會自身的矛盾也在逐漸尖銳化。由於土地兼併日勝一日，大量農民失去土地，逃移他鄉，武則天之時，已是「天下戶口，亡逃過半」[1]。由於勞動人口的逃散，建立在均田制之上的租庸調制和府兵制至玄宗時已名存實亡。史稱：「開元之際，天寶以來，法令弛壞，兼併之弊，有踰於漢成、哀之間。」[2] 廣大農民不堪奴役，奮力反抗，封建依附關係更趨鬆弛，租佃關係逐漸發展，地主和農民兩大階級之間的關係呈現出新的格局。在上層統治者中，階級關係也發生了很大的變動。我們知道，武則天採用殘酷手段打擊門閥世族，提倡科舉制度，扶植庶族地主，直到武則天以後的中宗、睿宗和玄宗開元之時，掌權者多數還是武則天提拔的人，如開元名宰姚崇、宋璟、張說、張九齡等都是承武則天的提拔。其中二張更是科舉入士的文詞之士，憲宗時宰相李絳曾說：「武后命官猥多，而開元中有名者，皆出其選。」[3] 得到武則天扶植的庶族地主開始全面掌權，士族門閥則逐漸退出歷

1 《舊唐書》卷八八《韋嗣立傳》。

2 《通典》卷二《食貨二・田制》。

3 《新唐書》卷一二五《李絳傳》。

史舞台，唐政權的性質已大為改觀了。

由於一百多年來社會經濟和階級關係的變化，整個上層建築隨之也發生了變化。在行政制度方面，差遣使職越來越多，不僅最高行政中樞出現了同中書門下平章事、翰林學士，地方上也設置了十道採訪處置使、節度使等。[1] 在中央各部門，上自宰相，下至尚書六部各司曹，幾乎都有差遣使職喧賓奪主，取代舊有行政系統的職事。據何汝泉先生統計，差遣使職雖自唐高祖時起就時有所置，但至高宗武后時才開始增多，所置使職佔全唐使職的 12.6%，至玄宗時達於高潮，所置使職佔全唐使職的 34.5%。[2] 眾多的使職中，尤以財政經濟方面的為多，由於均田制的破壞，逃戶增多，租庸調賦役受到威脅，武則天延載元年（694）置營田使[3]和督作使[4]，長安三年（703）又置括逃使[5]，睿宗景雲元年（710）置支度使[6]等，都是為確保朝廷的賦稅收入而置的專使。到玄宗開元元年（713）又設置鹽池使[7]，開元二年置市舶使[8]，開元十一年置租庸使[9]，十二年發佈《置勸農使安撫戶口詔》，置勸農使和戶口使[10]，同年八月派宇文融為括田使[11]，等等，反映了封建社會內部生產關係隨着生產力的發展而實行的局部調整。但是，這個調整並不是統治階級順應時代潮流而自覺地推行的，這些使職大都是自發地產生，

1　《唐會要》卷七八《諸使》中。

2　何汝泉《唐代使職的產生》。

3　《資治通鑒》卷二〇五武則天延載元年一月。

4　同上書同卷延載元年八月。

5　《大谷文書》二八三五號，參見池田溫《中國古代籍賬研究》文書錄文一三四。「周長安三年（703）三月括逃使牒並敦煌縣牒。」

6　《唐會要》卷七八《諸使中・支度使》。

7　《唐會要》卷八八《鹽池使》。

8　《舊唐書》卷六《玄宗紀》上。

9　《唐會要》卷八四《租庸使》。

10　《唐大詔令集》卷一一一，《唐會要》卷八五《戶口使》。

11　《舊唐書》卷一〇五《宇文融傳》。

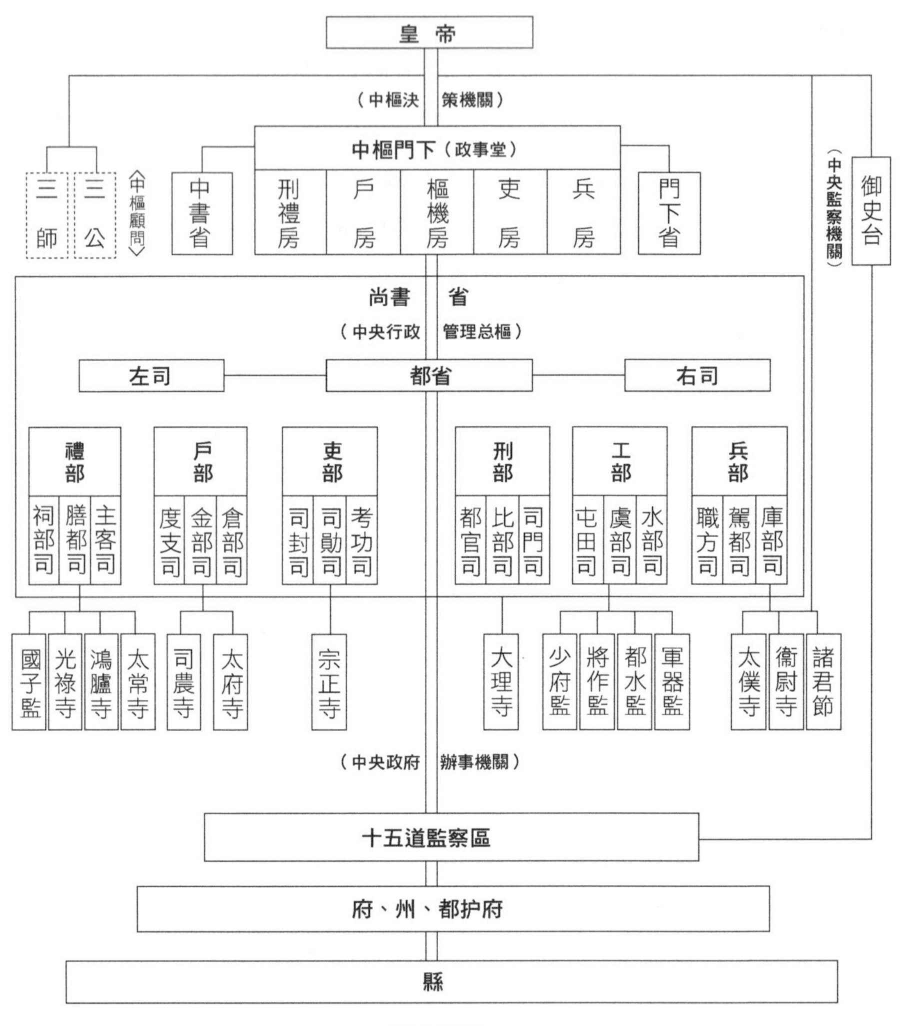

圖三：盛唐（開元天寶年間）國家機構示意圖

隨事補苴，臨時差遣，沒有定制，其中更有不少由臨時性差遣發展為固定的使職，不同程度地取代了原有職官系統的職事，造成職官制度的混亂。范祖禹說：「自古官制之紊，未有如開元者。」[1]說的就是這種情況。至天寶時，使職越置越多，深入到政權的各個方面，如王鉷一人竟身兼二十餘使[2]，楊國忠一身更「凡領四十餘使」[3]，出現了「為使則重，為官則輕」[4]的情況。使職既獨立於三省六部職官系統之外，顯然是直接破壞了原有施政系統的職權。

武后至玄宗時期差遣使職的大量出現，說明唐初法定的三省六部體制已難以應付日益複雜的新情況，不能適應社會經濟及階級關係已經發生了變化的新形勢，成為一種過時的制度。[5]但是，偏偏就在這大變革的時刻，唐政府卻費很大功夫編纂《唐六典》。開元十年（722），玄宗「手寫白麻紙凡六條，曰理、教、禮、政、刑、事典，令以類相從撰錄以進」。《六典》編纂的體例是：「以令式入六司，像《周禮》六官之制，其沿革併入註。」[6]所謂令、式，《新唐書》卷五六《刑法志》曰：「令者，尊卑貴賤之等數，國家之制度也；格者，百官有司之所常行之事也；式者，其所常守之法也。」[7]《六典》既是令、式的匯集，具有法律效用，說明具有法典的性質。但《六典》對宰相以下各類差遣使職皆摒棄不載，武則天以來中樞體制的發展變化也未反映，卻按武德貞觀時的設官序列詳述舊有職官系統。顯然，統治者的目的十分明確，是以編制行政法典的形式重申三省體制的法定地位，強調其職能。同時，包括宰相「同中書門下平章事」在內的各

1　《唐鑒》卷八。

2　《舊唐書》卷一〇五《王鉷傳》。

3　《舊唐書》卷一〇六《楊國忠傳》。

4　《唐國史補》下篇。

5　參見陳仲安《唐代的使職差遣制度》。

6　韋述《集賢記注註》，陳振孫《直齋書錄解題》卷六《唐六典》條引。

7　《新唐書》卷五六《刑法志》。

類差遣使職則被視為非制，甚至中書門下（政事堂）這一中樞決策機構也不為法律所承認。可見，《唐六典》並不是開元時代現行的職官志，而是武德貞觀時期舊制的整齊化。

開元二十五年（737），即《六典》纂成的前一年，唐政府曾對本朝職官「刊定職次，著為格令」，而其格令條文亦「皆武德貞觀之舊制」。[1]這也說明統治者十分迷戀武德貞觀時的舊有制度，他們主觀上並不希望舊有的法定制度遭受破壞，而是力圖維持不變。面對大變革的社會現實，最高統治者內心矛盾重重，舉措失態，《唐六典》的修撰反映的就是這種情況。

由於開元之時的制度已經發生了很大變化，唐初的成法有許多已不符合現狀的要求，所以《唐六典》在編纂過程中曾幾度難產。劉肅《大唐新語》卷九云：

> 開元十年，玄宗詔（集賢）書院撰《六典》以進，時張說為麗正學士，以其事委徐堅。沉吟歲餘，謂人曰：「堅承乏，已曾七度修書，有憑準皆似不難，唯《六典》歷年措思，未知所從。」（張）說又令學士毋嬰等，檢前史職官，以今（令）式分入六司，以今朝《六典》象《周官》之制。然用功艱難，綿歷數載。其後張九齡委陸善經，李林甫委苑咸，至二十六年，始奏上。

區區三十卷的《唐六典》，竟幾度更換主編，費時十六年，撰書館臣無所措手，只得以武德貞觀時令式條文分入六司，附會《周禮》六官，敷衍聖旨，最後撰成「童牛角馬不今不古之書」[2]。而其書雖成，卻與現實牴牾，其中一些具體條例早已落後於歷史發展的客觀形勢。不光是官制，其卷三所記田賦之制，卷五所記兵制等等，亦無不與現實相左。也正是因為

1 《通典》卷十九《職官一・總序》。

2 陳寅恪《隋唐制度淵源略論稿》。

此書與發展了的現實差距甚大，所以書編成後，「祇令宣示中外」，卻始終沒有「明詔施行」。[1]

唐最高統治者雖然主觀上十分迷戀武德貞觀時形式整齊的舊制度，但客觀現實的變化和形勢的發展卻又迫使他們不得不作某些變通，以維持國家機器的統治機能。於是大耍兩面手法，一方面重申三省體制的職能，一方面隨事所需臨時抓差，差遣使職的大量出現，就是統治者消極應變的產物。中樞體制的發展變化，也不是統治階級有意識地進行的行政改革，開元時代唐玄宗對於中樞體制的矛盾舉措，説明在大變革的時代潮流中唐最高統治者還處於盲目狀態，並沒有自覺地進行實質性改革。政治制度的變化不以統治者的意志為轉移，它總是要隨着社會經濟政治和階級關係的變化而變化。但政治制度既要通過掌握政權的統治者來設置，其變化又不能不通過統治者來實現。統治者雖不能阻止制度的變革，但卻可以延緩或加速變革的進程。唐玄宗敕撰的《唐六典》，是一部復古復舊的行政法典，雖然未能真的將制度倒退到武德貞觀時期，未能最終阻止行政制度的變革，但仍然對唐代政制，特別是中樞體制的發展演變產生了深遠影響。在唐後期，雖然三省體制實質上已被取代，但作為法定形式卻終唐之世也未取消。《唐六典》的法律條文甚至還經常被徵引，三省名號作為居官的符號標誌仍舊保留，並一直沿續到宋代，使中樞體制的轉折長期被遮掩，若不究實質，只看形式，人們便會產生三省體制與唐政權相始終的印象。

由於唐中樞體制的變革不是統治階級順應時代潮流自覺地推行，所以中樞新舊體制的交替還要經過一段長時間的發展過程。隋唐時期的許多制度起先都不是經過立法定制設置，而是由於某種需要自發地產生，而一經產生，便為「故事」，形成慣例，以後得到統治階級的認可，才逐漸形成

1　呂溫《代鄭相公請刪定施行六典、開元禮狀》，見《全唐文》卷六二七。

制度。政事堂制度起先即為「故事」[1]；宰相制度起先也是「故事」[2] 諸如此類，舉凡多有。開元二十六年設置的內朝新機構——翰林學士院，雖被視為非制，但翰林草詔卻也已成「故事」，其要真正取代法定決策機構的職能，成為獲得統治階級認可的法定制度，尚須一段時間的發展。

1 《資治通鑒》卷二〇三唐高宗弘道元年。

2 《舊唐書》卷四三《職官二・中書令》條註文：「武德貞觀故事……。」

隋文帝開皇元年、隋煬帝大業三年、唐太宗貞觀元年、唐玄宗開元年間中央政府機構序列分別如下圖所示。

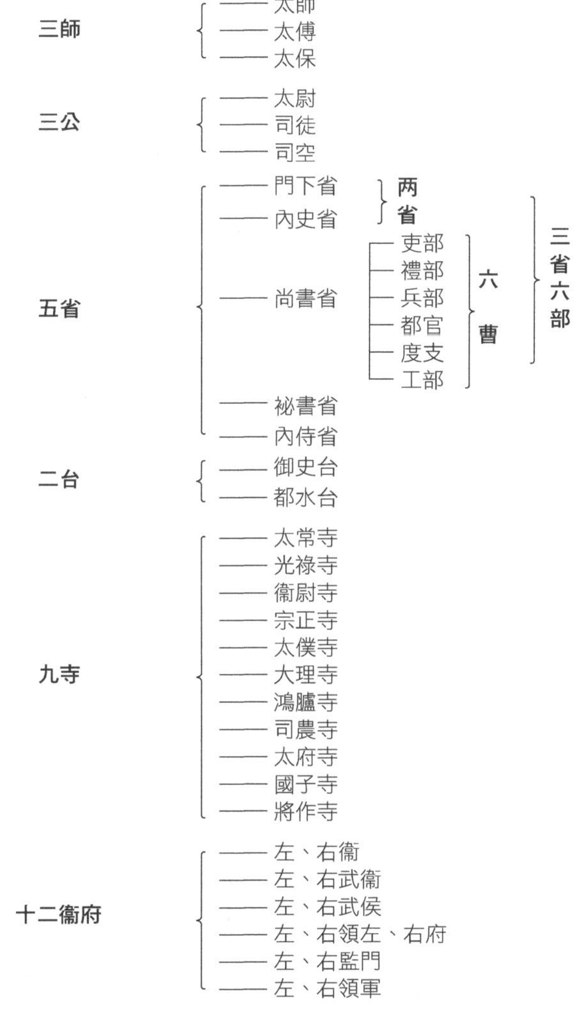

圖四：隋文帝開皇元年（581）中央政府機構序列

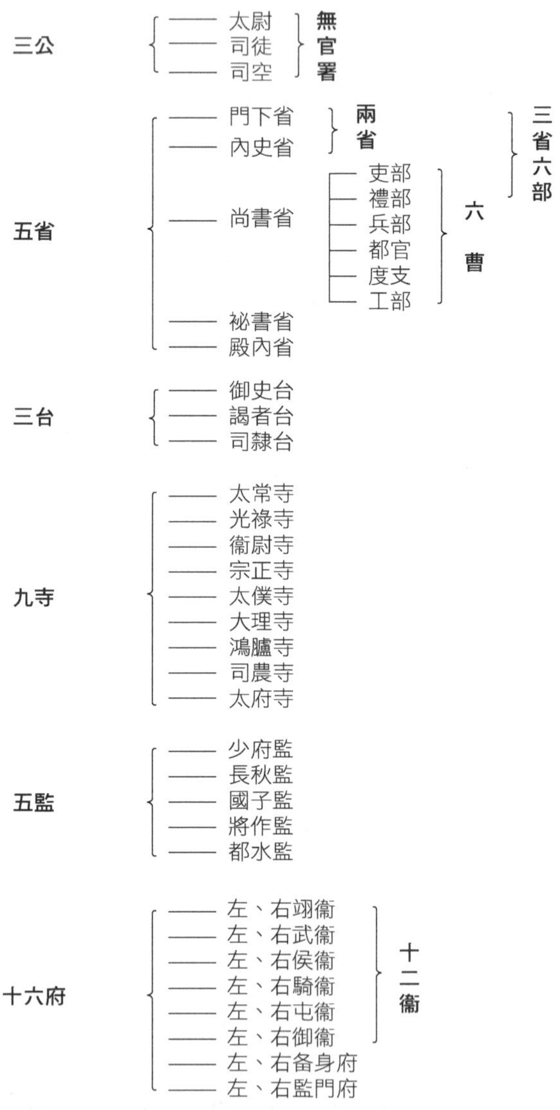

圖五：隋煬帝大業三年（607）中央政府機構序列

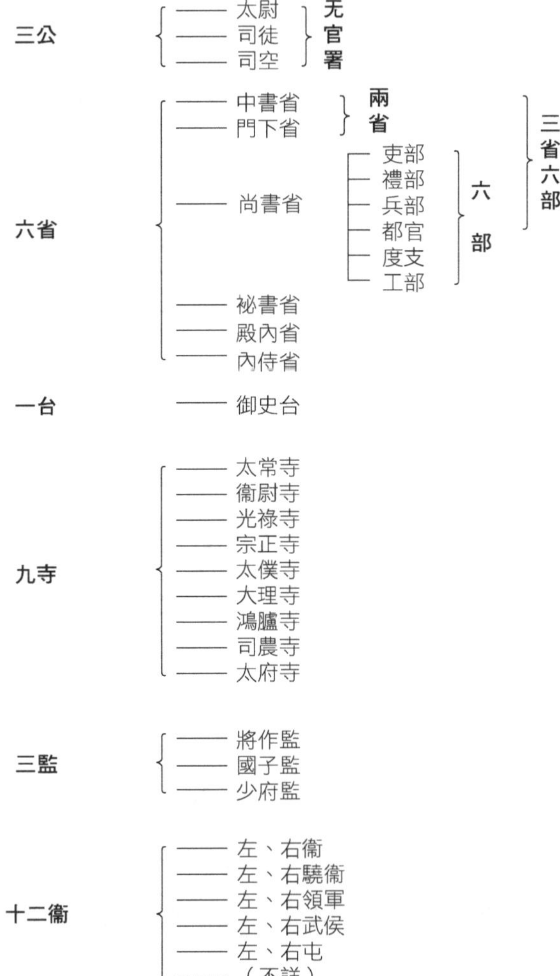

圖六：唐太宗貞觀元年（627）中央政府機構序列

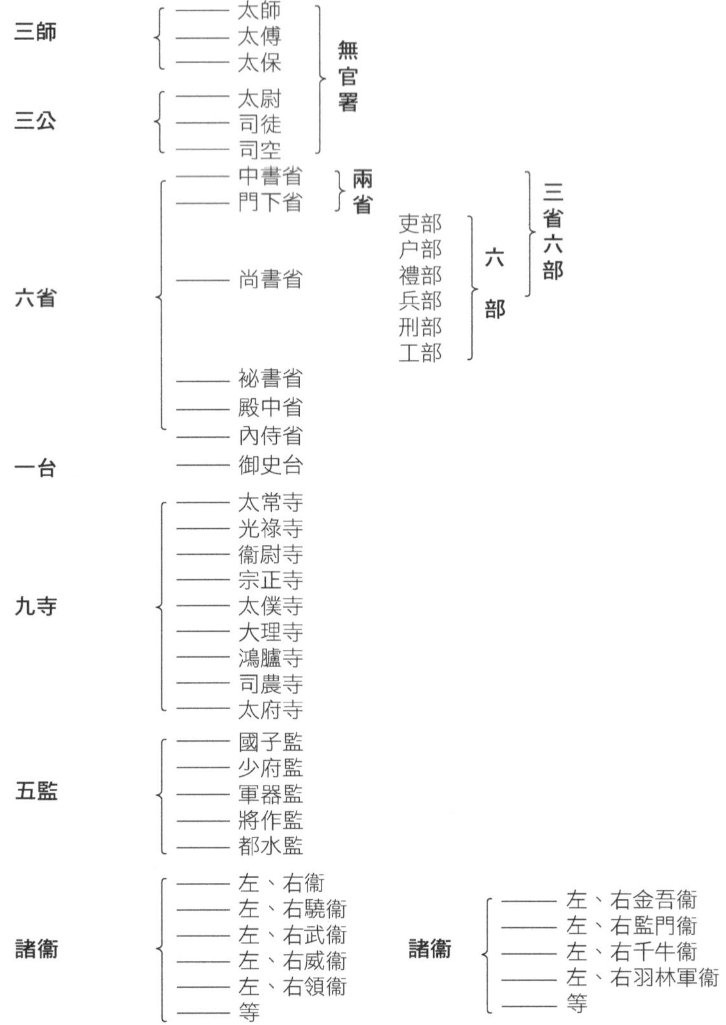

圖七：唐玄宗開元年間（713—741）即《大唐六典》所列中央政府機構序列

比較以上四個不同時期的中央政府序列，可見隋及唐前期中央政府官製雖常有變更，但構成其政務中樞的中書、門下、尚書三省六部體製卻沒有大的變化。雖然三省及六部名稱有變，但其機構編製和職權都沒有大的變化。

第五章

三省體制的崩潰與內朝事權的擴展

《大唐六典》是對舊三省體制的總結，翰林學士院是新中樞建置的開始。由於統治階級不能順應時代潮流進行自覺的政制改革，致使新舊體制的演變遞嬗交織在一起，呈現出極為錯縱複雜的局面。

大致說來，整個隋唐中樞體制的演變過程，以開元二十六年（738）為界，可以分為前後兩期，再細緻一點，又可以龍朔三年（663）的移宮事件，即武則天將決策機構中書內省和門下內省攆出宮禁作為標誌，將前期分為兩個階段；以永貞元年（805）唐憲宗即位後設置「內相」——翰林學士承旨和樞密使作為標誌，將後期分為兩個階段，共四個發展階段。龍朔三年以前，整個隋代及唐初武德、貞觀、永徽時期的七十二年為第一階段，是三省中樞體制的創立和完善化時期；從龍朔三年到開元二十六年的七十五年時間為第二階段，是三省體制進一步發展，同時又遭到初步破壞的時期；從開元二十六年到永貞元年的六十七年時間為第三階段，是三省體制遭受嚴重破壞，以致最後崩潰，新的中樞體制醞釀成立的時期；永貞元年以後直到公元907年唐朝滅亡的一百零二年為第四階段，是新中樞體制正式建立並全面掌權的時期。一般來說，前期兩個階段是三省體制佔主導地位，雖然武則天以後大批私臣學士和差遣使職侵奪和破壞三省的職權，但並沒有完全取代其職事，只有三省才為法定制度，三省以外的學士、使職皆被視為非制。後期兩個階段則是新體制佔主導，在唐憲宗時並取得了法定地位，三省的主要職事已被取代，而唯剩軀殼。前期兩個階段的情況我們在前面四章中已作了大量論述，下面四章則主要論述後期兩個階段中樞體制發展演變的情況，本章先就第三階段進行討論。

我們在前一章論述了武則天掌權以來，內朝私臣學士和宦官操弄權柄，侵奪宰相職權，破壞三省體制，以致中樞長期動盪不穩的情況。玄宗即位後，大革前弊，開始任用宰相，但宰相居於外廷，遠離皇權，決策機制已發生了很大變化，武德貞觀時的制度不僅始終無法恢復，而且在繼續不斷地墮壞。《舊唐書》卷一〇六《楊國忠傳》載：「開元已後，宰臣數少，始崇其任，不歸本司。」宰相這時只於政事堂議事，而不再管本省庶政，兩省給、舍與宰相疏遠，而不復為「宰相判官」，糾檢作用逐漸喪失了。到開元後期及天寶之時，出現了奸相李林甫和楊國忠長期擅政專權的局面。

值得注意的是，李林甫和楊國忠的入相和擅政，都是通過內官、妃主之援實現的。這說明即使外朝宰相專權，也必須內朝有人作後盾，內重外輕之勢並沒有改變。開元二十三年（735），李林甫通過巴結玄宗寵愛的武惠妃和宦官高力士入相。為固權寵，李林甫又多結內官，「帝左右寵倖，未嘗不厚以金帛為賄，由是帝之動靜，林甫無不知之」[1]，「故出言進奏，動必稱旨」[2]。李林甫通過勾結內官察知天子動靜，大耍口蜜腹劍的伎倆而達到專權的目的。

另一方面，當時宰相集體議政決策制度的破壞，也是李林甫得以專權的原因之一。開元之初，已經出現了「伴食宰相」[3]，到李林甫入相，更是千方百計、變本加厲地壟斷相權。據唐人柳珵撰《常侍言旨》載：

> 李林甫初拜相，竊知上意，及班旅退，佯為蹇步，上問：「何故腳疾？」對曰：「臣非腳疾，願獨奏事……」

1 鄭處誨《明皇雜錄》卷下。

2 《舊唐書》卷一〇六《李林甫傳》。唐人范攄《雲溪友議》亦載：「李相公林甫當開元之際，與巷陌交通，權等人主，天下之能名須出其門也，如不稱意，必遭竄逐之禍。」

3 《舊唐書》卷九八《盧懷慎傳》載：「開元三年（715）……懷慎與紫微令姚崇對掌樞密，懷慎自以為吏道不及崇，每事皆推讓之，時人謂之伴食宰相。」

入獨奏，顯然是破壞宰相集體議決，造成一宰攬權，但伴跛獨奏的發明者並不是李林甫，而是開元賢相姚崇。《新唐書》卷一二四《姚崇傳》載：

> 崇它日朝，眾趨出，崇曳踵為有疾狀，帝召問之，對曰：「臣損足。」曰：「無甚痛乎？」曰：「臣心有憂，痛不在足。」問以故，曰：「岐王，陛下愛弟，張說輔臣，而密乘車出入王家，恐為所誤，故憂之。」於是出（張）說相州。

據此宋人莊季裕稱：「林甫之術，蓋祖於崇也。」[1] 可見，早在李林甫入相之前，宰相集體議政制度已遭到破壞，這無疑給奸相的專權提供了方便。

為了達到長期專權的目的，李林甫恃權忌能，杜絕忠讜才賢入相之路。黃門侍郎陳希烈「以講老莊得進」，「李林甫以希烈為上所愛，且柔佞易制，故引以為相，凡政事一決林甫，希烈但給唯諾。故事，宰相午後六刻乃出（政事堂），林甫奏，今太平無事，巳時即還第，軍國機務皆決於私家；主書抱成案詣希烈書名而已」。[2] 就這樣，奸相李林甫「秉鈞二十年，朝野側目，憚其威權」[3]。天寶十一載（752），李林甫薨，繼任者楊國忠以椒房之親代其職，專橫較李林甫更甚。「國忠注官時，呼左相陳希烈於座隅，給事中在列，曰：『即對注擬，過門下了矣。』」有時更乾脆「使胥吏於私第暗定官員，集百僚於尚書省對注唱，一日令畢，以誇神速，資格差謬，無復倫序」[4] 命官的所有手續均不履行，決策程序遭到了粗暴的踐踏。李林甫、楊國忠的長期擅政專權，是三省中樞體制已經破敗的明證。

內部機制缺損的三省制度更經不過戰亂的打擊，經安史之亂和奉天之

1　《雞肋編》。

2　《資治通鑒》卷二一五玄宗天寶五載。

3　《舊唐書》卷一〇六《李林甫傳》。

4　《舊唐書》卷一〇六《楊國忠傳》。

難等一系列戰亂的侵襲，三省中樞體制最後走向了全面崩潰。

天寶十四載（755），爆發了安史之亂，強盛的唐朝由此轉向衰弱。次年，太子李亨在靈武即皇帝位，是為肅宗。由於「從官單寡」[1]，其時肅宗麾下「文武官不滿三十人，披草萊，立朝廷，制度草創，武人驕慢」[2]。中樞機構在戰亂中遭到嚴重的破壞自不待言。為了號令全國軍民抗擊叛軍，收復兩京，肅宗即位後立即組建新的中樞機要班子，史稱「以杜鴻漸、崔漪並知中書舍人事」[3]，「時天下事殷，詔令多出於（中書舍人徐）浩」[4]。在任中書舍人草詔的同時，翰林學士的作用也突出起來。李肇《翰林志》載陸贄貞元三年（787）的上疏曰：

> 肅宗在靈武、鳳翔，事多草創，權宜濟急，遂破舊章，翰林之中，始掌書詔。

《舊唐書》卷四三《職官二》亦載：

> 至德已後，天下用兵，軍國多務，深謀密詔，皆從中出，尤擇名士、翰林學士得充選者，文士為榮。

翰林學士因親接皇帝，所草多「深謀密詔」，其重要性顯然已超過中書舍人。而宰相政事堂議事制度這時已完全廢止，韋處厚《翰林學士記》載：

> 逮自至德，台輔伊說之命，將壇出車之詔，霈洽天壤之澤，遵

1 《舊唐書》卷五二《后妃・肅宗張皇後傳》。

2 《資治通鑒》卷二一八肅宗至德元載。

3 《資治通鑒》卷二一八肅宗至德元載。

4 《冊府元龜》卷五一一《詞臣部・才敏》。

揚顧命之重，議不及中書（政事堂）矣。

在外朝宰相機構於戰亂中遭到巨大破壞之時，內朝事權得以迅速擴展。宦官勢力更是惡性膨脹起來。

宦官李輔國，這時掌握了中樞大部分權力，《資治通鑒》卷二二一肅宗乾元二年載：

> 太子詹事李輔國，自上在靈武，判元帥行軍司馬事，侍直帷幄，宣傳詔命，四方文奏，寶印符契，晨夕軍號，一以委之。及還京師，專掌禁兵，常居內宅，制敕必經輔國押署，然後施行。宰相百司，非時奏事，皆因輔國關白、承旨。常於銀台門決天下事，事無大小，輔國口為制敕，寫付外施行，事畢聞奏……諸司無敢拒者。

李輔國竟盜用皇帝「制敕」，不經任何法定程序，不須審議封駁，甚至不用草擬，「輕重隨意」，「口為制敕」，不僅徹底破壞了三省施政系統，而且直接威脅到皇權。

李輔國破壞決策程序，把持朝政的行徑遭到了宰相李峴的抵制，也引起了肅宗的不滿。李峴在肅宗面前「論制敕皆應由中書（政事堂）出，具陳輔國專權亂政之狀」，肅宗「感寤」，乃下令：「比緣軍國務殷，或宣口敕處分，諸色取索及權配囚徒，自今一切並停，如非正宣，並不得行。」所謂「正宣」，胡三省註曰：「正宣，宣命；凡出宣命，有底在中書（政事堂），可以檢覆，謂之正宣。」可見肅宗是以重申舊有決策程序，來限制李輔國的專權，同時下令：「中外諸務，各歸有司。」[1] 企圖恢復三省施政系統的職能。

自後，「詔敕不由中書（政事堂）出者，（李）峴必審覆」，[2] 但是，這並

1　《資治通鑒》卷二二一唐肅宗乾元二年。

2　《新唐書》卷二〇八《宦者下・李輔國傳》。

未能扼制李輔國權勢的發展，時李輔國「專掌禁兵」，宰相崔圓「懼其威權，傾心事之」[1]。另一名宰相李揆雖出身「山東甲族」，卻「見輔國執子弟之禮，謂之『五父』」。輔國又將其「岳父」元擢及元擢弟元挹「引入台省」，操縱政治，甚至「矯詔移上皇居西內」，而「驕恣日甚，求為宰臣」，[2]居然提出了自己當宰相的要求。宦官任宰相，唐無先例，若假其名號，則內廷與外朝合為一體，其專政亂權就名正言順了。對此，肅宗雖極不情願，卻未正面拒絕。上元二年（761）肅宗崩，代宗即位，輔國有定策功，「愈恣橫，私奏曰：『大家但內裏坐，外事聽老奴處置。』代宗怒其不遜，以方握禁軍」，敢怒不敢言。「乃尊為尚父，政無巨細，皆委參決。五月加司空、中書令。」[3]李輔國早已實際行使宰相職權，這時加「中書令」，就使他成為唐代第一個，也是唯一的名副其實的宦官宰相了。當然，代宗並不是真心假他大權，不久就派刺客把他殺了。[4]

李輔國垮台後，另一宦官頭目程元振又在中樞擅權，「代輔國判元帥行軍司馬，專制禁兵……是時元振之權，甚於輔國，軍中呼為十郎」[5]。為了抑制宦官勢力，代宗一方面任用朝臣宰相來奪回被宦官竊取的權力，另一方面也開始任用親信近臣翰林學士來和宦官抗爭。廣德元年（763）十一月，翰林學士柳伉上疏請斬「中外咸切齒而莫敢發言」的大宦官程元振。[6]

1 《舊唐書》卷一一二《李麟傳》。

2 《舊唐書》卷一八四《宦官．李輔國傳》。

3 《舊唐書》卷一八四《宦官．李輔國傳》。

4 蘇鶚《杜陽雜編》記曰：「李輔國恣橫無君，上切齒久矣……輔國尋為盜所殺，上異之，方以語於左右。」既語於左右，乃是知情，「盜」非其所派還能為誰？

5 《舊唐書》卷一八四《宦官．程元振傳》。

6 《資治通鑒》卷二三三唐代宗廣德元年。關於柳伉時居官職，《通鑒》記為「太常博士」，《新唐書》卷二〇七《程元振傳》記為「太常博士，翰林待詔」。據《困學記聞》卷十四王應麟的考證：「伉，乾元元年（758）進士，《翰林院故事》載：『寶應以後，伉自校書郎充學士，是時為翰林學士』。」

由於柳伉「在禁林，職近而親」[1]，大得代宗信任，最後取得了「削元振官爵，放歸田里」[2]的重大勝利，這可以說是內朝翰林學士和宦官鬥爭的第一個回合。

程元振去後，宦官魚朝恩又繼起專權。朝恩「專典神策軍，出入禁中」[3]，「專權使氣，公卿不敢仰視，宰臣或決政事，不預謀者，則眦睚曰：『天下之事，豈不由我乎？』」[4]平定安史叛亂的唐名將李光弼竟也「懼朝恩之害，不敢入朝」[5]。朝恩甚至「謀將易執政，以震朝廷」[6]。大曆五年（770）三月，代宗和宰相元載設計誅魚朝恩，收奪了神策兵權，自後，開始委政於外朝宰相。內朝宦官擅權亂政的局面暫告一個段落。

但是，委政於外朝宰相並沒有使朝政局面有所改觀。代、德之際，又連續出現了宰相專權以及黨爭不已的情況，致使中樞政局仍舊動盪不穩。據《杜陽雜編》：「上（代宗）纂業之始，多以庶務託於鈞衡，而元載專政，益隳國典，若非良金重寶，趑趄左道，則不得出入於朝廷。及常袞為相，雖賄賂不行，而介僻自專，少於分別，故升降多失其人。」這裏所說的元載和常袞，一個是奸相，一個還稱得上是賢相，但他們為相時專斷朝政卻並無二致。史稱：「元載專朝，天子拱手。」[7]常袞當國，「非文詞者皆擯不用」，因自視尊大，政事堂通中書舍人院的後門也被堵塞了。[8]

1　《資治通鑒》卷二三三唐代宗廣德元年。關於柳伉時居官職，《通鑒》記為「太常博士」，《新唐書》卷二〇七《程元振傳》記為「太常博士，翰林待詔」。據《困學記聞》卷十四王應麟的考證：「伉，乾元元年（758）進士，《翰林院故事》載：『寶應以後，伉自校書郎充學士，是時為翰林學士』。」

2　《困學記聞》卷十四。

3　《舊唐書》卷一八四《宦官・魚朝恩傳》。

4　蘇鶚《杜陽雜編》。

5　《舊唐書》卷一一〇《李光弼傳》。

6　《新唐書》卷二〇七《宦者上・魚朝恩傳》。

7　《新唐書》卷一四五《王縉傳》。

8　《新唐書》卷一五〇《常袞傳》。

元載專權，完全是繼承了李林甫的伎倆，史載元載「結內侍董秀，多與之金帛，委（中書）主書卓英倩潛通密旨，以是上有所屬，載必先知之，承意探微，言必玄合」[1]。元載大耍手法，欺上瞞下，致使「公道隘塞」，大權歸己，專權擅政約十五年，成為李林甫第二。大曆十二年（777）三月，代宗「命左金吾大將軍吳湊收（元）載、（王）縉於政事堂……並中書主書卓英倩、李待榮……命吏部尚書劉晏訊鞫」[2]，皆伏誅，宦官董秀亦於禁中杖殺之，一舉殄滅了元載及其內外黨羽。但是，雖滅元載，卻並沒有改變宰相專權的局面，不久，新的宰相專政又出現了。

大曆、建中名宰劉晏和楊炎，因推行財政改革，興榷鹽之利，兩稅之法，頗有嘉聲。但建中（780—783）初，楊炎「獨當國政」，卻又利用手中的大權，「專意報恩復仇」，「構劉晏之罪貶官」，誣殺之，致「朝野為之側目」。[3] 後盧杞入相，朝「政一決於杞」。[4] 杞又與楊炎爭權相構，殺楊炎。「杞作相三年，矯誣陰賊，排斥忠良，朋附者咳唾立至青雲，睚眦者顧盼已擠溝壑」。又大耍陰謀詭計，「蒙蔽天聽，隳紊朝典」[5]，致使朝政敗壞，中樞虛弱無力，直接引發了建中二年（781）的藩鎮叛亂。建中四年（783），涇原兵在京師叛變，唐德宗倉皇出逃奉天（今陝西乾縣），朝廷又一次處在極度的危機之中，中樞機構再一次遭到了嚴重破壞。《唐語林》卷六載：「德宗時，楊炎、盧杞為宰相，皆奸邪用事，樹立朋黨，以至天子播遷，宗社幾覆。」大約半個世紀以後，大臣韋處厚回憶起這段往事，上書敬宗時還說：「建中之初，山東向化，只緣宰相朋黨，上負朝廷，楊炎為元載復仇，盧杞為劉晏報怨，兵連禍結，天下不平。」[6] 把「奉天之難」的罪責

1 《舊唐書》卷一一八《元載傳》。

2 《舊唐書》卷一一八《元載傳》。

3 《舊唐書》卷一一八《楊炎傳》。

4 《新唐書》卷一五一《關播傳》。

5 《舊唐書》卷一三五《盧杞傳》。

6 《舊唐書》卷一五九《韋處厚傳》。

歸咎於宰相，是有一定根據的。

奉天之難後，外朝宰相的權力受到壓制，內朝事權又開始了擴展，宦官專政的局面基本上形成了。以往史家論述中唐之際的變亂和宦官專權的原因，往往歸咎於君主，認為唐代宗暗弱，是「平亂守成」，至多不過是「中材之主」[1] 德宗則天生「猜忌刻薄」[2]，是「志大而才小，心褊而意忌，不能推誠御物，尊賢使能」的「造禍之主」，[3] 似乎一切災難的根源都是因為皇帝的無能。我們認為，這種看法有失公允，也不符合歷史事實。我們知道，代宗不僅最終盪平安史禍亂，在對付宦官問題上也曾大獲全勝，收奪了宦官的兵權，又通過誅殺元載抑制宰相的驕縱，使大權總歸於已。《大唐新語》卷一載：「元載既伏誅，代宗始躬親政事，勵精求理。」可見代宗頗事振作，頗想有所作為，並不暗弱。德宗在即位前曾以天下兵馬大元帥兼尚書令[4]的職銜統率大軍直接參加平定安史叛軍的戰鬥，即位之初，繼承代宗的遺志，頗想大肆整頓，以恢復大唐帝國往昔的盛況。《舊唐書》卷十三《德宗紀下》史臣曰：「德宗皇帝初總萬機，勵精治道，思政若渴，視民如傷，凝旒延納於讜言，側席思求於多士。」為求匡輔之臣，德宗曾大訪賢才，「唯賢是擇」，「求人於不次之地」[5]，又「嘗訪宰相羣臣中可以大任者」[6]。可見德宗並非天生的「猜忌」之主。其初即位時，「庶務皆委宰司」[7]，建中元年（780），任用宰相楊炎推行兩稅法，施行了具有深遠歷史意義的財經改革，證明他「尊賢使能」，很有才幹。但是，皇帝雖「勵精治道，思政若渴」，宰相卻玩弄權柄，結黨營私。不僅奸相（如元載、盧杞）專權

1　《新唐書》卷六《代宗紀・贊》。

2　《新唐書》卷七《德宗紀・贊》。

3　范祖禹《唐鑒》卷八。

4　《舊唐書》卷十一《代宗紀》。

5　《舊唐書》卷一二七《張涉傳》。

6　《舊唐書》卷一一八《楊炎傳》。

7　《舊唐書》卷一一九《崔佑甫傳》。

擅政，賢相（如常袞、楊炎）也專權自恣。在安史亂後急需匡輔之臣治國平天下的時刻，宰相的表現竟是如此糟糕，以致不久就釀出新的禍亂，使君主大失所望，迫使君主不得不轉而去信用內朝私臣和宦官。

為什麼此時會連續出現宰相專權的事件？中樞長期動盪不穩的內在原因又何在？我們認為，主要原因不在個人，而在於制度。我們知道，隋唐實行「決策機構宰相制」，宰相施政的依據是決策機構。但自武則天以來，決策機構不斷地遭受破壞，安史亂後，中書門下（政事堂）已無綱紀可循，集體議決流於形式，兩省給、舍的糾檢諮詢功能也早已不能發揮作用。原有的決策程序已破壞無遺。中書門下（政事堂）既已高度集權，卻又居於禁外，皇帝也難以控制，無法監視。在綱紀墮毀、不受約束的情況下，皇帝若假之以大權，就勢必造成宰相專權，不管是奸相還是賢相都在所難免，因為專權的客觀環境和條件在，促使大權獨專於一人。建中初年，盧杞曾提出恢復開元之前中書舍人「五花判事」和「六押」制度[1]，恢復舊有某些必要的決策程序。但是制度墮壞已久，恢復談何容易。在一片反對聲中，舊制度非但不得恢復，盧杞自己反倒開始專權，把朝政攪得更加面目全非。這時，三省中樞體制的內部決策機制既已全遭破壞，整個體制實際上已走到了歷史的盡頭。《唐語林》卷六載：

> 德宗懲輔相之失，自是除拜命令不專委於中書（政事堂），凡奏擬用人，十阻其七，貞元以後，宰相備位而已。

經過奉天之難戰亂的大破壞，三省體制被徹底破毀，再也不能發揮中樞作用了。

由於宰相不堪信用，德宗只得任用內臣，起初對翰林學士張涉「恩禮甚厚，親重無比」，「大小之事皆諮之」。[2] 建中四年（783）涇原兵變，德

1 《舊唐書》卷一一八《楊炎傳》。

2 《舊唐書》卷一二七《張涉傳》。

宗先狼狽逃到奉天（今陝西乾縣），後逃到梁州（今陝西漢中），在倉皇避難之際，中樞機務皆委命於翰林學士陸贄。「機務填委，徵發指蹤，千端萬緒，一日之內，詔書數百，贄揮翰起草，思如泉注……莫不曲盡事情，中於機會」。[1]贄又「常啟德宗云，今書詔宜痛自引過罪己，以感動人心。德宗從之，故行在制詔始下，聞者雖武夫悍卒，無不揮涕感激。……貞元初，李抱真來朝，因前賀曰：『陛下之幸奉天山南時，赦書至山東，士卒無不感泣思奮者，臣當時見之，即知諸賊不足平也』[2]。陸贄作為德宗的帷幄近臣，在危難之際發揮了巨大作用。當時，德宗與陸贄可以說是相依為命，《冊府元龜》卷五五〇《詞臣部．恩獎》載：

> ……德宗特所親信，待之不以嚴，特見從容言笑之際，或脫玉（御）衣以衣之，或以姓第呼為陸九，同職莫敢望之。初，德宗自奉天適梁州，山路危險，往往與從官相失，夜至驛，求贄不得，驚悲涕泣，募於眾曰：「有能得贄者，吾與千金。」久之贄乃至，皇太子已下皆賀。

在皇帝如此倚重的情況下，陸贄得以參與中樞的議政決策，「雖有宰相，大小之事，上必與贄謀之，故當時謂之內相」[3]。翰林學士的政治地位和職權大為提高了，陸贄成了唐代歷史上的第一個翰林內相。德宗在信用翰林學士的同時，也開始信用宦官。神策禁軍的兵權再次交給宦官領掌。自代宗大曆五年（770）誅魚朝恩以來，神策禁軍一直由朝官統領。但建中四年（783）十月，涇原兵在京師譁變時，德宗促神策軍拒戰，竟「無一人至者」[4]，只有霍仙鳴、竇文場帶着百餘名宦者護衛着德宗逃奔山南。德宗傷

1　《舊唐書》卷一三九《陸贄傳》。

2　《唐會要》卷五七《翰林》。

3　《資治通鑑》卷二三〇唐德宗興元元年。

4　《舊唐書》卷十二《德宗紀》上。

心之餘，還京後「頗忌宿將，凡握兵多者，悉罷之」[1]，認為只有宦官才堪信用，因以宦官霍仙鳴、竇文場分「監勾當」神策軍。貞元十二年（796）六月，二人被正式任命為左右神策軍護軍中尉，[2] 宦官張尚進、焦希望為中護軍，自後，宦官領禁軍遂成定制。竇文場等甚至要求像命朝官那樣「用麻紙寫制」，因遭到翰林學士鄭絪的抵制而止。因宦官掌兵，「是時竇、霍勢力傾中外，藩鎮將帥多出神策軍，台省清要亦有出其門者」[3]。宦官仗勢開始操縱朝廷政治，進入中樞權力的核心。《舊唐書》卷一八四《宦官傳．序》曰：「自貞元之後，（宦官）威權日熾，蘭錡將臣，率皆子蓄，番方戎帥，必以賄成，萬機之與奪任情，九重之廢立由己。」宦官在中樞專權的局面開始形成。

經過一系列的戰亂和各方面的破壞，三省施政系統在德宗之時已趨於崩潰。決策機構已停止運轉，掌書詔出令的中書省因官員俱缺而陷於癱瘓。《南部新書》壬篇載：

> 貞元初，中書舍人五員俱缺，在唯南參一人，未幾亦以病免，唯庫部郎中張濛獨知制詔。……其月濛以姊喪給假。或草詔，宰相命他官為之。中書省案牘不行十餘日。

又《唐會要》卷五五《中書舍人》亦載：

> （貞元）四年（788）二月，以翰林學士職方郎中吳通微、禮部郎中顧少連、起居舍人吳通玄、左拾遺韋執誼並知制誥。故事：舍人六員。通微等與庫部郎中張濛凡五人以他官知制誥，而六員舍人皆缺焉。

1 《舊唐書》卷一八四《宦官．竇文場．霍仙鳴傳》。

2 《唐語林》卷六載：「貞元十二年六月乙丑，始以竇文場為左神策軍護中尉，霍仙鳴為右神策軍護中尉。」

3 《資治通鑒》卷二三五唐德宗貞元十二年。

據丁居晦《重修承旨學士壁記》：貞元時吳通微、吳通玄兄弟及顧少連、韋執誼等皆為翰林學士。在中書機構殘破和人員俱缺的情況下，翰林學士取代中書舍人掌握書詔代言之任就是理所當然的了。

在舊決策機構陷於癱瘓的同時，尚書行政機構也運轉不靈了，尚書六部的職權被眾多的差遣使職侵蝕剝奪，而逐漸成為閒司。《舊五代史》卷一四九《職官志》云：

> 自天寶末，權置使務已後，庶事因循，尚書諸司，漸至有名無實，廢墮已久。

安史之亂中，尚書機構同樣遭受了巨大破壞。《舊唐書》卷一〇八《韋見素傳》載：「肅宗在鳳翔，喪亂之後，綱紀未立，兵吏三銓，簿籍煨燼，南曹選人，文符悉多偽濫。」還都後，機構並未得到恢復，其長官名號與其實際職掌逐漸分離，尚書「八座」成了籠絡強藩悍將的榮譽虛銜。《唐國史補》卷下曰：「兵興之後，官爵寖輕，八座用之酬勛不暇，故今議者以丞郎為貴」。稍後，丞郎也兼領他職，行政管理也就無人負責了，所謂尚書主執行就成了一句空話，部、司機構於是閒簡無事。《文苑英華》卷六〇一於邵《為趙侍郎陳情表》曰：「屬師旅之後，庶政從權，會府（即尚書省）舊章多所曠廢，惟禮部、兵部、度支職務尚存，頗同往昔，餘曹空閒，案牘全稀，一飯而歸，竟日無事。」關於中唐之時尚書部、司閒簡無事，無職無權的情況，史書還有很多記載，如《南部新書》丁篇稱：「省中司門、都官、屯田、虞部、主客皆閒簡無事，時諺曰：『司門、水部，入省不數』。」由於「僧尼道士全隸左右街功德使，自是祠部、司封不復關奏」[1]，因而，「祠部呼為冰廳，言其清且冷也」[2]。這種情況後來越演越烈，

1 《舊唐書》卷十四《憲宗紀上》。

2 趙璘《因話錄》卷上。

以致「夏官（兵部）不知兵籍」[1]，「兵部無戎賬，戶部無版圖，虞、水不管山川，金、倉不司錢穀，官曹虛設，俸祿枉請」[2]。整個尚書省幾乎成了閒所。而同時，許多臨時差遣的使職在安史之亂後逐漸固定化，尚書各部、司的職權，被各類差遣使職所奪，特別是財經方面的職事，已完全歸於使職。據《舊唐書》卷一一八《楊炎傳》：「至德以後……軍國之用，仰給於度支、轉運二使。……四方貢獻，悉入內庫。」「天下公賦，為人君私藏，有司（戶部）不得窺其多少，國用不能計其贏縮，殆二十年」。由於國家租賦「悉入內庫」，尚書戶部無權管轄，成為「人君私藏」，而實際上卻被操之於內朝宦官之手，「中官以冗名持簿書，領其事者三百人，皆奉給其間，連結根固不可動」[3]。這種狀況當然要引起朝臣宰相的反對，德宗建中元年（780），楊炎為宰相，施行改革，「乃建言：尚書省國政之本，比置諸使，分奪其權，今宜復舊」。獲得德宗的批准。於是，「詔天下錢穀皆歸金部、倉部，罷（劉）晏轉運、租庸、青苗、鹽鐵等使」[4]。但是，尚書省機構早已癱瘓，「本司廢職罷事，久無綱紀，徒收其名而莫綜其任，國用出入，未有所統」[5]，而更加行不通。不久，朝廷即不得不再下令「復以諫議大夫韓洄為戶部侍郎轉運使，皆如舊制」[6]。這個「舊制」，並不是指舊的尚書省行政系統，而是指各類差遣使職，既稱舊制，即早已成為「故事」，而今則成為正式制度了。尚書省的行政管理總樞的職權於是被徹底剝奪了。

三省施政系統既名存實亡，舊的中樞體制實際上已崩潰了。德宗晚年，決策歸於內朝，行政歸於諸使，「機務不由台司，宰臣備位而已」[7]。德

1 《舊唐書》卷一九〇《劉蕡傳》。

2 陸長源《上宰相表》，載《全唐文》卷五一〇。

3 《舊唐書》卷一一八《楊炎傳》。

4 《資治通鑒》卷二二六德宗建中元年。

5 《舊唐書》卷一二九《韓滉附弟洄傳》。

6 《資治通鑒》卷二二六德宗建中元年。

7 《舊唐書》卷一二三《王紹傳》。

宗自己也「躬親庶政，中外除授無不留神」[1]。「不委政宰相，人間細務，多自臨決」[2]。但皇帝個人精力畢竟有限，於是，中樞決策大權多委交內臣心腹，如「藩炎，德宗時為翰林學士，恩渥極異」[3]。翰林學士在內廷協助皇帝裁決大政，成為新的政治中樞成員。是時，德宗「乘輿每幸學士院，顧問錫賚無所不至。御饌珍肴輟而賜之。又嘗召對於浴堂，移院於金鑾殿」[4]。在內廷深處設置東翰林院，為翰林學士開闢一個辦事處，以致「貞元之政，多參決於內署（即翰林院）」[5]。當時宰相則「惟忍恥署敕，內愧私歎」[6]。新的內重外輕的權力結構至此已基本成型。

總結三省中樞體制崩潰的原因，從以上幾章的論述中我們看到，原因是多方面的，既有其內在自身的原因，又有外界環境的影響；既有主觀因素，又有客觀因素。以往論者由於沒有作全面的分析，往往簡單地歸結為「君權與相權的矛盾」，歸結為皇帝個人的主觀意志，這顯然是片面的。[7]實際上，破壞三省制度的不光是皇帝，宰相也不甘落後（如李林甫、元載等），而皇帝雖說是破壞，有時卻又大力維護。但是，制度的演變畢竟不以個人的意志為轉移，在各種因素的推動下，中樞權力最終轉移了，三省最後實際上崩潰了。歸納起來，原因大致有三：一、門閥政治的崩潰，庶族地主的參政掌權，階級關係的變化所引起的權力再分配，使三省體制在武則天時開始不斷地受到衝擊。二、社會經濟的發展引起生產關係的調整和上層建築的變化，法定刻板的三省制度不適應急劇變化了的政治、經濟形勢，安史之亂等一系列戰亂更加速了三省中樞體制的崩潰。三、專制皇權的不

1　趙璘《因話錄》。

2　《舊唐書》卷十五《憲宗本紀・論贊》。

3　《唐語林》卷三。

4　李肇《翰林志》。

5　《舊唐書》卷一五八《韋貫之傳》。

6　李翔《論事與宰相書》，見《全唐文》卷六三五。

7　王超《三省制度論略》；魏俊超《試論中國封建社會相職的演變》。王素《三省制略論》一書則全文通貫着這一觀點。

斷強化，起於皇帝身邊的內朝官和內朝新機構不斷侵奪法定機構的職權，最後取代了三省的中樞地位。總的來講，三省體制的崩潰是和整個唐代社會政治狀況的發展變化相一致的，是社會大變革的反映。

三省體制的崩潰，內朝事權的擴展，引起了朝臣輿論的不滿。貞元三年（787），由翰林學士升任宰相的陸贄上疏曰：「伏詳令式及國朝典故，凡有詔令，合由中書，如或墨制施行，所司不須承受，蓋所以示王者無私之義，為國家不易之規。」陸贄引用國家舊典和令式條文，指斥任用私臣翰林學士為非制，是「踰職分」，「侵敗綱紀」。要求德宗「大革前弊」，將大權「悉歸中書（政事堂）」[1]，在當時朝臣中得到了普遍的響應。所謂「國朝典故」和「令、式」，我們知道，《大唐六典》即是舊令、式等法律條規的彙編，編纂《大唐六典》的目的在於重申三省體制的法定地位，陸贄等宰相朝臣引用舊的令、式條文，也是希望皇帝重申三省體制的法定地位。然而，在舊的三省中樞體制遭到徹底破壞而無法行使職能的情況下，皇帝任用翰林學士等內臣諸使已非權宜之計，歷史發展的事實也證明舊體制已不合時宜，不能再開歷史倒車，因此，重建新的中樞體制，並使之具有法定地位，已是刻不容緩了。

1 李肇《翰林志》。

第六章

唐後期新中樞體制的建立

憲宗即位後，唐朝政局趨於相對穩定，中樞體制的發展演變進入了第四階段。統治階級開始調整中樞機構，在舊三省體制陷於癱瘓的情況下，一個新的中樞體制在憲宗以後正式建立了。

順宗時，翰林學士王叔文「坐翰林中使決事」[1]，「韋執誼為宰相，居外奉行」[2]，新的中樞權力結構已初見端倪。但順宗短命，王叔文掌政也為時不長，來不及對新體制作進一步的調整使之制度化、合法化。到唐憲宗即位，中樞體制的改革才提上日程。唐憲宗是唐後期一位比較有作為的皇帝，貞元二十一年(805)八月，在內朝宦官和翰林學士的共同策劃下[3]，接受了其父順宗的「內禪」。即位後，憲宗立即着手政制改革，建立了一個新的三權分立，互相牽制的中樞體制，即以內朝翰林學士和宦官樞密使以及外朝宰相同中書門下為首組成的三個各自獨立又互相關聯的中樞職官系統，我們將這一體制稱為「新三頭」。本章主要討論唐憲宗為確立新的決策體制而調整翰林學士院和建置樞密使的各項措施，並進一步論述樞密使設置後，宦官專權很快又打破中樞權力平衡的情況。

---

1 翰愈《順宗實錄》卷一。

2 《新唐書》卷一六五《鄭詢瑜傳》。

3 《資治通鑒》卷二三六唐順宗永貞元年載:「宦官俱文珍、劉光琦、薛盈珍皆先朝任使舊人，疾（王）叔文、（李）忠言等朋黨專恣，乃啟上（順宗）召翰林學士鄭、衛次公、李程、王涯入金鑾殿，草立太子制，時牛昭容輩以廣陵王淳英容，惡之。不復請，書紙為『立嫡以長』字呈上，上頷之。癸巳，立淳為太子，更名純……八月庚子，制:『令太子即皇帝位，朕稱太上皇。』」

第一節　翰林學士院的調整

開元二十六年（738）翰林學士院設置後，諸技術雜流逐漸退於次要地位，學士在翰林院佔了主導地位，翰林的含義與以前已大不相同。當時人稱翰林或翰林院者，多指學士或學士所居之處，翰林成了翰林學士院或翰林學士的簡稱。到憲宗即位前，翰林事權不斷擴展，已被稱為「內相」，權力凌駕於百官之上。但是，翰林雖早已實際參掌決策，卻沒有權力憑據，因而被朝臣視為非制，或被稱為「天子私人」。翰林院內部組織機構和各項制度也不健全，既無定制，亦無定員，學士「廷覲之際，各趨本列」[1]，還沒有脱離本職，充翰林學士對於其本職來説，仍屬兼職。學士之間互不統轄，各不相關，而且，只有得到皇帝的寵信時，才能獲得權力，並不是人人都能稱作「內相」。總之，此時的翰林院還不是國家正式的決策機構。

調整翰林院，使其成為國家正式的決策機構，就必須解決其法定職權及內部組織等一系列問題。憲宗即位後，斷然採取了三項重大改革措施，使翰林院的面貌發生了根本性變化。

唐憲宗的第一項重大改革措施是設置翰林學士承旨。元稹《承旨學士院記》載：

> 憲宗章武孝皇帝以永貞元年（805）即大位，始命鄭公為承旨學士，位在諸學士上。

這是一項既確定翰林法定職權，又調整其內部組織的重大措施。

所謂「承旨」，即「獨承密令」[2]，「承時君之旨」[3]；「或密受顧問獨召對」[4]。

1　韋執誼《翰林院故事》。

2　《舊唐書》卷四三《職官三》。

3　《舊五代史》卷一四九《職官志》。

4　李肇《翰林志》。

元稹《承旨學士院記》載翰林學士承旨的職掌曰：

> 大凡大誥令、大廢置、丞相之密畫、內外之密奏，上之所甚注意者，莫不專受專對，他人無得而參。

可見承旨的職責不是單純的草詔，而是在禁中專典機密，這正是所謂「宰相之職」，是名符其實的「內相」。承旨的設置，就是在法律上確立翰林的決策地位，使翰林成為政治中樞的法定成員。

翰林承旨在內廷為法定「內相」，出院又多任外朝宰相。《新唐書》卷一三二《沈既濟附沈傳師傳》云：「學士院長（指承旨），參天子密議，次為宰相。」《舊唐書》卷一七八《鄭畋傳》亦云：「禁林素號清嚴，承旨尤稱峻重，偏膺顧問，首冠英賢，今之宰輔四人，三以此官騰躍。」憲宗朝「十七年之間，（承旨）自鄭（絪）至杜（元穎），十一人而九參大政」。其餘二人中，衞次公的任命書「及門而返」[1]，也差點當宰相。於是，翰林學士承旨又被視為候補宰相，即所謂「亞相」「儲相」。這說明翰林的中樞地位已獲得普遍承認，翰林決策已由「故事」演變為制度。

翰林學士承旨置一人，在學士院北廳「東第一」有專門的辦公室[2]，其「位在諸學士上」，故又稱「院長」「翰長」[3]「翰林主」[4]等，是翰林院的領班，諸學士的頭頭。承旨的設置，結束了翰林院內長期羣龍無首的狀態，其內部組織及人員的上下級關係建立起來了。承旨之下有翰林學士，又有侍講、侍書、侍讀學士及翰林待詔等。侍講、侍書、侍讀學士專備侍從顧問，雖不直接草詔，由於能接近皇帝，亦為要職。按照制度，皇帝每月都

1　元稹《承旨學士院記》。

2　李肇《翰林志》。

3　《唐摭言》卷九載：「韋中令（昭度）自翰長拜主支。」

4　白居易《渭村退居寄禮部崔侍郎，翰林錢舍人一百韻》有「殷勤翰林主，珍重禮闈郎」句。見《白居易集》卷十五。

要定期召見他們來講經解道。穆宗長慶四年（824）十月，有翰林侍講學士崔郾上奏：「陛下授臣職以侍講，已八個月，未嘗召問經義，臣內慚尸祿，外愧羣僚。」[1] 對穆宗不遵制度提出抗議。

又據《唐語林》卷六：唐文宗時，「詔兵部尚書王起、禮部尚書許康佐、中書舍人柳公權為侍讀學士，每有疑義，召學士入便殿，顧問討論，率以為常，時謂『三侍學士』，恩寵異等」。侍讀學士韋處厚，侍講學士李訓、鄭注在當時政治舞台上曾發揮過重要作用。從唐文宗以擅長藥術的鄭注充任翰林侍講學士[2] 來看，這些侍從學士並不一定專為某種技術而設，而是具有某種表示居官高下的銜名的意義。又從韋處厚、李訓等人由侍讀、侍講學士升為翰林學士[3] 來看，其地位應在翰林學士之下，而其下還有地位更低的眾待詔，文宗時李訓、鄭注即都是先為翰林待詔，再升任學士的。學士「年深德重」[4] 者，又可升任承旨。可見，翰林院內部已有了上下級關係明確的組織系統。翰林各級官在職事上也有了明確的分工。這樣，就使翰林院成為一個以翰林學士承旨為首，以翰林學士為主幹，其下又有由侍講、侍讀、侍書學士及眾待詔共同組成的內廷辦事機構，即所謂「內署」，又稱「禁署」[5]「禁省」[6]。

關於首任翰林學士承旨鄭絪的入充時間，學術界有過爭論。元稹《承旨學士院記》載：

> 鄭絪，貞元二十一年二月自司勳員外郎翰林學士拜中書舍人，賜紫金魚袋充，其年十月二十七日拜中書侍郎同中書門下平章事。

1 《唐會要》卷五七《翰林院》。

2 《舊唐書》卷一七下《文宗紀》。

3 《舊唐書》卷一五九《韋處厚傳》、卷一六九《李訓傳》。

4 《舊唐書》卷四三《職官三》。

5 《唐會要》卷五七《翰林院》。

6 元稹《承旨學士院記》。

按，貞元二十一年即永貞元年（805），憲宗是這年八月九日即位，若鄭絪先於二月充承旨，則是在順宗剛即位時，也就是說順宗時已設承旨，已着手中樞政制的改革。[1] 但元稹的記載有明顯的脱誤，據岑仲勉先生考證：「二月……充」者，乃永貞元年二月鄭絪自司勛員外郎遷中書舍人之月，授承旨，應是八月九日以後，而十月拜平章事則是十二月之奪，其繼任李吉甫則是在永貞元年十二月二十七日接替鄭絪「正除」承旨，亦即鄭絪離任拜相之日[2]，鄭絪任承旨的時間並不長。日本學者矢野主税氏據元稹記載的脱誤，又以新、舊《唐書》和其他史書沒有鄭絪任承旨的記載為理由，否認鄭絪是第一任承旨。又另據《舊唐書．裴垍傳》和《憲宗本紀》有關李吉甫元和二年（807）正月由翰林承旨超拜宰相的記載，提出第一任承旨是李吉甫[3]，這不僅將鄭絪剔出了承旨行列之外，而且把憲宗設立學士承旨的時間推遲了幾個月。我們認為，矢野氏的推測是沒有根據的。據李肇《翰林志》：學士承旨「擇年深德重者一人」為之，鄭絪既為「內廷之老」，又在立唐憲宗為太子時「首定大計」，「有定策功」。唐憲宗釐整翰林院，擇他為翰林之首乃理所當然，幾個月後由學士承旨遷升宰相，也是情理中事。而李吉甫當時年資德望皆為欠缺，其繼鄭絪之任已是超升，首任承旨則不可能。鄭絪入充學士承旨的時間即是憲宗釐整翰林學士院的開始，也就是說，憲宗一即位就開始了中樞體制的改革工作。鄭絪首任承旨是新中樞體制建立的標誌，所以其時間不可忽略。

唐憲宗的第二項重大改革措施是把翰林學士、中書舍人分為兩制，於翰林院置書詔印，確立翰林學士的草詔權。

《冊府元龜》卷五五〇《詞臣部．總序》曰：

1　《舊唐書》卷四三《百官三》載：「貞元已後，為學士承旨者，多至宰相焉。」將承旨的設置提前到德宗之時，誤。

2　岑仲勉《補唐代翰林兩記》卷下《翰林承旨學士廳壁記校補》。

3　矢野主税《唐代にわけゐ翰林學士院についこ》。

> 元和初，學士院別置書詔印，凡赦書、德音、立后、建儲、大誅討、拜免三公將相曰「制」，百官班於宣政殿而聽之，賜與徵召、宣索處分之詔，慰撫軍旅之書，祠饗道釋之文，陵寢薦獻之表，答奏疏賜軍號，皆學士院主之，餘則中書舍人主之。其翰林學士、中書舍人分為兩制，各置六員，梁因之。

在朝臣對翰林學士侵奪中書舍人草詔權極為不滿的情況下，唐憲宗把翰林學士和中書舍人分成兩制，「翰林學士官謂之內制，掌王言，大制誥、詔令、赦文之類；中書舍人謂之外制，亦掌王言，凡誥詞之類」[1]，實行分工，確定內制歸翰林，外制歸舍人，二者不相混淆。但從詔制內容上看，內制較外制重要得多，這就明確規定了翰林學士地位高於中書舍人，從法制上最終確立了翰林學士的草詔權。實際上，當時中書舍人已沒有什麼文書可草，以致有人上奏請「罷中書草制」[2]。可見翰林草詔制度至此也已經定型化。憲宗又於翰林學士院別置書詔印。「印者，信也」，是權力的憑證。單獨有印，是翰林學士院成為正式的中樞權力機構的又一標誌。以翰林之印取代「中書門下之印」，說明中書出令權已被徹底剝奪，自是朝廷「大事直出中禁，不由兩省」[3]，翰林學士在內廷掌詔令，終於取代了舊中書省的中樞地位。

值得注意的是，上引《冊府元龜》所載翰林學士、中書舍人分為兩制時，翰林學士與中書舍人都是「各置六員」。關於翰林學士的定員問題，多數史書記載是「無定員」[4]，唯《舊唐書》卷四三《職官二》記載為「如中

1 趙升《朝野類要》卷二。

2 《舊唐書》卷十五《憲宗紀》下。

3 李肇《翰林志》。

4 韋執誼《翰林院故事》、李肇《翰林志》、洪遵《翰苑遺事》、《新唐書》卷四六《百官一》、《文獻通考》卷五四《職官考八》等，皆主「無定員說」。

書舍人例，置學士六人」[1]。這個問題古今眾說紛紜，爭論很大，一直是個懸案。錢大昕《二十二史考異》卷四四曰：「學士無定員，見於李肇《翰林志》。然《舊唐書·職官志》稱：翰林例置學士六人，內擇年深德重者一人為承旨，白居易詩有同時六學士之句[2]，則非無定員也。」近人呂思勉也贊成這一看法。[3]但是，日本學者矢野主稅氏則斷定翰林「無定員」的記載為正確。[4]

以上兩種意見，我們認為都不全面，其關鍵是忽略了唐憲宗對翰林院制度進行釐革調整這一事實。前引《冊府元龜》所載「各置六員」文的前段，又有「學士無定員」一語，表面看來，似乎《冊府元龜》的文字前後矛盾，但仔細推敲，在唐憲宗對翰林院制度進行釐革調整以前，翰林因無定制，其員額當然是「無定數」；憲宗確立制度後，既然和中書舍人分成兩制，從制度的整齊化來講，中書舍人既定員六人，翰林學士員額當然應和中書舍人一樣也置六人。因此，《冊府元龜》的記載並不矛盾，定員六人正是翰林院制度規整化的標誌之一。但是，封建帝王總是不遵守法令制度，憲宗時翰林學士的員數就突破了法定六員的限額，如李德裕《懷崧樓記》載：「元和庚子歲，予獲在內廷，同僚九人。」[5]矢野氏關於翰林人數的統計常有超過員額的現象，原因當在此。但這種不符合制度的現象是由於封建帝王的破壞，我們不能因此而否定有「定員六人」制度的存在。《五代會要》卷十三《翰林院》條載後晉開運元年（944）六月《復置翰林學士院敕》稱：

1　《資治通鑒》卷二一七唐玄宗天寶十三載，胡三省亦註引此說。

2　《白居易集》卷三六《李留守相公見過，池上泛舟舉酒，話及翰林舊事，因成四韻以獻之》詩有「同時六學士，五相一漁翁」句。另外，韓偓詩《錫宴日作一首》自註「當直學士二人，至晚，餘四人在外，可以卜夜」，則是六人。

3　呂思勉《隋唐五代史》第二十章。

4　矢野主稅《唐代にわけゐ翰林學士院についこ》，矢野氏宣稱曾對唐歷朝翰林學士進行了列表統計。

5　《李文饒文集·別集七》。

> 翰林學士與中書舍人，舊分為兩制，各置六員。

這裏的「舊」制當是指唐制，這段史料可與《冊府元龜》的記載相印證。可見自唐憲宗把翰林學士和中書舍人分為兩制，並「各置六員」之後，一直到五代還沿襲這一制度。

唐憲宗的第三項重大改革措施是設置由宦官充當的翰林院使和院吏。以掌院內傳達和勤雜事務。

翰林院地處北衙宮禁，與宮妃相往覆，為了「謹閨門之禁，通內外之言」[1]，憲宗始以宦官入院「參掌院事」，置翰林院使二人為其首，簡稱「院使」，或稱翰林使或學士使，因其地位較高，又稱「高品使」[2]。杜元穎元和十五年（820）寫的《翰林院使壁記》[3]云：

> 聖明以文明敷於四海，詳擇文學之士，置於禁署，實掌詔命，且備顧問。又於內廷選端肅敏裕邁乎等倫者為之使，有二員，進則承睿旨而宣於下，退則受嘉謨而達於上，軍國之重事，古今之大體，庶政之損益，眾情之異同，悉以關攬，因而啟發……故嘗由是職，必極其位，有若今之右軍梁特進（守謙）、樞密劉監（光琦）焉。

可見院使的職掌，一方面是傳旨，即將皇帝的旨意傳達給學士據以草詔，另方面是詔書草好後由其送出「達於上」。這兩方面合起來即所謂「通內外之言」。杜元穎云：「急宣密付，波至飆去，二使之任，尤所重難。」可見院使的職任十分崇重，因此皆「妙選內官修辭立誠者」[4]充任。院使之下有眾院吏，因地位較低又稱「小使」，李肇《翰林志》記翰林院有小使

1 《資治通鑑》卷二六三昭宗天復三年。

2 李肇《翰林志》。

3 《全唐文》卷七二四。又據岑仲勉《郎官石柱題名新考訂》。

4 《文苑英華》卷四一八薛廷珪《授學士使都文宴將軍金紫光祿大夫制》。

「衣綠、黃、青者逮至十人」，他們就住在院內，「更蕃守曹」，「分主案牘、詔草、紙筆之類」，為學士草詔提供服務，負責院內勤雜事務。在院使和小使之間，還設有「判官」，掌「出授」傳達[1]，協助院使處理院務。《舊五代史》卷七二《張居翰傳》記載了宦官張居翰在唐僖宗中和三年（883）由「容管軍判官入為學士院判官」之事。可見，翰林院宦官也有了一個分為三級的組織系統，他們包攬了院內一切事務性工作，使學士們得以專心政務性工作，是翰林院作為內廷辦事機構完善化和正規化的又一大標誌。

首充翰林院使者是著名的大宦官梁守謙和劉光琦。《白居易集》卷四七記白居易在元和二年（807）十一月五日入翰林院試「五題」，錄取時即由「翰林院使梁守謙奉宣」，這是關於翰林院使最早的記載。梁守謙等充院使的具體時間難以查考，從「嘗由是職，必極其位」推知，當是元和初或永貞年間，因為梁守謙和劉光琦都是在元和初進入「四貴」行列的。據此推測，院使設置的時間大概與翰林學士承旨設置的時間相當。以宦官重要人物充當翰林院使，有明顯的監視翰林學士的含義，是唐憲宗將翰林學士院固定為內廷中樞機構的一個輔助性措施。經過唐憲宗的改革釐整，翰林院終於正式確立為內廷中樞機關，翰林院制度最後定型化、合法化。其時，憲宗「每有軍國大事，必與諸學士謀之」[2]。在憲宗當政的十五年時間裏，共置翰林學士二十人，其中升宰相的有九人，佔學士總數的百分之四十五；憲宗朝共置宰相二十六人，出身翰林學士者即佔百分之三十五。[3] 在二十個翰林學士中，如李吉甫、裴垍、李絳、崔羣、白居易等，都是傑出的人才，他們在憲宗削藩的戰爭中，運籌帷幄，出謀劃策，起了很大的作用。作為唐後期政治中樞的正式成員，在以後的政治生活中，翰林學士發揮的作用更是越來越大了。

1　蘇耆《次續翰林志》。

2　《資治通鑒》卷二三八唐憲宗元和五年。

3　參見岑仲勉《翰林學士壁記注補》「德宗至懿宗翰學與宰相統計比較表」。

表四：唐翰林學士表

《翰苑羣書》卷上丁居晦《重修承旨學士廳壁記》表列唐玄宗開元二十六年（738）至唐懿宗咸通十五年（874）歷朝翰林學士姓名，及其入翰、出翰時間和翰林任內遷轉等項。岑仲勉先生曾對此作詳細註補，見《史語所集刊》第十五本（一九四九年版）。而《廳壁記》未載之唐僖宗、昭宗、哀帝等朝翰林學士，岑先生亦勾沉史籍，作有補記，見《史語所集刊》第十一本（一九四三年版），自云「或可達乎什八矣」。今據此作一簡表，列唐玄宗後每代除授翰林學士（包括侍講、侍讀、侍書學士）姓名。同朝再入者以一人計，其中任承旨，遷宰相者特以標出。表列除授所屬，皆由帝即位起至崩日計之。

朝代	翰林學士（包括侍講、侍讀、侍書學士）姓名（曾充承旨或入相者均以擴號註明）	學士總數	曾充承旨者總數	學士位至宰相者總數	學士位至宰相者百分數
玄宗	呂向、君愔、劉光謙、張垍、張埱、張漸、竇華、裴士淹	8 人			
肅宗	董晉（相）、于可封、蘇源明、趙昂、潘炎	5 人		1 人	20%
代宗	常袞（相）、柳伉、張涉、李翰、于肅、于益	6 人		1 人	16.6%
德宗	張周、姜公輔（相）、趙宗儒（相）、歸崇敬、陸贄（相）、吳通徽、吳通玄、顧少連、奚陟、吉中孚、韋執誼（相）、梁肅、韋綬、鄭（承旨、相）、鄭餘慶（相）、衛次公、李程（相）、張聿、王涯、李建、淩準	21 人	1 人	7 人	33.3%
順宗	王叔文、王伾	2 人	0	0	0
憲宗	李吉甫（承旨、相）、裴垍（承旨、相）、李絳（承旨、相）、崔羣（承旨、相）、白居易、衛次公（再入、承旨）、錢徽（承旨）、韋弘景、獨狐鬱、蕭俛（相）、劉從周、徐晦、令狐楚（承旨、相）、郭求、王涯（復入、承旨、相）、張仲素（承旨）、段文昌（承旨、相）、沈傳師、杜元穎（承旨、相）、李肇	20 人	11 人	9 人	45%

續表

朝代	翰林學士（包括侍講、侍讀、侍書學士）姓名（曾充承旨或入相者均以擴號註明）	學士總數	曾充承旨者總數	學士位至宰相者總數	學士位至宰相者百分數
穆宗	李德裕（相）、李紳（承旨、相）、庾敬休、韋處厚（承旨、相）、路隋（承旨、相）、柳公權、元稹（承旨、相）、高、蔣防、韋表徽（承旨）、龐嚴	11 人	5 人	5 人	45.5%
敬宗	崔郾、高重、王源中（承旨）、宋申錫（相）	4 人	1 人	1 人	25%
文宗	鄭澣、許康佐（承旨）、李讓夷（相）、柳公權（復入、承旨）、丁公著、崔鄲（相）、鄭覃（相）、路羣、薛廷老、李玨（承旨、相）、陳夷行（承旨、相）、鄭涯、高重（復入）、元晦、李訓（相）、歸融（承旨）、鄭注、黎埴、顧師邕、袁都、柳璟、周墀（相）、王起、高元裕、裴素（承旨）、高少逸	27 人	6 人	7 人	25.9%
武宗	李褒（承旨）、周敬復、鄭朗（相）、盧懿、李訥、崔鉉（承旨、相）、敬輝、韋琮（承旨、相）、魏扶（相）、白敏中（承旨、相）、封敖、徐商（相）、孫瑴（承旨）	13 人	5 人	6 人	46.1%
宣宗	劉瑑（相）、裴諗（承旨）、蕭鄴（承旨、相）、宇文臨、沈詢、令孤綯（承旨、相）、鄭顥、鄭處誨、崔慎由（相）、鄭薰、畢諴（相）、蕭置（承旨、相）、蘇滌（承旨）、韋澳、曹確（相）、庾道蔚、李淳儒、孔溫裕、于德孫、皇甫珪、蔣紳（承旨、相）、苗恪（承旨）、楊知溫（承旨）、嚴祁、杜審權（承旨、相）、高璩（承旨、相）、李貺	27 人	10 人	10 人	34.4%
懿宗	劉鄴（承旨、相）、張道符、楊收（承旨、相）、路巖（承旨、相）、趙騭、劉允璋、獨孤霖（承旨）、李瓚、于琮（相）、侯備（承旨）、裴璩、鄭言、劉瞻（承旨、相）、李騭、盧深、崔佩、鄭畋（承旨、相）、張裼（承旨）、崔充（承旨）、韋保衡（承旨、相）、韋蟾（承旨）、杜裔休、鄭延休（承旨）、薛調、韋保乂、劉承雍、崔璆、李溥、豆盧瑑（承旨、相）	29 人	13 人	8 人	26.9%

續表

朝代	翰林學士（包括侍講、侍讀、侍書學士）姓名（曾充承旨或入相者均以擴號註明）	學士總數	曾充承旨者總數	學士位至宰相者總數	學士位至宰相者百分數
僖宗	崔湜、盧攜（承旨、相）、孔溫裕、孔緯（相）、崔淡、徐仁嗣、王微（承旨、相）、蕭遘（承旨、相）、張禕、裴徹（相）、韋昭度（承旨、相）、徐彥若（相）、鄭谷、樂朋龜（承旨）、柳壁、杜讓能（承旨、相）、候翻、崔凝、沈仁偉、鄭延昌（相）、劉崇望（承旨、相）、李磎	約22人	約7人	約10人	約45.4%
昭宗	崔昭緯（承旨、相）、崔遠（承旨、相）、崔汪（承旨）、崔涓、李磎（復入、承旨、相）、李昌遠、陸扆（承旨、相）、趙光逢（承旨）、薛貽矩、楊鉅、王彥昌、裴光裕、鄭璘、張玄晏、吳融（承旨）、韓儀乾、盧説、韓偓（承旨）、張文蔚（承旨、相）、王溥（相）、令狐渙、姚洎、柳璨（相）、沈栖遠、楊注、杜曉、杜荀鶴、封渭、韋郊（承旨）	約29人	約10人	約7人	約24.1%
哀帝	張策、韓偓（再入）、杜曉（再入）、張衍	約4人	0		0

第二節　樞密使的設置與宦官專政

唐後期中樞最顯著的特點是宦官專政，這在憲宗即位前就已形成。德宗時，宦官專掌禁兵。順宗時，宦官利用手中的兵權貶逐「二王八司馬」，逼順宗禪位。至憲宗時，宦官掌樞密也形成制度，憲宗改革中樞體制，在將翰林學士院確立為內廷中樞機構的同時，又正式設置了由宦官充任的樞密使，使之成為唐後期政治中樞中的又一成員。

關於樞密使設置的時間，史書記載不盡相同。《永樂大典》卷一一〇〇一《府字・樞府》條稱：

唐玄宗時始設樞密院。

《文獻通考》卷五八《職官考十二·樞密院》條載：

唐代宗永泰中，置內樞密使，始以宦者為之。

《冊府元龜》卷六六五《內臣部·總序》曰：

永泰二年（766）始以中人掌樞密用事。（原註：代宗用董秀專掌樞密）……憲宗元和中，始置樞密使二人。（原註：劉光琦、梁守謙皆為之）

據上，關於樞密使設置的時間乃有唐玄宗時、永泰中、元和中三種說法。其第一種說法顯然有錯，唐玄宗開元十一年（723）唯於外朝宰相府即政事堂後設「樞機房」，並沒有在禁內設宦官領掌的樞密院，但是，宦官和樞機房有業務關係，樞密使的職事萌芽於此，也是應該注意到的。後兩種說法則各有根據，《資治通鑒》卷二二四唐代宗大曆元年十二月「宦官董秀掌樞密」下，胡三省註：「是後遂以中官為樞密使。」同書卷二三七唐憲宗元和三年正月，胡三省又註：「代宗永泰中，置內樞密使，以宦者為之。」大曆元年（766）即永泰二年，可見胡三省贊同永泰說。據查，元和以前宦官掌樞密雖時或有之，但「使」的名稱卻不見史傳。這個問題長期以來纏繞不清，而實際上卻不難理解，因為樞密使也是由臨時性差遣發展成為固定的使職的，憲宗以前，宦官掌樞密只是臨時性差遣，因而沒有正式的使名。樞密正式設使，如《冊府元龜》所載，當是憲宗元和年間。日本學者矢野主稅氏認為，樞密使制度確立於元和元年（806），並指出它的確立與唐憲宗強化中央集權，調整翰林院的行動有關。[1] 這一見解，頗有見地。我們認為，元和元年置「使」雖史無明證，但元和中「使」的名稱業已出現，

1　矢野主稅《樞密使設置時期》。

正式設置樞密使，也是唐憲宗調整內廷中樞機構的一項改革措施。

所謂樞密使，顧名思義，即掌中樞機密的宦官專使。在元和未置「使」以前，樞密使的名稱尚未固定。《資治通鑒》卷二三五唐德宗貞元十六年（800）三月記宦官薛盈珍自義成監軍入朝，稱「仍使掌機密」。憲宗時首任樞密使劉光琦的銜名，史書記載也不一致，《資治通鑒》卷二三七唐憲宗元和元年正月稱「知樞密」；《舊唐書》卷一四八《李吉甫傳》稱「知樞密使」；同書卷一五八《鄭餘慶傳》稱「內官典樞密」。「掌機密」「知樞密」「典樞密」等銜，和唐初朝臣加「參知機務」等銜的意義相同，從形式上看，名號不定，屬臨時性差遣；從內容上看，宦官加「知樞密」銜，當是差遣宰相。而「使」名一經固定，其宰相身份可以說是確認了。所以，《文獻通考》卷五〇《職官考四．門下省》條引司馬光上言曰：「唐……樞密使參預朝政，始與宰相分權矣。」由此可見，樞密使實際上是唐憲宗設置的又一個「內相」，和設置翰林學士承旨具有同樣意義。

關於樞密使的職掌，《文獻通考》卷五八《職官考十二．樞密院》載：

> 初不置司局，但有屋三楹貯文書而已，其職掌惟承受表奏於內中進呈，若人主有所處分，則宣付中書門下施行而已。

又，在這段資料之後，馬端臨按：

> 唐代宗寵任宦者，故置內樞密使，使之掌機密文書，如漢之中書謁者令，若內中處分則令內樞密使宣付中書門下施行，則其權已侔宰相。

可見其職事有一個從小到大的發展過程。概括起來，其職事主要有三：其一，機密文書（即詔令）的傳宣；其二，承受外朝表奏，進呈於皇帝；其三，文書的貯藏存檔，都屬於機要工作。初如西漢時的中書謁者令，雖掌機事，但具體做的乃事務性工作。後權力擴展，逐漸掌政務，到憲宗正式置使，則是「權已侔宰相」了。

樞密使掌出納不僅向中書門下傳宣詔命，而且向翰林院傳旨，與翰林院也有密切的工作關係。《資治通鑒》卷二四九大中十年（856）十月載：唐宣宗「令樞密使宣旨於學士院」。值得注意的是，首任樞密使的宦官正是首充翰林院使的梁守謙和劉光琦。《資治通鑒》卷二三八唐憲宗元和五年四月載：「上復使樞密使梁守謙密謀於（李）絳。」同書卷二三九元和八年正月又載：「有梁正言者，自言與樞密使梁守謙同宗。」這是在史書中最早見到的「樞密使」名。梁守謙任樞密使的時間或許更早，史文雖不得而詳，但前已揭示劉光琦元和元年（806）「知樞密」，據此，劉光琦和梁守謙任樞密使與翰林院使在時間上當相差無幾，證明樞密正式置使與憲宗調整翰林院乃是密切相關的同步行動。樞密使和翰林院使的設置時間約略同時，從梁守謙和劉光琦皆由院使升任樞密使來看，院使乃樞密使的直接下屬。二者的職責都是傳旨，但院使的傳達僅限於翰林院內，其所謂「達於上」乃是上達樞密使，而不是皇帝，在工作上院使與樞密使是直接的上下級關係。由於樞密使與翰林學士院關係密切，又被稱為「樞密學士」[1]。

總的來看，樞密使的職掌類似於門下省的侍中。《舊五代史》卷一四九《職官志》曰：「唐朝擇中官一人為樞密使，以出納帝命。」我們知道，「出納帝命」正是《唐六典》令文所規定的侍中之職，也是門下省的主要職任，可見樞密使主要是取代門下省的職權。憲宗時樞密正式置「使」，其用意也是用以取代早已停廢的門下省的職能，是憲宗重建新的中樞體制的重要組成部分。樞密使是內廷翰林以外的第二「內相」，封建帝王為了防範臣屬對皇權的覬覦，強化君主專制制度，在機構的設置和用人上，歷來採取分而治之，互相牽制的辦法，唐憲宗將私臣和家奴同時升格為固定常設的正式「內相」，正像隋及唐初統治者在內廷設置兩省一樣，都是希望二者在內廷互相制約，相持平衡，以便於自己的控制掌握，其用心可謂良苦。兩個「內相」把朝政決策大權再次從外朝宰相機構轉移於北衙宮禁，這正是武則天以來歷代帝王夢寐以求的大事，也是專制制度下皇權與決策權密

1　裴庭裕《東觀奏記》中篇記唐宣宗時樞密使王歸長、馬公儒為「樞密學士」。

不可分原則的必然反應和必然結果。但是，二者的平衡關係很快被打破，最後宦官竊取政柄和兵柄，皇帝自己反倒受制於家奴，被宦官所掌握，卻又是其始料所不及的。

樞密以出納干政，是唐後期宦官專政的最重要形式。有唐一代，它的發展演變大致可劃分為四個階段，其參政專權由小到大發展的歷史過程，是唐代中樞政治發展史的一條重要線索。

宦官參政始於武則天把兩省決策機構攆出宮禁之時，從龍朔三年（663）到永泰二年（763）代宗委派宦官「知樞密」的百多年時間，可以看作為樞密使發展的第一階段，這個階段雖無樞密之官，但有些宦官實際上卻掌樞密之事。武后當政之時，宦官已掌「喉舌之任」，玄宗時，更是經常「遣中使宣詔令」[1] 據《資治通鑒》卷二一〇唐玄宗開元元年（713）載：宦官高力士曾「宣事至省中，為（宰相姚）元之道上語」。這裏的「省中」，當是指外朝中書省政事堂，胡三省註曰：「唐世，凡機事皆使內臣宣旨於宰相。」又據《新唐書》卷二〇七《宦者上．魚朝恩傳》：「天寶末，以品官給事黃門，內陰黠，善宣納詔令。」可知宦官乃經常往來於宰相府，傳宣帝旨。開元十一年（723）成立中書門下（政事堂），堂後五房有樞機房，專典朝廷機要大事，其一開始便與宦官有密切的聯繫。凡有機事，皇帝即遣宦官往政事堂樞機房傳達，使居於外朝的宰相機構能經常與內朝皇帝溝通，信息往來不絕，得以保持中樞決策地位。樞機房是外朝宰相仍能掌機密的關鍵機構，而宦官傳宣則是其中關鍵性環節。傳宣渠道出了毛病，宰相權力就無法與皇權結合，失去權力憑藉。可見，自武則天將兩省攆出宮禁之後，就有了設置宦官樞密使的客觀需要，這個階段雖無樞密名號，但宦官掌樞密因實際政務需要已經形成「故事」。

第二階段，指代宗永泰二年（763），給宦官以樞密名號到憲宗即位（805）後樞密正式置「使」的四十多年時間，這是樞密由臨時性差遣向固定使職發展的重要時期，也是它大肆擴展權力的時期。《舊五代史》卷

1 《大唐新語》卷三。

一四九《職官志》註引項安世《家說》云：

> 唐於政事堂後列五房，有樞密（即樞機）房，以主曹務。則樞密之任，宰相主之，未始他付。其後寵任宦人，始以樞密歸之內侍。

項安世認為，樞密權力的擴展就是分割宰相的職權，亦即侵奪政事堂樞機房的職事。當樞機房的機要職事被樞密使搬進內廷，政事堂就失去了決策地位，樞密的職權也發生質的變化，成為新中樞的成員了。這個階段，反映的就是這一過程。

安史之亂後，三省中樞體制遭到了很大破壞，內朝事權大為擴展，為了進一步溝通外朝宰相，代宗始置宦官「知樞密」，知樞密雖屬臨時性差遣，但一經出現，其權勢就十分引人注目。當時權相元載就曾與第一任知樞密董秀相勾結，《舊唐書》卷一一二《李峴傳》載：

> 故事，宰臣不於政事堂邀客，時海內多務，宰相元載等見中官傳詔命至中書者，引之升政事堂，仍置榻待之。

按舊制，宦官傳旨只得入堂後樞機房，不得入堂前議事廳，以免干擾宰相決策，而元載竟在宰相辦公廳「置榻」接待「中官傳詔令」者，說明傳旨宦官的身份有了提高。這個政事堂上客正是首充知樞密的董秀，《冊府元龜》卷六六五《內臣部．恩寵》載：「先是，內侍董秀宣傳詔旨於中書門下。」樞密作為皇帝和宰相的中介，容易招致權力，干預政事也極為方便。元載在外廷，難以揣知皇帝意圖，通過董秀，「潛通密旨」，才得以事事稱旨合意，於是竭力巴結，延為政事堂上客。說明知樞密已處在中樞權力的要衝，具有不可忽視的重要地位。

第三個階段，從憲宗即位到唐武宗時期，是樞密置使定制，成為中樞成員，同時又開始專權亂政的時期。前面我們已經論述了憲宗即位後樞密置「使」定制的情況，樞密設官和使名的出現雖較翰林學士為晚，但憲宗一旦設「使」定制，其權勢就迅猛發展，後來居上，不久就淩駕於翰林和宰相之上。《資治通鑑》卷二三七憲宗元和元年載：

> 堂後主書滑渙久在中書（政事堂），與知樞密劉光琦相結，宰相議事有與光琦異者，令渙達意，常得所欲。杜佑、鄭絪等皆低意善視之。鄭餘慶與諸相議事，渙從旁指陳是非，餘慶怒叱之。未幾，罷相。

政事堂一個主書小吏依仗樞密使，竟敢在宰相面前指手畫腳，說明其時樞密使已有操縱政治的動向。同上書卷二三八憲宗元和三年正月載：「知樞密劉光琦奏分遣諸使賫赦詔諸道，意欲分其饋遺，翰林學士李絳奏：『敕使所至煩擾，不若但附急遞。』上從之，光琦稱舊例……」樞密和翰林一樣議事上奏，以機要大臣的身份謀議政事，這樣，一個宦官參政的政治中樞也就形成了。但是，樞密使不久便開始了專權亂政，「元和中，內官梁守謙掌樞密，頗招權利」[1]。翰林學士和宰相只有聯結樞密使才能自重，穆宗時，「翰林學士元稹與中官知樞密魏從簡交通，傾亂朝政」[2]；「李逢吉為相，內結知樞密王守澄，勢傾朝野」[3]。武宗時，「李德裕因樞密使楊欽義入相」，而「一朝之柄皆自欽義」。[4]新中樞體制內部權力關係很快就出現了偏斜，樞密掌政成了宦官專權的最重要形式。唐宣宗以後是樞密發展的第四階段，其制度、機構、權力等各方面又有了新的發展。據裴庭裕《東觀奏記》中篇記載，宣宗時，出現了樞密院[5]。我們知道，代宗初置「知樞密」時，「不置司局，但有屋三楹，貯文書而已」。穆宗長慶（821—824）

---

1 《舊唐書》卷一五六《於現傳》。

2 《舊唐書》卷十六《穆宗紀》。

3 《資治通鑑》卷二四二穆宗長慶二年。

4 張固《幽閒鼓吹》。

5 《唐語林》卷一亦有相同記載：「嘗詔樞密院，兵部侍郎判度支蕭鄴可同中書門下平章事，仰指揮學士院降麻處分。」

中，「亦無視事之廳」[1]。但隨着其事權的擴大，辦事機構和內部組織逐漸發展了起來，宣宗時「院」的出現，是唐代樞密使制度發展中又一次大的飛躍。自此，樞密不但有了固定的「視事之廳」，有了「司局」辦事機構，同時，其內部也有了一個上下級關係分明的組織系統，有了下屬「樞密承旨」和「樞密院吏」。《資治通鑑》卷二四九唐宣宗大中九年五月記有「樞密承旨孫隱中」[2]，胡三省註曰：「唐末，樞密承旨以院吏充」，既由院吏充，則承旨以下院吏必有很多，並皆為樞密使的僚屬。可見，宣宗時樞密院已有使、承旨、吏三級官，機構和人員都大為擴大。至唐末昭宗時，樞密院又分為上、下兩院。《資治通鑑》卷二六三唐昭宗天復元年（901）正月云：「王知古為上院樞密使，楊虔朗為下院樞密使。」胡三省註云：「樞密分東、西院，東院為上院，西院為下院。」又《金石萃編》卷一一八《吳承泌墓志》有「充西院承旨」的記載，則可知其院屬也分為兩部，有了分工，可見樞密院至唐滅亡前已發展成一個機構完備、組織龐大的內廷辦事機構。

唐代晚期，樞密使被外朝宰臣視為「內大臣」，其權力地位已無可非議。《資治通鑑》卷二五〇懿宗咸通二年（861）二月載：「一日，兩樞密使詣中書（政事堂），……（宰相杜）悰復與兩樞密坐，謂曰：『內外之臣，事猶一體，宰相樞密，共參國政』。」同書卷二五三僖宗乾符四年（877）十月載：宰相「鄭畋與王鐸、盧攜爭論用兵於上前，畋不勝，退復上奏……時盧攜不以為然，上不能決，畋復上言：『宋威欺罔朝廷……不應復典兵權，願與內大臣參酌。』」胡三省註曰：「內大臣，謂兩中尉、兩樞密。」外朝宰相政事不能決，要交與「內大臣」最後裁定，而實際上「內大臣」權力已凌駕於皇權之上，宦官專政於是達到了高峰。

到唐末僖、昭之時，宦官更力爭「白麻除授」，要求命官時取得和朝官相同的禮儀。《資治通鑑》卷二五三僖宗廣明元年（880）五月載：「乙亥，以樞密使西門思恭為鳳翔監軍，丙子，以宣徽使李順融為樞密使，皆降白

1　《文獻通考》卷五八《職官考十二・樞密院》。

2　裴庭裕《東觀奏記》卷下記為「樞密使承旨」。

麻，於門出案，與將相同。」宦官還力爭朝服執笏，竭力把自己打扮得和朝官一樣，《資治通鑒》卷二五八昭宗龍紀元年（889）十一月載：「故事，中尉、樞密皆襆衫侍從；僖宗之世，已具襴笏，至是，又令有司制法服。」胡三省註曰：「法服，謂冕服劍佩也。」則此時的宦官樞密使和兩軍中尉，較之於往昔的家奴身份，真是不可同日而語了。

唐末樞密使的所謂「堂狀後貼黃」制度，是宦官專權的重要形式，《文獻通考》卷五八《職官考十二·樞密院》云：

> 僖、昭時，楊復恭、西門季元欲奪宰相權，乃於堂狀後貼黃，指揮公事。

所謂「貼黃」，《石林燕語》卷三釋云：

> 唐制，降敕有所更改，以紙貼之，謂之「貼黃」，蓋敕書用黃紙，則貼者亦黃紙也。……以黃紙別書於後，乃謂之「貼黃」。

據此，「貼黃」乃批改詔敕，類似於「塗歸」之制。我們在前面已論及憲宗置樞密使的目的在於取代門下省職權，塗歸、封駁正是舊門下省的主要職事。所不同的是，門下塗歸、封駁是代表皇帝審議詔敕；樞密貼黃卻是權奪人主，代表宦官集團的利益指揮公事、專制朝政，論其實權，較舊門下省猶有過之。由於樞密使以貼黃來指揮公事，整個中樞政治就都為宦官所操縱了。由此可見，宣宗以後直到唐亡乃是宦官實行全面專政的時期。

樞密使竊奪政柄、專制朝政的後盾，是宦官所掌握的神策軍。神策軍原是隴右洮陽地方的邊防軍，因參加平定安史之亂而進入內地，曾由宦官魚朝恩監領。代宗時，因護駕有功，升為禁軍，駐紮禁苑，分為左、右廂。大曆五年（770）誅魚朝恩，改由文臣統領，因軍紀渙散而失去戰鬥力。奉天之難後，德宗設置神策軍左右護軍中尉，由宦官專任，神策軍成了宦官掌握的武裝。時關中各地「諸將多請遙隸神策軍，稱行營，皆統於中尉，其軍遂至十五萬人」[1]，成為唐後期中央所依恃的唯一勁旅。會昌年間來中國求法的日本僧人圓仁記唐武宗時神策軍的情況曰：

> 左右神策軍，天子護軍也，每軍有十萬軍，自古君王頻有臣叛之難，仍置此軍，已來無人敢奪國統。[2]

神策軍在強藩問鼎、叛亂頻仍的唐後期，對於維護中央權力起着重要作用。但兵權既歸宦官，卻使「威柄下遷，政在宦人，舉手伸縮，便有輕重」[3]。宦官依仗兵權，擅作威福，「陵宰相如奴虜」，「劫脅天子，如制嬰兒，廢罷在手，東西出其意，使天子畏之若乘虎狼而挾蛇虺」[4]。這造成了宦官長期專政的局面，對唐後期中樞政制的發展演變，產生了極為深遠的影響。

掌握禁軍的左右神策軍中尉二人和樞密使二人是內朝宦官的首領，合稱「四貴」[5]。論實力，樞密使或不如握有兵權的中尉，從許多樞密使都榮升中尉來看，中尉的位望實較樞密使為高。但兩樞密在日常政治生活中干預政事的機會更多，在政治上的發言權更大，是政治中樞的正式成員。中尉權勢雖大，但掌軍不掌政，不是政治中樞的正式成員。雖然中尉經常干預政事，但這是越權踰職，常為樞密使所不滿，引起二者之間的火併。文宗和宣宗崩駕時，在擁立新帝之際，就出現了中尉干預樞密顧命職事，並起而誅殺樞密使的事件。[6] 當然，掌軍和掌政都是至關重要的，對於宦官專政缺一不可。中尉掌軍，樞密掌政，國家的軍政大權就都集中到了宦官手

1　《資治通鑒》卷二三五唐德宗貞元十四年。

2　圓仁《入唐求法巡禮行記》卷四。

3　《新唐書》卷二〇七《宦者傳・序》。

4　《資治通鑒》卷二六三唐昭宗天復三年。

5　孫逢吉《職官分紀》卷十二《樞密使》。

6　《資治通鑒》卷二四六唐文宗開成五年正月及武宗會昌元年三月、卷二四九唐宣宗大中十三年八月。

中，范祖禹說：「自是宦者專國矣，外則藩鎮，內則台省，而多出其門，則其易天子不難矣。」[1] 德宗以後十一帝，除哀帝為朱全忠所立外，全係宦官擁立。《舊唐書》卷一七五《憲宗以下諸子傳．論》稱：宦官「握禁旅，中闈篡繼皆出其心，故手才攬於萬機，目已睨於（十）六宅」。所謂「十六宅」，乃皇子皇孫聚居地，凡符合宦官心意的李氏皇族，就有可能被擁立為帝，不合意的則隨時廢棄，甚至被弒。宦官楊復恭自恃擁立昭宗有功，竟自稱「定策國老」，斥昭宗為「負心門生天子」[2]；劉季述更「以撾畫地」，列數昭宗「罪狀」說：「某時某事，你不從我言，其罪一也。」[3] 這樣，皇帝竟成了宦官的傀儡，家奴反倒成了太上皇。所有這些，外朝宰相大臣都不得過問，宦官廢立皇帝竟成為「故事」，其為害之烈，荼毒之廣，為歷史上所僅見。究其原因，清人趙翼說：「推原禍始，總由於使之掌禁兵，管樞密，所謂倒持太阿而授之以柄，及其勢已成，雖有英君察相，亦無如之何矣！」[4] 所論是極為精到的。

除中尉掌軍，樞密掌政外，晚唐時期宦官勢力的觸角還向權力的各個角落延伸，逐漸滲透到朝政的各個方面，形成一個龐大的內諸司使行政系統，與南衙以宰相為首的行政系統相對立，「當時目為南北司，愛惡相攻，有同水火」[5]。北衙使職名目繁多，「如宣徽使、門使、飛龍使、內坊使、內弓箭使、鴻臚禮賓等使、內教坊使、五方使、學士使、糧料院館驛等使……」[6]。諸內使參擬朝官組織，分部細密，自三省以至卿監，大都設有相關的職務。《宋史》卷一六八《職官八》載：「唐設內諸使，參擬尚書省，如京，倉部也；戊宅，屯田也；皇城，司門也；禮賓，主客也。雖名

1 《唐鑒》卷十五。

2 《舊唐書》卷一八四《宦官．楊復恭傳》。

3 《舊唐書》卷一八四《宦官傳》。

4 《二十二史箚記》卷二〇《唐代宦官之禍》。

5 《舊唐書》卷一九〇下《文苑．劉資傳》。

6 《冊府元龜》卷六六五《內臣部．總序》。

品可效，而事任不同。」杜牧所撰《東川節度使周公（墀）碑》亦記北衙宦官有「二十四司」[1]。內諸使司淩駕於朝官機構之上，形成了一個無孔不入的權力網，外朝行政事務也遭到侵奪。由於職位增多，宦官衣紫者也逐漸增多，憲宗元和十五年，「內省所管高品官、白身共四千六百一十八人，內一千六百九十六人高品，諸司諸使並內養諸司判官等」[2]。乃致「朱紱皆大夫，紫綬或將軍」[3]。以中尉、樞密為頭目，在內廷宮禁形成了一個宦官小朝廷。《唐語林》卷八載：「觀軍容、處置、樞密、宣徽四院使，擬於四相也，十六宮使，皆宦者為之，分卿寺之職，朝廷班行備員而已。」這個宦官小朝廷「參掌機密，奪百司權，上下彌縫，其為不法大則構扇藩鎮，傾危國家；小者賣官鬻獄，蠹害朝政，王室衰亂，職此之由」[4]，使晚唐朝政腐敗黑暗到了極點。這種腐敗的政治局面一直伴隨着唐王朝的滅亡，對唐後期中樞體制產生了極為巨大的影響。

1　《樊川文集》卷七。

2　《冊府元龜》卷六六五《內臣部・總序》。

3　白居易《秦中吟十首》之七《輕肥》，見《白居易集》卷二。

4　《資治通鑒》卷二六三昭宗天復三年。

表五：唐宦官「四貴」表

宦官「四貴」為唐後期專制朝政的左、右神策軍護軍中尉二人、樞密使二人。掌禁軍的神策軍護軍中尉一職設立於唐德宗之時，但其前尚有觀軍容使、判元帥行軍司馬等名目，觀軍容使的名號一直到唐亡亦時或有之，擔當者均為宦官最有權勢的人物，故也一併收入此表。所載史料不出兩《唐書》、《資治通鑒》、《冊府元龜》者，均不註出處，較偏的則註入備註之中。

姓名	官號	授官年代	備注
李輔國	①判元帥府行軍司馬 ②司空兼中書令	至德元載（756） 寶應元年（762）	
魚朝恩	①觀軍容使 ②兼神策軍使（專典禁兵）	乾元元年（758） 大曆二年（767）	據《舊唐書‧肅宗紀》:「九月庚寅加任觀軍容宣慰處置使，監九節度使軍」
程元振	判元帥行軍司馬	寶應元年（762）	
董延秀	①知樞密 ②冠軍大將軍，知內侍省事	大曆元年（766） 大曆七年（772）	宦官知樞密尚為臨時性差遣
竇文場	①監神策軍左廂兵馬 ②左神策軍護軍中尉	興元元年（784） 貞元十二年（796）	中尉設官自此始
王希遷	監神策軍右廂兵馬	興元元年（784）	
霍仙鳴	①監神策軍右廂兵馬 ②右神策軍護軍中尉	興元元年（784） 貞元十二年（796）	
第五守亮	右神等軍護軍中尉	貞元十四年（798）	
楊志廉	左神策軍護軍中尉	貞元十七年（801）	
孫榮義	左神策軍護軍中尉	貞元十九年（803）	
吐突承璀	左神策軍護軍中尉	元和元年（806）	
薛盈珍	右神策軍護軍中尉	元和元年（806）	
劉光琦	①知樞密 ②樞密使	元和元年（806） 元和中	
第五國軫	右神策軍護軍中尉	元和二年（807）	
第五從直	右神策軍護軍中尉	元和五年（810）	

續表

姓名	官號	授官年代	備注
梁守謙	①樞密使 ②右神策軍護軍中尉	元和五年（810） 元和十三年（818）	梁守謙、劉光琦為史書所見最早的樞密使，此時樞密使已成固定的使職。
程文幹	右神策軍護軍中尉	元和五年（810）	
彭獻忠	左神策軍護軍中尉	元和六年（811）	
第五守進	右神策軍護軍中尉	元和十二年（817）	
馬進潭	左神策軍護軍中尉	元和十五年（820）	
王守澄	①樞密使 ②右神策軍護軍中尉	元和十五年（820） 太和元年（827）	
魏從簡	樞密使	元和十五年（820）	
馮存亮	左神策軍護軍中尉	長慶二年（822）	
楊承和	樞密使	長慶二年（822）	
魏從簡	左神策軍護軍中尉	寶曆元年（825）	
劉弘規	左神策軍護軍中尉	長慶四年（824）	
韋元素	①樞密使 ②左神策軍護軍中尉	太和元年（827） 太和七年（833）	
王踐言	樞密使	太和六年（832）	
崔潭俊	樞密使	太和七年（833）	
劉弘逸	樞密使	太和九年（835）	
薛季稜	樞密使	太和九年（835）	
仇士良	①左神策軍護軍中尉 ②觀軍容使	開成元年（836） 會昌元年（841）	
魚弘志	右神策軍護軍中尉	開成元年（836）	
楊欽義	①樞密使 ②左神策軍護軍中尉	會昌元年（841） 大中五年（851）	
馬元贄	左神策軍護軍中尉	會昌三年（843）	
西門季玄	①右神策軍護軍中尉 ②觀軍容使	會昌三年（843） 大中元年（847）	

續表

姓名	官號	授官年代	備注
劉行深	①樞密使 ②右神策軍護軍中尉 ③左神策軍護軍中尉	會昌三年（843） 大中元年（847） 咸通十一年（870）	據《舊唐書・僖宗紀》劉行深於乾符四年（877）三月「拜觀軍容內侍監致仕」
宋叔康	左神策軍護軍中尉	大中六年（852）	
吐突士曄	右神策軍護軍中尉	大中六年（852）	據杜牧《樊川文集》卷20
嚴季實	樞密使	大中七年（853）	據《東觀奏記》下
王宗實	左神策軍護軍中尉	大中九年（855）	
王歸長	樞密使	大中十年（856）	
馬公儒	樞密使	大中十年（856）	
王茂玄	右神策軍護軍中尉	大中十三年（859）	
楊玄價	左神策軍護軍中尉	咸通三年（862）	
楊玄翼	樞密使	咸通九年（868）	
楊復恭	①樞密使 ②左神策軍護軍中尉 ③觀軍容使	咸通十年（869） 光啟二年（886） 光啟三年（887）	
楊玄實	右神策軍護軍中尉	咸通十一年（870）	
韓文約	右神策軍護軍中尉	咸通十二年（871）	
田令孜	①樞密使 ②右神策軍護軍中尉 ③觀軍容使 ④左神策軍護軍中尉 ⑤諸道兵馬都指揮制置詔討使 ⑥加十軍十二衛觀軍容制置左右神策護駕使	乾符元年（874） 乾符二年（875） 乾符三年（876） 乾符四年（877） 廣明元年（880） 中和元年（882）	據《舊唐書・田令孜傳》田令孜時任「觀軍容制置左右神策護駕十軍等使」
西門匡範	右神策軍護軍中尉	乾符四年（877）	
李順融	樞密使	廣明元年（880）	
王彥甫	觀軍容使	廣明元年（880）	
西門思恭	①樞密使 ②觀軍容使	廣明元年（880） 中和元年（881）	據《通鑒》卷二五四，中和二年（882）正月辛未西門思恭加「諸道行營都都監」

續表

姓名	官號	授官年代	備注
楊復光	楓密使兼天下行營兵馬都監	中和元年（881）	
嚴遵美	樞密使	光啟二年（886）	
劉季述	①右神策軍護軍中尉 ②樞密使 ③左神策軍護軍中尉	文德元年（888） 乾寧四年（897） 光化三年（900）	
西門重遂	右神策軍護軍中尉加觀軍容使	太順二年（891）	
劉景宣	左神策軍護軍中尉	景福元年（892）	
李周謳	樞密使	景福元年（892）	
駱全瓘	右神策軍護軍中尉	乾寧元年（894）	
景務修	左神策軍護軍中尉	乾寧二年（895）	
宋道弼	右神策軍護軍中尉	乾寧二年（895）	
劉光裕	樞密使	乾寧二年（895）	
康尚弼	樞密使	乾寧二年（895）	
王仲先	右神策軍護軍中尉	光化三年（900）	
王彥範	樞密使	光化三年（900）	
薛齊偓	樞密使	光化三年（900）	
韓全誨	左神策軍護軍中尉	天復元年（901）	
張彥弘	左神策軍護軍中尉	天復元年（901）	
袁易簡	樞密使	天復元年（901）	
周敬容	樞密使	天復元年（901）	
第五可範	左神策軍護軍中尉	天復三年（903）	
仇承坦	右神策軍護軍中尉	天復三年（903）	
王知古	樞密使	天復三年（903）	
楊虔郎	樞密使	天復三年（903）	

第七章

新中樞體制的結構和特點

新中樞體制的建立，使唐中樞長期混沌無序的狀態暫告結束，在一個短暫的時期內，曾使中央政府的權力得到加強。元和中，唐憲宗靠翰林、樞密、宰相的緊密合作，調集軍隊，統籌指揮，一度取得了討平藩鎮割據的巨大勝利。據《舊唐書》卷一四八《裴垍傳》:「初，垍在翰林承旨，屬憲宗初平吳蜀，勵精思理，機密之務，一以關垍。」後裴垍升任宰相，又與憲宗策劃討叛藩盧從史，「垍請密其謀，憲宗曰:『此唯李絳、梁守謙知之。』時絳承旨翰林，守謙掌密命(任樞密使)」。《資治通鑒》卷二三八憲宗元和五年又載:「上復使樞密使梁守謙密謀於(翰林承旨李)絳。」可見中樞三成員的確曾攜手合作，同心協力，共同謀劃，成為一個不可分割的整體，發揮了積極效能。

雖然由於宦官專權，使新中樞的三角關係很快就失去了平衡，制度遭到破壞，但整個體制在結構形式上，在權力的運用和施政的過程中，仍然是一個不可分割的整體，推動和制約着整個國家機器的運轉。因此，研究唐後期政治生活和中樞政治鬥爭，必須深入了解新中樞體制的權力結構、建制形式及其內部特點。它與三省體制既有不同之處，又有相似之處，既有一定的歷史淵源和繼承關係，又有根據新的歷史條件而進行的創新，具體分析其結構和特點，對於研究唐代政治制度史具有極為重要的意義。

第一節　新中樞體制的結構和建制

翰林、樞密居內廷掌機密以後，宰相處於何種地位？其與內朝兩個「內相」的關係如何？要了解中樞「新三頭」的權力結構及其相互關係，必須搞清唐後期宰相職權的演變。

自從中書、門下兩省樞機職事合併後，宰相名號逐漸統一於同中書門下平章事，「終唐之世不能改」。隨着三省制的破壞，宰相雖然仍是一個集體，但三權分立，互相牽制的體制卻無形中消失了。以致玄宗以來，宰相專權之事時有發生。而宰相機構「中書門下」因長期居於外廷，漸漸遠離皇權，和皇帝的隔膜不斷加深。隨着新的內朝機構的設立，宰相的決策地位更遭到削弱，玄宗時，出現了欲以宰相位號賞功的事，《資治通鑒》卷二一四玄宗開元二十一年載：

> 上美（河北節度副大使）張守珪之功，欲以為相，張九齡諫曰:「宰相者，代天理物，非賞功之官也。」上曰:「假以其名，而不使任其職，可乎？」對曰:「不可，惟名與器不可以假人，君主之所司也。且守珪破契丹，陛下即以為相，若盡滅奚、厥，將以何官賞之？」上乃止。

安史亂後，居功邀賞者日漸增多，因而有了「使相」之名，《文獻通考》卷五一《職官考五．中書省》條：

> 典故，侍中、中書令為兩省長官，自唐以來居真宰相之位，而中書令在侍中上。肅宗以後，始以處大將，故郭子儀、僕固懷恩、朱泚、李晟、韓弘皆為之。其在京則入政事堂，然不預國事。懿、僖、昭之時員寖多，率由平章事遷兼侍中，繼兼中書令，又遷守中書令，三者均稱「使相」。

這些「使相」雖有宰相之名，卻不預朝政決策，簽署詔敕亦由別人代替。《舊唐書》卷一一九《崔祐甫傳》曰：

> 是時（大曆十四年），中書令郭子儀，檢校司空平章事朱泚，名是宰臣，當署制敕，至於密勿之議，則莫得聞。時德宗踐祚未旬日，居不言之際，（常）袞循舊事，代署二人之名進。

常袞時為門下侍郎同中書門下平章事，是真宰相。郭、朱二人為「使相」，乃賞功的虛銜，故不得預聞機密，由常袞代為署敕，所謂「循舊事」，說明此制早已實行了。

為了安撫地方上飛揚跋扈的節度使，朝廷也往往給他們加以宰相名號，亦稱「使相」。《石林燕語》卷四曰：

> 唐制，節度使加中書門下平章事為使相。

又《資治通鑒》卷二三八唐憲宗元和五年載權德輿疏云：

> 宰相非序進之官，唐興以來，方鎮非大忠大勛，則跋扈者，朝廷或不得已而加之。

節度使在外掌兵，不入京師，也就更談不上參預朝政了。而此類「使相」在唐後期既多且濫，足見宰相位號的淪落。

另一方面，由在朝宰相同中書門下平章事直接外兼各種使職，則又是另一種形式的「使相」。據《新唐書》卷四六《百官一·宰相》條：

> 宰相事無不統，故不以一職名官，自開元以後，常以領他職，實欲重其事，而反輕宰相之體。故時方用兵，則為節度使；時崇儒學，則為大學士；時急財用，則為鹽鐵轉運使，又其甚者，則為延

資庫使。至於國史、太清宮之類，其名頗多，皆不足取法。

宰相兼領某些重要使職，目的在於加重某種職事的權任，提高效率，但卻使宰相陷入繁重的行政事務，脫離了樞密決策。所以，《新唐書》的作者認為是「反輕宰相之體」。安史之亂後，尚書省行政機構陷於癱瘓，為了恢復朝廷的行政職能，宰相兼領尚書事務的現象日益增多，並形成制度。《唐會要》卷五七《尚書省》載：

> 貞元二年（786）正月，宰相崔造奏請，尚書省六職，令宰臣分判。乃以宰臣齊映判兵部承旨及雜事，李勉判刑部，劉滋判吏部、禮部，崔造判戶部。

與此同時，不少宰相又是由六部尚書、侍郎加同中書門下平章事充任，這樣，一方面宰相下兼六職，一方面六尚上任宰相，宰相和行政事務難分難解。《漢唐事箋後集》卷三曰：「宰相下行尚書之事，尚書卿監上任宰相之權，此所謂無定制也。」某些重要差遣使職，如鹽鐵、轉運、度支等使，更多直接由宰相兼領。如寶應元年（762）戶部侍郎同中書門下平章事元載「勾當轉運租庸支度使」；大和九年（836）宰相王涯兼「諸道鹽鐵榷茶使」；而戶部侍郎判度支李石又「守本官同中書門下平章事」，等等。[1] 於是，「宰相之任日以繁」[2]。以宰相兼行政的做法，曾遭到某些宰相大臣的反對，如德宗時宰相李泌曰：「宰相之職不可分也……天下大事咸共平章，若各有所主，是乃有司，非宰相也。」[3] 穆宗時翰林學士韋處厚曰：「宰相處論道之地，雜以鹺務，實非所宜。」[4] 文宗時給事中郭承嘏曰：「宰相者，上

1　《新唐書》卷六二、六三《宰相表》中、下。

2　《漢唐事箋後集》卷一。

3　《資治通鑒》卷二三二德宗貞元三年。

4　《資治通鑒》卷二四二穆宗長慶二年。

調陰陽，下安黎庶，致君堯舜，致時清平，俾之閱簿書，算緡帛，非所宜也。」[1]李泌、韋處厚和郭承嘏的論點大體相同，皆認為宰相應平章「天下大事」，「致時清平」，也就是說應只掌決策，綜理大事，而不應該親自掌管具體事務。他們的說法雖有道理，但都沒有看到唐中樞體制已經發生變化的實質，在內廷既已有了新的中樞機構主掌決策，而外朝行政事務又因三省制崩潰而無人統管的情況下，以宰相兼掌行政，不失為一個行之有效的好辦法。同時，宰相既漸遠離皇權，決策地位下降，兼管行政也是其攬權自重的好辦法。《新唐書》卷一八三《韓偓傳》載：「中書（政事堂）事一相可辦。」政事堂既無機事可議，眾多宰相若不掌行政，就幾乎無事可做，可見宰相兼行政乃勢所必然。憲宗定制，掌行政也就成為宰相的本職，這一變化，是中樞體制發展演變的必然結果。

宰相職事既已發生變化，宰相機構「中書門下」（政事堂）在新中樞中的地位和職能也隨之發生了變化。李肇《翰林志》載：「近朝大事直出中禁，不由兩省。……（翰林學士草詔後，乃）出付中書（政事堂）奉行。」《文獻通考》卷五八《職官考十二．樞密院》條曰：「若人主有所處分，則宣付中書門下施行而已。」又曰：「若內中處分，則令內樞密宣付中書門下施行。」可見，中書門下已經完全成了執行機構。中書門下（政事堂）由決策機構演變成行政機構，是唐代中樞政制發展演變的一件大事，它標誌着舊的三省體制向新體制過渡的實際完成。中書門下雖然仍保持了中樞地位，但職能卻發生了徹底變化，就像漢魏之際尚書台的職能轉換一樣，中書門下的職能轉換可以看成是繼尚書台之後，中國古代政制發展史上的又一次決策與行政的分職。長期以來，這個變化一直為史學界所忽略，中書門下一直被認為是決策機構，因此，唐代中樞政制的發展演變以及唐後期中樞體制中的許多問題也就始終無法說清楚。只有明確了中書門下的職能變換，新中樞體制的權力結構和建制形式才容易為人所理解。而專就中書門下的職能來講，唐後期中樞與唐前期中樞的確已是截然不同了。

1　《舊唐書》卷一六五《郭承嘏傳》。

分析新中樞體制的權力結構，我們發現，新中樞與舊三省的分權形式大體一致，其繼承關係是十分明顯的。

翰林、樞密、中書門下三位一體的新中樞，就其各自的職掌來講，翰林的基本職責是草詔，大致相當於舊中書省的地位；樞密掌「出納帝命」，後來又發展到對詔制「堂狀後貼黃」，相當於舊門下省的職權；中書門下居外奉行，宰相較多地成了執行官，約相當於原來的尚書省。新中樞「新三頭」三足鼎立，互相牽制，形成了新的權力結構。和舊三省一樣，翰林、樞密、中書門下三者各以其草詔、出納、奉行的職能合成了一個完整的施政程序，相集為一個完整的中樞施政系統，推動着整個國家機器的運轉。

至此，中書、門下、尚書三省名號雖存，實際職事已經變換，以中書門下為中心，匯聚三省官和各種使職，在外朝形成了一個新的極為龐雜的行政系統。中書門下（政事堂）成了行政總樞，大致相當於原來的尚書都堂，各種使職則相當於部、司；政事堂會議既已失去決策意義，實際上已淪為「八座會議」。而作為中樞「新三頭」之一的同中書門下平章事，既是外朝行政首腦，卻也和尚書僕射一樣，可以按規定時間進入禁中紫宸殿和延英殿議政奏對，參預決策。這樣，新中樞又依照了舊三省首長合議制的形式，宰相雖在外朝主行政，卻也可進入禁中兼決策。如果說翰林學士相當於中書令、侍，樞密使相當於侍中、侍郎，則同中書門下平章事就相當於尚書令、僕射了，雖說是外朝首腦，在政治中樞中卻與翰林、樞密平起平座，名譽地位甚至更高。

新中樞體制不僅權力結構與舊三省極為相似，建制形式也與太極宮舊三省大體相同。主持行政事務的中書門下及其主要部屬皆居大明宮皇城，稱為「南衙」，相當於舊「南省」（尚書省）。主機務決策的翰林、樞密居北面宮城，稱「北司」，相當於所謂「北省」（中書、門下兩省），北司兩「頭」一東一西，其位置亦有類於舊兩省。《新唐書》卷一七七《高元裕傳》曰：「西頭勢乃重南衙，樞密之權過宰相。」翰林院居禁宮之西，稱「西頭」，相當於原「西省」（中書省）；樞密居翰林之東，相當於原「東省」（門下省）。

這樣，「新三頭」——西頭（翰林）、東頭（樞密）、南頭（中書門下）和舊三省——西省（中書）、東省（門下）、南省（尚書）不僅職事大致相同，所居位置也正好對應，這種建制構型的內在繼承關係反映了結構與職能的統一。我們認為，這種東、西、南、北的建制和舊三省體制一樣，都是依據決策權與皇權不可分的原則，依據劃分為兩個層次的三權分立的權力結構和施政程序，按照一定的規制而設置的，反映了其內在權力的佈局。

關於「新三頭」在大明宮的具體位置，中書門下自武則天、唐玄宗以來，沒有大的變化，只是性質由原來的中朝變成了外朝。翰林、樞密雖依照了中書、門下兩省的大體方位，但具體建制卻有了新的發展。內朝建制的變動直接反映着中樞權力的變動，對唐最高統治層的議政活動和決策程序具有重大影響，是研究隋唐中樞政制發展演變的一個不可忽略的方面。

新中樞內朝建制的變化主要表現在翰林院的建置上。關於大明宮翰林院的具體位置，由於禁中事祕，當時人已說不清楚，文獻記載很不周詳，宋朝時已有爭論[1]，直到現在還沒有統一的看法。據韋執誼《翰林院故事》載：

> 翰林院者，在（右）銀台門內，麟德殿西重廊之後。

據此，其位置約在宮城西邊的右銀台門之北，九仙門之南。又據李肇《翰林志》載：

> 今在右銀台門之北，第一門口榜曰「翰林之門」，其制高大重複，號為「胡門」。入門直西為學士院，即開元十六年所置也，引鈴於外，惟宣事入。其北門為翰林院，又北為少陽院。

據此，翰林院似設在宮城內靠近西宮牆的地方。而所謂「胡門」，又

1 參見程大昌《雍錄》卷四《唐翰苑位置》條。

稱「復門」，即翰林之門。洪遵《翰苑遺事》載：

> 蓋學士院在禁中，非內臣宣召無因得入，故院門別設複門，亦以通禁庭也。

由於沒有更多的史料可考，長期以來，人們一直以為唐大明宮翰林院設在宮城內西南靠近右銀台門處[1]。從1957年開始，我國考古工作者對唐長安大明宮遺址進行了考古發掘。據發掘報告，在宮城西右銀台門北側六十餘米處曾發現一個較右銀台門為窄、保存完好的門址，這一門址較宮城其他各門略小，在1959年九仙門未發現之前，曾疑此門是九仙門，後九仙門遺址確定，才懷疑它或是翰林院的「胡門」。因文獻記載宮城西只有右銀台門和九仙門，並無別的門，此門距右銀台門很近，僅是從宮內通往「夾城」，而不再穿過重牆通往城外，其建制比較特殊[2]。所謂「夾城」，乃是在城牆之外再築一牆，稱「重牆」，中間夾着一條寬闊的大道，備人主潛行，使「外人不知之」[3]。大明宮東、西、北三面皆有「夾城」，東「夾城」往南可直通興慶宮及曲江芙蓉園，西「夾城」可通大內。如果確定新發現的門址是「胡門」，則翰林院應在西「夾城」之內，這和李肇《翰林志》等文獻記載大有出入。又據考古報告，在宮城西邊夾城中部內，又掘得房屋遺址三座，其中兩座是東西向，位於夾城的中部，二房址南北相距四十餘米，另一房址是南北向的東廂房，與宮城西牆平行，其東邊的散水距西城牆僅0.3米，這一房址的北部，與東西向的北邊的一座房址的東端相接，從現存的柱礎來看至少有五個房間[4]，這和文獻記載的翰林院內部佈局大致相合。當時還沒有確定這就是翰林院，而認為是禁軍右三軍的軍營遺址的

1　見徐松《兩京城坊考》「西京大明宮圖」。

2　馬得志《1959—1960年唐大明宮發掘簡報》，載《考古》一九六一年第七期。

3　《長安志》卷九。

4　馬得志《唐大明宮發掘簡報》，載《考古》一九五九年第六期。

一部分，直到 1982 年，當年參加考古發掘的馬得志先生在《考古》雜誌第六期上發表《唐代長安與洛陽》一文，在附圖中將這一房址最後確定為翰林院，但可惜至今還沒有文字加以說明。

進一步推敲文獻材料，我們認為馬得志先生的判斷是正確的。《長安志》卷六《東內大明宮》有一段記載：

> 右銀台門、內侍省右藏庫次北翰林門內翰林院、學士院。又東翰林院北有少陽院、結鄰殿。翰林門北曰九仙門。

據此，知少陽院乃在東翰林院之北，李肇的記載，將翰林院和東翰林院混為一談，使人們產生了翰林院在禁內少陽院之南的錯覺。《長安志》的記載不僅糾正了李肇的錯誤，而且明確記載翰林門（胡門）北是九仙門，證明宮城牆除九仙門和右銀台門外確實有一個翰林門，這更可和考古材料印證，推斷大明宮翰林院的確是建在西夾城之內。據考古報告，大明宮東西夾城都是 55 米寬，其場地容納幾間小屋全無問題，翰林院雖把西夾城攔腰截斷，但皇帝只要不出九仙門，而由右銀台門出入，同樣可以經夾城潛入大內，並不影響皇帝的詭祕行蹤。因翰林院惟在東宮牆有門道，西邊重牆無門，和外界沒有聯繫，應該是宮禁內廷機構。但是，翰林院雖說是處於宮禁，卻又畢竟與禁廷隔了一道牆，學士出入皆由宦官導引，先入右銀台門進入宮城，再由「胡門」入翰林院，和往日兩省所居中朝地域不可同日而語。翰林院置於高高的「夾城」內，其與外廷朝官機構相比，是離皇帝要近一些，但與宦官諸使司相比，卻又離皇帝遠一些，其獨特的建制可謂別出心裁，卻是和翰林學士居官的特殊身份相一致的。

除西夾城內的翰林院外，大明宮宮城內還有一處翰林院，即唐德宗時設置的東翰林院。李肇《翰林志》載：德宗曾「移院於金鑾殿，對御起草、詩賦唱和或旬日不出」。所謂「移院於金鑾殿」，即是設置東翰林院。設置東翰林院並不是在翰林院之外另立機構，而是在宮禁深處為翰林學士開闢

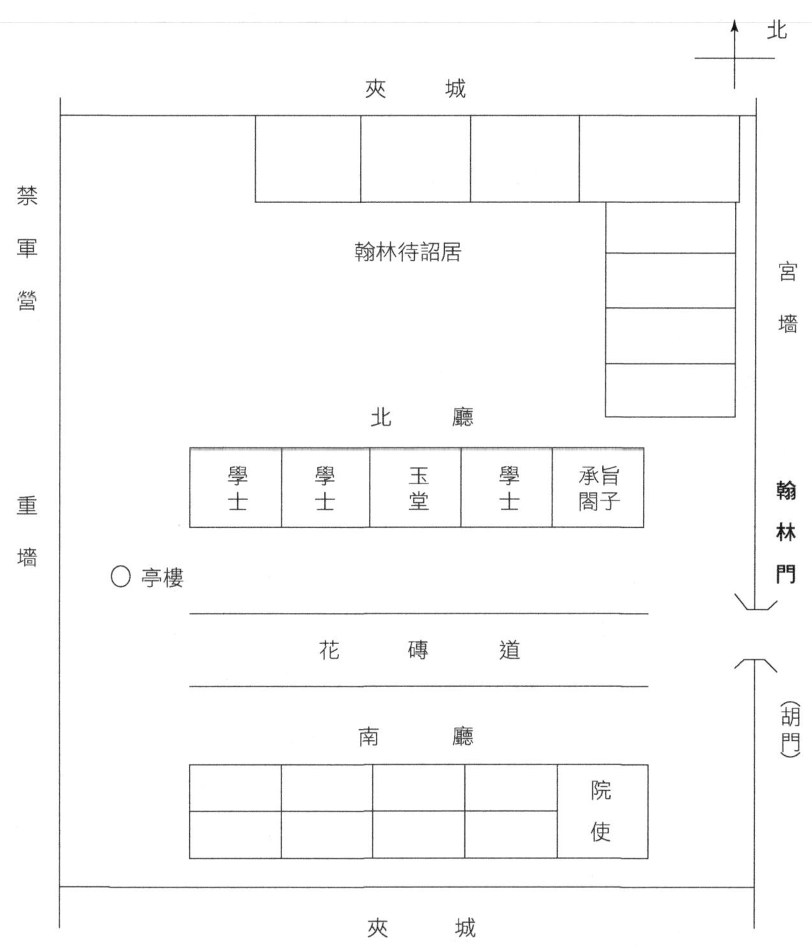

本圖參考：

① 程大昌《雍錄》卷四《大明宮右銀台門翰林院學士院圖》。

② 平岡武夫《長安與洛陽》圖版二〇。

③ 馬得志《1959—1960 年唐大明宮發掘簡報》，載《考古》一九六一年第七期。

圖八：大明宮翰林院本部建制圖

一個辦事處。韋執誼《翰林院故事》稱：

> 此院之置尤為近切，左接寢殿，右瞻彤樓，晨趨瑣門，夕宿嚴衛，密之至也。

其位置在掖廷宮禁中心的金鑾殿之西。程大昌《雍錄》卷四《金鑾坡》條曰：

> 金鑾殿者，在蓬萊山正西微南也，龍首山坡之北，至此餘勢猶高，故殿西有坡，德宗即之以造東學士院……以其在開元學士院之東，故命為東翰林院。

由於翰林學士經常出現在金鑾坡上，故其時「俗稱翰林學士為坡」[1]，金鑾坡竟成了翰林學士的別名[2]。可見，東翰林院的建置，彌補了翰林院本部離皇帝太遠的缺憾，使翰林學士和皇帝更為接近，時人稱為「侍從親近，人臣第一」[3]，後人戲曰「與命婦分庭，見貴主冠服，內人黛妝」[4]，的確和外朝大臣不一樣。而更重要的是，由於和皇帝接近，政治上的發言權和影響力都大為加強了。但是，東翰林院不是一個完整的機構，它隸屬於翰林院本部，只是一個辦事處，只有少數學士應召入值時才能出入，故其政治作用又不宜過分誇大。

關於唐後期發展起來的內諸使司各機構的具體位置，史書沒有記載，

---

1 洪遵《翰苑遺事》。

2 《舊五代史》卷一四九《職官志》載：「前朝因金巒（鑾）坡以為門名，與翰林院相接，故為學士者稱『金巒』（鑾）焉。」

3 李肇《翰林志》。

4 洪邁《容齋隨筆》卷四《翰苑親近》條。

考古數據也極為缺乏，目前還無法作出準確判斷[1]，亦無關本文宏旨，因為宦官內諸使司與皇帝最為接近是不言而喻的。需要特別指出的是，宮城外兩側禁苑駐紮着宦官掌握的神策禁軍，其右側九仙門及翰林院西北重牆外是右軍的營址；宮城東重牆外為左軍營址。整個宮禁於是被宦官勢力所包圍，翰林院更是處在宦官的嚴密監視之下，李德裕有詩描述其地為「椅梧連鶴禁，堺埦接龍韜」，原註云：「內署北連春宮，西接羽林軍。」[2]形勢十分森嚴。在宮禁森嚴的情勢下，南衙宰相及所屬機構與皇帝更是被一道高高的宮牆隔開。我們知道，國家機構如果不與皇權結合，就失去了權力的憑藉；同樣，皇權如果不與官僚機器結合，也會失去威力。掌握禁軍的宦官只要把持宮禁，緊閉宮門，切斷皇帝與朝臣的聯繫，就可以輕而易舉地控制皇帝，甚至矯稱上旨竊取皇權，皇帝在禁宮內就成了光杆司令、孤家寡人，只得聽憑宦官擺佈。一小撮宦官要對付與皇權緊密結合的國家機器猶如蚍蜉撼樹，談何容易，但在禁宮內對付與外朝龐大的官僚機器隔離而赤手空拳的皇帝卻是「如制嬰兒」，易如反掌。因而「廢置在手，東西出其意」。[173] 因他們竊居了皇權，「口含天憲」，外朝宰相大臣也只得俯首聽命，形成宦官長期專政的局面。由此可見，唐後期中樞建制的缺陷也是造成宦官專政的原因之一。唐後期宦官把持宮禁既已成為「故事」，成為無形中的制度，宦官專政很輕易地就打破了中樞的三角平衡關係。這時，翰林學士的作用就突出起來。翰林學士和宦官一樣同居北衙，是除宦官以外唯一能出入宮禁，在內廷辦事的官員，其居官具有宮官的性質，不過，翰林學士出入宮禁得由宦官導引，在宮禁還不能像宦官那樣自在。另一方面，翰林學士自下級朝官中選拔，出翰林時又多轉回南衙，不少人還升任

1　徐松《兩京城坊考》「西京大明宮圖」宮城東南有宣徽殿，據此推測唐末樞密院和宣徽院大約在宮城東南靠近左銀台門處。又據馬得志先生賜函見教：左右神策軍軍容衙大約置於宮城北玄武門和重玄門兩側，即北夾城內。

2　李德裕《述夢詩四十韻》，見《全唐詩》卷四七五。

3　《資治通鑒》卷二六三唐昭宗天復三年。

宰相，成為南衙之首，説明他們和朝官的關係根深蒂固，又具有朝官的身份。唐代宮禁嚴密，宮官和朝官有內外之分，南衙和北司更截然分為兩個系統，二者不相混淆，翰林居官既不同於宦官，又有別於朝官，是介乎二者之間，具有宮官和朝官雙重身份的特殊官員，因而，在唐後期政治中樞中，其地位也特別微妙，發揮的作用十分引人注目。對此，清人王鳴盛曰：「玄宗以前，翰林學士可不書，玄宗以下，不可不書。」[1]

第二節　新中樞體制的特點和唐後期中樞政治鬥爭

由翰林、樞密、平章事組成的新中樞，具有不穩定、不成熟的明顯特點。與此相關，唐後期中樞政局長期動盪不安，中樞權力鬥爭異常激烈，宮廷政變不斷發生。深入分析新中樞體制的具體特點和唐後期中樞政治鬥爭，是我們進一步研究隋唐中樞體制發展演變不可忽視的一個方面。

新中樞體制一個最顯著的特點是：中樞三成員都是由臨時差遣性質的使職發展而來，後雖都成為固定常設的職官，卻仍然保留着差遣使職的形式。清人錢大昕論述唐代差遣使職的特徵曰：

> 按節度、采訪、觀察、防禦、團練、經略、招討諸使皆無品秩，故常帶省、台、寺、監長官銜，以寄官資之崇卑。……即內而翰林學士、宏文集賢史館諸職，亦係差遣無品秩，故常假以它官，有官則有品，官有遷轉而供職如故也。不特此也，宰相之職，所云平章事者，亦無品秩，自一二品至三四品官，皆得與聞國政，故有同居政地而品秩懸殊者，罷政則復其本班，蓋平章事亦職而非官也。[2]

1　王鳴盛《十七史商榷》卷七四。

2　《二十二史考異》卷五八《職官志》。

錢氏所說的官，即職事官；職，即差遣使職。在唐後期，雖然以三省六部為中心的職事官系統的權任被各種形式的差遣使職所取代，但官號卻一直沒有取消。平章事、翰林等職，雖執掌大權，卻沒有品秩，仍要帶職事官銜「以寄官資之崇卑」。台省官名總是伴隨着翰林、平章事等同時出現，因此，唐後期職官的結銜往往很長。《石林燕語》卷四有一段話：

> 唐翰林學士結銜或在官上，或在官下，無定制。余家藏唐碑多，如太和中李藏用碑，撰者言「中散大夫守尚書戶部侍郎知制誥翰林學士王源中」之類，則在官下；大中中王巨鏞碑，撰者言「翰林學士中散大夫守中書舍人劉瑑」之類，則在官上。……殊不可曉。

由於沒有把握唐使職的特點，宋人對唐翰林的結銜已感困惑不解。按隋唐官制有職事、散階、勛、爵等區別，皆分九品。唐代前期，職事官實際治事，散官則「一切以門蔭結品，然後勞考進敍」，僅表示出身貴賤和資歷的深淺。「凡九品以上職事，皆帶散位，謂之本品」[1]。官服亦依散階分為紫（三品以上）、緋（四、五品）、綠（六、七品）、青（八、九品）四色。後期朝官上朝，又給隨身魚袋，三品以上佩金魚，五品以上佩銀魚[2]，作為居官高下的標誌。勛與爵則用「以酬勤勞」[3]，而皆無職務。到後來結銜又增加了差遣一項，原來的職事官卻又成為虛銜，因而唐後期官虛銜已經很多。如《石林燕語》提到的王源中：中散大夫（正五品以上）為其散階，尚書戶部侍郎（正四品以下）為其職事，這時都是虛銜；知制誥和翰林學士為其差遣，才是實際治事的職務。劉瑑也是如此，翰林學士為其實銜，中散大夫和中書舍人（正五品上）皆為虛銜。使職加職事官銜的作用是「有官則有

1　《舊唐書》卷四二《職官一》。

2　《舊唐書》卷四五《輿服志》。

3　《隋書》卷二八《百官下》。

品，官有遷轉而供職如故」。我們可以李德裕在翰林學士任內遷官的情況來加以說明。據丁居晦《重修承旨學士壁記》載：

> 李德裕，元和十五年閏正月十三日自監察御史充（翰林學士），二月一日賜紫，二十日加屯田員外郎，長慶元年元月二十三日改考功郎中知制誥，二年正月加承旨，二月四日遷中書舍人，十九日改御史中丞出院。

李德裕自元和十五年（820）至長慶二年（822）兩年的翰林學士任內，職事銜凡遷五次，即從入翰時的監察御史（正八品上）經屯田員外郎（從六品上）升考功郎中（從五品上），再遷中書舍人（正五品上），最後以御史中丞（正四品下）出翰林。兩年間遷官可謂頻繁，雖品秩逐漸提高，但職務並無大的變動，其實際職任先為翰林學士，後在長慶二年正月升任翰林學士承旨。而其所歷職事銜監察御史、屯田員外郎，考功郎中，中書舍人則分別為御史台、尚書省、中書省官，這時都是表示資歷高下的符號，只作為官秩升遷的標誌，並不治事，李德裕職事銜雖步步遷轉，卻根本沒有往御史台、尚書省、中書省等官署任事。

又如《唐大詔令集》卷五〇載大中十二年（858）十二月《杜審權平章事制》的結銜：

> 翰林學士承旨通議大夫守尚書兵部侍郎知制誥上柱國賜紫金魚袋杜審權……可守本官同中書門下平章事。

杜審權的實際職務由翰林承旨升任宰相，職位升了，但品秩卻沒有升。按其結銜，知制誥、承旨和平章事皆為差遣，乃實際治事職。通議大夫為散階（正四品下），尚書兵部侍郎（正四品下）為職事銜，上柱國（正二品）為勛位，都是虛銜。承旨和平章事都是權重位高之職，按理論一般要三品以上的官才能充任，而杜審權散階未及，僅為正四品下，於是，皇帝特加恩典，結銜中加上了「賜紫金魚袋」，即四品官可以按三品階穿紫服佩金魚袋上朝。從結銜順序來看，按舊制：散官、職事、勛、爵依次排列，到唐後期亦未變，差遣是新加的銜，排列無定制，從上引材料來看，有的排在前面，有的排在後面，亦有排在中間的，葉夢得所謂「殊不可曉」，其實並沒有什麼難以測知的隱奧。我們只要記住，在唐後期職官長長的結銜中，惟差遣才是實際治事銜，只要看其差遣就可知其所任真實職事。

以上我們不厭其煩地大量徵引史料，在於強調唐後期三省職事官系統雖存名號，卻無實職的事實。最高中樞更是如此，主要任事官都是差遣使職，宰相、翰林雖位高權重，但居官形式還不完善，需要與舊的台省職事官結合來彌補自身的缺陷。明確了這一特點，我們就能擺脱《唐六典》的窠臼，用新的眼光來看待唐後期的中樞官系統。

由於差遣銜本身沒有品秩，不表示資歷和地位，只表示職任，所以同任某一使職者往往地位懸殊很大，如翰林學士，「下自校書郎，上及諸曹尚書皆為之」[1]。「其尊貴親遇者，號稱內相，可以朝夕召對，參議政事，或一遷而為宰相；而其孤遠新進者，或起自初階，或原無出身」[2]，職事的品階差距甚遠。翰林之職既無品秩，當然也無固定薪俸，其薪俸也是以所寄他官品秩發給，所以有些起自初階的翰林學士因薪俸太低，不免窮困。如「姜公輔建中初為左拾遺（從八品上），召入翰林為學士，歲滿當改官，公輔上書自陳母老家貧，以府掾俸給稍優，乃求京兆府戶曹參軍，特承恩顧」[3]。大詩人白居易在翰林學士任上，也上書曰：「臣有老母，家貧養薄，乞如公輔例。」[4]大朝會的班次和內宴時的座次，較能反映百官的權任等級，按舊制，「班位等差，本係品秩」[5]。翰林學士和同中書門下平章事雖權

1　李肇《翰林志》。

2　《文獻通考》卷五四《職官考八》。

3　《冊府元龜》卷五五〇《詞臣部・恩獎》。

4　《舊唐書》卷一六六《白居易傳》。

5　孫簡《請改定百官班位奏》，見《全唐文》卷七六一。

位崇重，所帶他官品秩卻不一定很高。所以後來大朝會和內宴時的班序經常被打亂。德宗貞元以前，翰林學士「廷覲之際，各趨本列」；貞元元年（785），德宗始下敕，令翰林學士預班列「與諸司官知制誥同」[1]，位次不算高。憲宗定制後，翰林遂「與班行絕跡，不拘本司，不繫朝謁」[2]。雖然「學士不與外班接」[3]，但內宴時，卻「坐次宰相，坐居一品班之上，別賜酒食珍果，與宰相同」[4]。禮遇僅次於宰相，待遇與宰相同。而所謂「一品班」者，據《唐會要》卷二五《文武百官朝謁班序》條所列，乃為「三太、三公，太子三太，嗣郡王，散官開府儀同三司，爵開國公等」，品階皆屬一品，非朝廷元老耆德不能當，但坐次卻已排在宰相、翰林之後了。據此，則是宰相第一，翰林第二，其他官都排在後面。可見坐次乃按實際職位排定，品秩就無足輕重了。

新中樞體制不僅外在為官形式很不完善，其中樞成員之間的內在權力關係也反覆變動，很不穩固，這是唐後期中樞的又一個重要特點。我們在第六章已論述了宦官專權打破中樞權力平衡的情況，但唐後期中樞成員的權力關係並沒有固定的輕重次序，宦官樞密使依仗中尉所掌禁軍，權勢淩駕於皇帝之上，首先打破了中樞的平衡，但在皇帝能親政時，也會遭受排斥。《資治通鑒》卷二四七唐武宗會昌三年載：

> 上夜召學士韋琮……令草制，宰相、樞密皆不之知，時樞密使劉行深、楊欽義皆愿愨，不敢預事，老宦者尤(憂)之曰:「此由劉、楊懦怯，墮敗舊風故也。」

翰林學士以才學居於內廷，朝政決策地位最為優越，但是，由於制度

1 《唐會要》卷五七《翰林院》。

2 李肇《翰林志》。

3 《新唐書》卷一八三《韓偓傳》。

4 李肇《翰林志》。

的不穩固性，皇帝有時信重外朝宰相，又會使宰相的權力地位大大提高。武宗朝，宰相「中書門下」機構曾一度處於權力的主導地位，甚至內朝翰林學士的基本職權——草詔權也被宰相取代。如唐武宗討伐澤潞藩帥劉稹時，「帝一切命（宰相）李德裕作詔，德裕數辭，帝曰：『學士輩不能盡吾意伐劉稹也』」[1]。洪遵《翰苑遺事》載：

> 唐詔令雖一出於學士，遇有邊防機要大事，學士不能盡知者，則多宰相以處分之，要者自為之辭，而付院使增其首尾例程之言，謂之詔意。

説明宰相草詔侵奪翰林職權並非偶然間的一時一事，這種經常性互相侵奪職權的情況，充分説明了制度的不成熟性。實際上，唐後期中樞體制還一直處在發展變化之中，到五代、宋時，權力結構又出現了新的構型。因此，「新三頭」組成的新中樞可以説還是一個過渡性的體制。

新中樞體制的第三個重要特點是：中樞權力過分集中於內朝，使內朝成為唐後期中樞權力鬥爭的中心。一方面，朝官為爭權多力爭內朝翰林職位，或內結樞密使；另一方面，在反對宦官專權的鬥爭中，內朝翰林學士往往成為參與策劃的主力。這一特點，深刻地反映了唐後期中樞權力的格局，是不可忽視的。

牛李黨爭是唐後期政治史上的一件大事，從憲宗時始，曆穆、敬、文、武、宣凡六朝，士大夫分為兩派傾軋達半個世紀，在政治上影響巨大。由於中樞體制的改變，權力鬥爭的格局也發生了變化，除爭奪宰相職位以攫取朝權外，奪取內朝翰林之職和聯絡樞密使便成了兩黨成敗的關鍵，兩黨都竭力在翰林院安插自己的同黨，又盡力將異黨分子驅出此機衡之地，或勾結樞密使，以加強自己的政治地位。

憲宗時，李黨首領李吉甫、裴度等人採取了堅決鎮壓藩鎮的政治立

1　《新唐書》卷一八〇《李德裕傳》。

場，而牛黨多持「罷兵」之議。元和十二年（817）討伐淮西藩鎮吳元濟時，牛黨首領宰相李逢吉「不欲討蔡，翰林學士令狐楚與逢吉善，（裴）度恐其合中外之勢以沮軍事，乃請改制書數字，且言其草制失辭，壬戌，罷楚為中書舍人」[1]。李黨首領裴度設法除去牛黨人物令狐楚的翰林之職，目的無非是清除內廷中樞中的敵黨，以貫徹自己的政策。胡三省註曰：「翰林學士居禁中，宰相在外朝，恐其中外相應以上罷兵議」[2]，所論甚是。令狐楚罷免翰林職位的同時，李逢吉的宰相職位也被罷免，李黨於是在政治上佔上風。

穆宗時，李吉甫之子李德裕為翰林學士，因牛黨人物「中書舍人李宗閔嘗對策譏切其父，恨之」[3]。因伺機報復，據《新唐書》卷一七四《李宗閔》傳載：

> 長慶初，錢徽典貢舉；宗閔託所親於徽，而李德裕、李紳、元稹在翰林，有寵於帝，共白徽納干丐，取士不以實，宗閔坐貶劍州刺史，由是嫌忌顯結，樹黨相磨軋凡四十年，搢紳之禍不能解。

李德裕以其親接天子的地位，揭發李宗閔等人科舉舞弊行為，給牛黨以沉重打擊。但不久，牛黨黨魁李逢吉因與穆宗「有侍讀之恩，遣人密結倖臣」[4]，厚結樞密使王守澄，得以重新入相，掌握朝權，於是又竭力排斥李黨，特別是對李黨首領裴度百般誹謗，竭力陷害，賴翰林學士李紳在禁中竭力調護，度僅得安於位。時李德裕為中書舍人、翰林學士，以才學名顯當時，頗有入相之望，「而逢吉之黨深惡之」。長慶二年（822）二月「罷

1 《資治通鑒》卷二四〇唐憲宗元和十二年。

2 《資治通鑒》卷二四〇唐憲宗元和十二年胡三省註。

3 《資治通鑒》卷二四一唐穆宗長慶元年。

4 《舊唐書》卷一六七《李逢吉傳》。

學士，出為御史中丞」[1]。不久又被擠出朝廷，裴度亦罷相，朝政大權幾乎全落於牛黨李逢吉等人之手。逢吉「既得權位，銳意報怨」，將裴度趕出京師，又援引同黨牛僧孺入相，「內結樞密王守澄，勢傾朝野」。其時，「惟翰林學士李紳，每承顧問，常排抑之，擬狀至內廷，紳多所臧否，逢吉患之」[2]。於是，牛黨李逢吉等人又費盡心機將李黨人物李紳擠出翰林。會穆宗崩，逢吉與神策軍中尉梁守謙、劉弘規，樞密使王守澄、楊承和立敬宗為帝[3]，乃與王守澄合力構陷李紳，使「王守澄言於上曰：『陛下所以為儲貳，臣備知之，皆逢吉之力也。如杜元穎、李紳輩，皆欲立深王。』上時年十六，疑未信」。李逢吉又奏言：「紳不利於上，請加貶謫。」於是李紳及其同黨翰林學士龐嚴、蔣防皆遭貶。李逢吉等還不甘心，「日上書言貶紳太輕，上許殺之，朝臣莫敢對」。在這關鍵時刻，「獨翰林侍讀學士韋處厚上疏，指述紳為逢吉之黨所讒……上稍開悟，會閱禁中文書，有穆宗所封文書一篋，發之，得裴度、杜元穎、李紳疏請立上為太子，上乃嗟歎，悉焚人所上譖紳書」[4]。韋處厚屬李黨，因在翰林有上言機會，終於在最關鍵的時刻挫敗牛黨李逢吉一夥的陰謀。到唐文宗即位時，以翰林學士韋處厚同平章事，但不久處厚卒，牛黨首領李宗閔又通過「結託」樞密使楊承和入相[5]，因獲「中人助」，牛黨又復掌權。宗閔援引同黨牛僧孺入相，又將同黨李珏引「入翰林充學士」[6]，以把持朝政。當時，李黨人物鄭覃也在翰林為侍講學士，李宗閔「惡覃禁中言事，奏為工部尚書，罷侍講學士」[7]，採用明升暗降的手段，除去其要害之職。但到武宗時，李黨領袖李德裕亦通過聯

1　《舊唐書》卷一七四《李德裕傳》。

2　《資治通鑒》卷二四三唐穆宗長慶三年。

3　《舊唐書》卷一六七《李逢吉傳》。

4　《資治通鑒》卷二四三唐穆宗長慶四年。

5　《舊唐書》卷一七六《李宗閔傳》。

6　《舊唐書》卷一七三《李珏傳》。

7　《舊唐書》卷一七三《鄭覃傳》。

絡「樞密使楊欽義入相」[1]，將牛黨首要分子李宗閔、牛僧孺、李玨等皆貶逐出京，又將同黨李紳引入朝為相，形成李黨掌權的全盛時期。但數年後，宣宗即位，又起用牛黨人物、翰林學士承旨白敏中為相，敏中與翰林學士令狐陶合力排斥李德裕，將李德裕貶為崖州司戶[2]，最後以牛黨的全勝結束了這場長達半個世紀的黨爭。

從牛李兩黨互相傾軋的情況來看，內朝翰林和樞密於兩黨的成敗具有舉足輕重的作用，在許多關鍵性場合，翰林學士以其在內廷親接天子的地位，對皇帝的政治傾向具有巨大的影響力，而往往能以一言扭轉局面，所以外朝宰相對內廷翰林最為顧忌，爭奪翰林之職也就成為兩黨權力之爭的重點。同時，內結樞密使又是兩黨都用以出奇制勝的法寶。可見，外朝宰相掌權必須有內朝依託，否則權力就難以鞏固。

中樞權力過分集中於內朝，造成了宦官長期專權的政治局面，反對宦官專權也就成了唐後期中樞政治鬥爭的核心問題，而內朝翰林學士以其特殊的政治地位，這時更為皇帝所依重，成為抗擊宦官的中堅。

在宦官對皇帝肆行廢立之際，翰林學士作為唯一能出入宮禁的大臣，往往能及時觀察到內廷動靜，出來與之抗爭。因為擁立新帝的遺詔，需要召翰林學士至東翰林院草擬，翰林學士因而能面見行將就木的皇帝，領得其遺旨，甚至付之以輔弼重任。即使是宦官矯稱帝旨，仍然須由翰林學士秉筆書詔，宦官自己既無權草制，限於文化水平，也不會書詔。因此，翰林學士或能阻止宦官陰謀，或按遺旨參與擁立新帝的活動。新皇帝即位，也往往加恩於有功於己的翰林學士。順宗、憲宗和穆宗得以繼大統，就都

1 張固《幽閒鼓吹》。

2 《舊唐書》卷一八下《宣宗紀》。

有翰林學士居中立了大功。[1] 不甘心受宦官家奴擺佈的皇帝，往往想依靠朝臣來消滅宦官，但皇帝在宮禁被宦官包圍，受到嚴密監視，高高的宮牆切斷了皇帝與外朝宰相百官的聯繫，因此，皇帝只得採用宮廷陰謀的形式，重用內朝翰林學士來和宦官較量。這種性質的鬥爭，最著名的有「二王八司馬」事件和「甘露之變」。

「二王八司馬」事件發生在唐順宗在位之時（805）。順宗是一個身染重疾，不能說話的可憐皇帝，其父德宗死後，宦官陰謀策劃，「議更立儲君」，揚言「內中商量，所立未定」[2]，賴翰林學士衛次公等及時趕到，極力抗爭，他的皇位繼承權才不致被廢。順宗對宦官專權是極痛恨的，但他連話都不能說，當然無法上朝和宰相商討對策，他只能依靠內廷翰林學士來與宦官進行鬥爭。

順宗所依重的王伾、王叔文在其即位前就都進入了翰林院，後又「俱入東宮，娛侍太子」[3]。順宗即位後，二人即正式提升為翰林學士，成了順宗得力的政治助手。《順宗實錄》卷一載：

> 德宗大漸，上疾不能言，伾即入，以詔召叔文入，坐翰林中使決事，伾以叔文意，入言於宦者李忠言，稱詔行下，外初無知者。

1　范祖禹《唐鑒》卷十六稱：「德宗在位歲久，最為猜忌，及其將沒，不能召宰相而屬以社稷，儲君廢置繫於宦者，（翰林學士）衛次公等特以草詔得至禁中，遂沮其謀，不然，幾有趙高之事。」

又《唐國史補》卷中記有翰林學士鄭絪請立憲宗之事。

又據《舊唐書》卷十六《穆宗紀》：「憲宗崩，丙午，即皇帝位於太極殿東序，是曰，召翰林學士段文昌、杜元穎、沈傳師、李肇，侍讀薛放、丁公著於思政殿，並賜金紫。丁未，集羣臣班於月華門外。」穆宗即位，先賞翰林學士，第二天才見羣臣，可見穆宗得立為帝，諸翰林學士是起了很大作用的。

2　《舊唐書》卷一五九《衛次公傳》。

3　《舊唐書》卷一三五《王叔文傳》。

二王第一個行動就是佔據翰林院，當時，「禁中文誥，皆出於叔文」[1]，並用親近順宗的宦官李忠言知樞密，按照翰林草詔，樞密傳宣的程序發佈命令，而又以其同黨「韋執誼為宰相，居外奉行」[2]。《舊唐書》卷一三五《王叔文傳》記載說：「叔文因王伾，伾因李忠言，忠言因牛昭容，轉相結構。事下翰林，叔文定可否，宣於中書（政事堂），俾執誼承奏於外，與韓泰、柳宗元、劉禹錫、陳諫、凌準、韓曄唱和。」可見他們幾乎掌握了中樞三個「頭」，據此得以發號施令。

二王的主要目標是通過打擊宦官勢力，以加強皇權，革新政治。他們首先從革除弊政入手，罷去掠奪、侵擾人民的「宮市」和「五坊小兒」，結果「人情大悦」[3]，宦官的暴虐受到了壓抑。然而，二王的改革倡議得不到朝中大臣的支持，宦官俱文珍等意識到二王將不利於己，即起而反擊，他們的第一個措施就是削去王叔文的翰林之職。《資治通鑒》卷二三六唐順宗永貞元年載：

> 俱文珍等惡其（王叔文）專權，削去翰林之職。叔文見「制」書，大驚，謂人曰：「叔文日時至此商量公事，若不得此院職事，則無因而至矣！」王伾即為疏請，不從，再疏，乃並三、五日一入翰林，去學士之名，叔文始懼。

宦官明白翰林乃要害之職，削之則使王叔文無法與皇帝聯繫，使其處於無用武之地，這無疑是給王叔文集團的一個沉重打擊。

面對宦官的挑戰，為了從根本上抑制宦官勢力，王叔文等人又「欲奪取宦官兵權以自固」。他們自翰林以皇帝的名義發佈詔敕，任命朝官范希朝為「左、右神策京西諸城行營節度使」，「韓泰為其行軍司馬」，企圖收

1 《舊唐書》卷一六〇《劉禹錫傳》。

2 《新唐書》卷一六五《鄭詢瑜傳》。

3 《順宗實錄》卷二。

奪宦官掌握的神策兵權。[1] 但這一招也同樣遭到了宦官的抗拒，據《順宗實錄》卷五記曰：

> 會邊上諸將各以狀辭中尉，且方屬希朝，中人始悟兵柄為叔文所奪，乃大怒曰:「從其謀，吾屬必死其手。」密令其使歸告諸將曰:「無以兵屬人。」希朝至奉天，諸將無至者，韓泰白叔文，計無所出。

由於宦官牢牢地控制了神策兵權，王叔文等人依靠一個毫無威權的啞巴皇帝和幾張白麻詔書，無法動搖宦官的實權地位。不久，宦官即發動政變，逼順宗「禪位」。其時，王叔文「但吟杜甫題諸葛亮祠堂詩末句云『出師未捷身先死，長使英雄淚滿襟』，因歔欷泣下」[2]，而宦官卻在猙獰地發笑，外朝大臣亦多附和着歡笑。二王不久即貶出朝廷，最後又遭殺害，其同黨柳宗元、劉禹錫等八人皆貶為遠州司馬，史稱「二王八司馬」，其革新活動最後以失敗而告終。

「二王八司馬」事件後，宦官集團的氣焰更加囂張，到唐文宗時，又發生了一起皇帝任用翰林學士反對宦官的宮廷政變。

唐文宗的高祖父順宗、祖父憲宗、哥哥敬宗都死於宦官之手，父親穆宗和他本人都是由宦官擁立，文宗目睹宦官弒逆之狀，對宦官專權的禍害深有認識。即位後，先是「密與翰林學士宋申錫言之，申錫請漸除其逼」[3]，企圖誅滅宦官，但因事機不密，宋申錫反被宦官誣告貶死。當時，朝臣分為牛李兩黨，兩派傾軋，勢同水火，並都與宦官集團有聯繫，文宗感到依靠他們來剪除宦官很難，歎息曰：「去河北賊易，去朝廷朋黨難。」[4] 因此，起用翰林李訓、鄭注等來共謀打擊宦官。李訓稍通《易經》，鄭注擅長醫

1　《資治通鑒》卷二三六順宗永貞元年五月。

2　《舊唐書》卷一三五《王叔文傳》。

3　《資治通鑒》卷二四四唐文宗大和四年。

4　《新唐書》卷一七四《李宗閔傳》。

術，二人以此入翰林。史載李訓有「欲先誅宦官，乃復河湟，攘夷狄，歸河朔諸鎮」的旨趣，文宗「甚奇之」。[1]不久，文宗即將謀誅宦官的心思密告二人。大和九年（835），鄭注由翰林待詔，李訓由翰林侍講升為翰林學士，李訓並兼宰相，「或在中書，或在翰林，天下事皆決於訓」[2]。大權在握之後，李訓、鄭注先把外朝宰相中的牛李二黨頭面人物統統趕出朝廷，以免他們礙事。然後，即向宦官開刀。《舊唐書》卷一六九《李訓傳》載：「王守澄自長慶已來知樞密，典禁軍，作威作福，訓既作相，以守澄為六軍十二衞觀軍容使，罷其禁旅之權，尋賜酒殺之。」李訓利用翰林掌握的詔敕來打擊宦官，和王叔文不同的是，他能充分利用宦官內部的矛盾，採取各個擊破的辦法，他總是先下詔將握有大權的宦官調離實權地位，再在調動中第二次下詔賜死，這樣，就使宦官無力抗拒，皇帝的詔敕發揮了威力。由於李訓幹得很幹練，以致當時宦官「自中尉、樞密、禁衞諸將，見訓皆震懾，迎拜叩首」[3]。

這一年九月，李訓和文宗謀劃了一個將宦官一舉殄滅的計劃。他們先讓臣下詭稱南衙金吾左仗內樹上降有「甘露」，文宗即以「親往以承天祉」為由，從被宦官嚴密控制的禁宮趨出，入居外朝含元殿坐朝。李訓在金吾左仗後伏下金吾兵，企圖在文宗命眾宦官頭目去驗證「甘露」時，以伏兵殺之。不料，風動廡幕，中尉仇士良見幕後伏兵，驚走回殿。瞬時，在南衙含元殿展開了一場爭奪皇帝的混戰。眾宦官急擁皇上「還內」，李訓急呼金吾兵上殿，並拉住乘輦大喊：「陛下不可去。」宦官頭目仇士良大吼：「李訓反！」文宗則呼：「訓不反！」士良對李訓動拳腳，李訓死死拉住乘輦不放。在揪打中輦至宣政門，李訓因遭宦人拳毆，「僵仆於地」，雖金吾兵四百由東西上殿，殺宦官數十人，但宦官最後死活還是將皇帝奪回了禁

1 《新唐書》卷一七九《李訓傳》。

2 《資治通鑑》卷二四五唐文宗大和九年。

3 《資治通鑑》卷二四五唐文宗大和九年。

宮。輦「入東上門，門即闔，內官呼萬歲者數四」[1]，於是，宦官重新掌握了皇帝，控制了宮禁。李訓等人束手無策，只好逃命。仇士良立即遣神策禁軍五百人，「露刃出門，遇人即殺」[2]。時宰相王涯等值中書（政事堂）不知情，以為「上將開延英」，羣臣也都無備，於是慘遭殺害，一時「流血成渠」。仇士良又遣軍「大索都城」[3]，李訓、鄭注及其同黨也都相繼被捕殺。被誤殺的大臣更不計其數，以致「公卿半空」[4]。這一流血事件，史稱「甘露之變」。

「二王八司馬」事件和「甘露之變」是唐後期反對宦官專權的兩起最重要的鬥爭。前人論述這兩起事件時，往往將其歸結為所謂「南衙北司之爭」。從我們前面的論述來看，這兩大事件的中堅人物都是翰林學士，翰林不居南衙，不是南衙官，而是和宦官一樣同居於北面宮城，因此，用「南衙北司之爭」來概括這兩大事件，不符合歷史實際。在皇帝深處宮禁，被宦官層層包圍，嚴密監視之下，南衙宰相百官因為不能出入宮禁，無法和皇帝取得聯繫參與密謀，所以，在這兩次謀誅宦官的宮廷政變中，也就不可能起大的作用。實際上，在這兩次鬥爭中，南衙宰相和省台官員大多沒有參預策劃，他們或袖手旁觀，或持反對態度，甚至有的和宦官互通聲氣。皇帝和翰林學士沒有得到廣大朝臣的支持，勢單力薄，也是這兩次鬥爭慘遭失敗的原因之一。雖然甘露之變的主謀李訓也掛宰相名，但實際密謀策劃皆在翰林，在鬥爭中雖然也有宰相參加，如韋執誼、舒元輿等，都屬次要人物，所以，把這兩大事件歸之為所謂「南衙北司之爭」不盡妥當，客觀上是抹殺了翰林學士的作用。

甘露之變後，宦官加強了對皇帝和內朝翰林學士的監視，自是「天下

1　《新唐書》卷一七九《李訓傳》。

2　《舊唐書》卷一六九《李訓傳》。

3　《新唐書》卷一七九《李訓傳》。

4　《新唐書》卷二〇七《宦者上・仇士良傳》。

事皆決於北司」，「宰相行文書而已」。[1] 但至武宗即位，局面又大為改觀，出現了外朝宰相李德裕掌權，抑制宦官專權，並進行朝政改革的狀況。以往論者皆以李「德裕亦不免由宦官以入相」[2]，只看到他與宦官有聯繫的一面，看不到他與宦官有鬥爭的另一面。其實，李德裕也與宦官集團作過堅決的鬥爭。李德裕入相後，大得唐武宗信任，在樞密使楊欽義的支持下，李德裕和武宗殺了惡貫滿盈的大宦官仇士良，而由楊欽義接任左軍中尉。[3] 李德裕並着手恢復宰相的權力，他初入相時，曾上書武宗曰：「常令政事皆出中書（政事堂），推心委任，堅定不移，則天下何由不理。」[4] 除掉仇士良後，又勸說左軍中尉楊欽義和樞密使劉行深，以後「非中書進詔意，更無他詔自中出者」[5]，並「奏請復中書舍人故事」[6]，使中書門下一度又成為決策中心。李德裕在大權在握的情況下推行了一系列政治改革，如毀佛、整飭軍防、清理戶口、澄清吏治等，使唐「王室幾中興」[7]。其政績在唐後期歷史上是絕無僅有的。清人王夫之評論說：「德裕之相也，首請政事皆出中書，仇士良挾定策之功，而不能不引身謝病以去。唐自肅宗以來，內豎之不得專政者，僅見於會昌。」[8] 給李德裕很高的評價。李德裕也曾試圖奪取宦官兵權，以根除宦官專政之禍，這段史事國內史書皆缺載，惟當時日本入唐留學僧圓仁有詳實可靠的記錄，其所著《入唐求法巡禮行記》卷四載：

1 《資治通鑑》卷二四五唐文宗大和九年。

2 《資治通鑑》卷二四六唐文宗開成五年胡註。

3 圓仁《入唐求法巡禮行記》卷四載仇士良於「會昌三年六月三日……辭官歸宅」，當天即「敕除新中尉」，「以楊欽義任左神策軍中尉」。至「二十三日仇軍容薨」，「二十五日敕斬仇軍官孔目官四人，盡煞破家」。可見仇士良是武宗君相聯合樞密使楊欽義而將其置於死地的。

4 《資治通鑑》卷二四六唐文宗開成四年。

5 《資治通鑑》卷一四八唐武宗會昌四年。

6 《唐會要》卷五五《中書舍人》條，會昌四年十一月。

7 《新唐書》卷一八〇《李德裕傳》。

8 《讀通鑑論》卷二六《唐武宗》。

> 今年（會昌五年）四月初，有敕索兩軍印，中尉不肯納印，有敕再三索。敕意索護軍印，付中書門下，令宰相管兩軍事，一切擬令（宰）相處分也。左軍中尉即許納印，而右軍中尉不肯納印。遂奏云：「迎印之日，出兵馬迎之，納印之日，亦須動兵馬納之。」中尉意，敕若許，即因此便動兵馬起異事也。便仰所司，略排比兵馬，人君怕，且縱不索。

李德裕謀奪宦官兵權的舉動使其革新政治的活動達於高潮，他雖能雷厲風行地推行一系列政治改革，但在收奪宦官兵權問題上，卻不能越雷池一步。左軍中尉楊欽義因與李德裕有舊，起先「即許納印」，也正因為如此，李德裕才敢「再三索」，但李德裕的這一行動觸犯了宦官集團的根本利益，待楊欽義醒悟後，態度也立即轉變，於是整個宦官集團都站到了李德裕的對立面。不久，武宗死，宦官把持宮禁，又發動政變。《資治通鑒》卷二四八唐武宗會昌六年載：

> 上自正月乙卯不視朝，宰相請見，不許，中外憂懼。……及上疾篤，旬日不能言，諸宦官密於禁中定策，辛酉，下詔稱皇子沖幼，須選賢德，光王怡可為皇太叔。

光王怡就是唐宣宗，先前武宗對他「尤為不禮」[1]，宦官認為他必定要反對武宗時的內外政策，因而擁立為帝。果然，宣宗即位後的第一件事就是貶逐李德裕，並「務反會昌之政」[2]，李德裕的改革遭到了最後失敗，中書門下的權力地位再次墮入深淵，宦官很快就恢復了其專制朝政的故態。

但是，宣宗在位也不滿於宦官集團的專橫跋扈，也曾密召翰林學士韋澳謀劃剪滅宦官。《唐語林》卷二《政事下》載：

1　《舊唐書》卷十八下《宣宗紀》。

2　《資治通鑒》卷二四八唐宣宗大中元年。

> 宣宗暇日，召翰林學士韋澳入，上曰：「要與卿款曲，少間出外，但言論詩。」上乃出詩一篇，有小黃門置茶訖，亟屏之。乃問：「朕於敕使如何？」澳既不為備，率意對曰：「謀之於外廷，即恐有大和事（指甘露之變），不若就其中揀拔有才者，委以計事。」上曰：「此乃末策，朕行之，初擢其小者，至黃、至綠、至緋皆感恩，若紫衣掛身，即合為一片矣。」澳慚汅而退。

由於宦官勢力已根深蒂固，翰林學士這時再也想不出什麼妙計來幫助皇帝了，韋澳既無計可施，宣宗更大失所望。

至宣宗死，宦官殺宣宗所屬意的繼承人夔王滋而立懿宗，自是皇帝之廢立，皇位之繼承，完全決於宦官，翰林學士再也不能參預其事，也無法抗爭，外朝宰相更不得過問，羣臣惟服從而已。《唐語林》卷七《補遺》篇載：

> 宣宗崩，內官定策立懿宗，入中書商議，命宰臣署狀，宰相將有不同者，夏侯孜曰：「三十年前，外大臣得與禁中事，三十年以來，大臣固不得知，但是李氏子孫，內大臣定，外大臣即北面事之，安有非之說？」

宦官廢立皇帝已成「故事」，成為無形中的制度，朝臣對此司空見慣，不以為怪。自後，皇帝完全成了宦官手中的傀儡，宦官專政逐漸達於高潮，直到最後被藩鎮朱全忠全部斬殺，其局面才能有所改觀，而大唐帝國的喪鐘卻也敲響了。

第八章

延英奏對制度和翰林草麻制度

新中樞取代三省職事後，其決策過程由於舊史官志缺載，很難了解清楚；其工作制度散見於史傳筆記者，也很少有人整理研究。本章試圖勾稽史籍，對具有重要政治意義的延英奏對制度和翰林草麻制度作一些初步的整理，以求對新中樞體制的決策機制和工作制度有一個更深入的了解，加深對整個新中樞體制的實質性認識。

第一節　延英奏對制度

和舊三省體制比較，新中樞的決策機制發生了很大變化。宰相政事堂議政既已失去決策意義，皇帝直接參與的朝議制逐漸顯得重要，新的決策形式也隨之產生。延英奏對即是逐漸發展起來的重要決策形式之一，並成為唐後期中樞的一項重要政治制度。

所謂延英奏對，即皇帝和宰相大臣於禁內延英殿議決軍國大事。《五代會要》卷六《開延英儀》條載：

> 內中有公事商量，即降宣頭付門開延英，門翻審申中書（政事堂），並榜正衙門（宣政門）；如中書（政事堂）有公事敷奏，即宰臣入榜子，奏請開延英。

據此，延英奏對有兩種形式：其一，皇帝有事，召宰相入延英；其二，宰相有事，具榜子奏請開延英。軍國要政，皆在延英殿裁定議決。一句話，延英奏對乃是國家最高御前決策會議。

上引材料說的是五代制度，雖說是直接繼承唐朝，但卻並非唐初即有。關於延英奏對創置的時間及創置的原因，史書沒有確切記載。據唐人李綽所著的《尚書故實》:

> 今延英殿，靈芝殿也，謂之小延英。苗韓公居相位，以足疾步驟微蹇，上每於此待之，宰相對於小延英，自此始也。

按，此事新、舊《唐書．苗晉卿傳》繫於「肅宗晏駕，代宗踐祚」之時，即寶應元年（762）四月。《舊唐書》卷一一三《苗晉卿傳》載：「時晉卿年已衰暮，又患兩足，上特許肩輿至中書（政事堂），入不趨，累日一視事。」不載對延英事。《新唐書》卷一四〇《苗晉卿傳》則載：「代宗立，復詔攝冢宰，固辭乃免。時年老蹇甚，乞間日入政事堂，帝優之，聽入不趨，為御小延英召對。宰相對小延英，自晉卿始。」顯係採納了《尚書故實》的說法。據此，則延英召對當起於代宗寶應元年。但《尚書故實》雖唐人所撰，而畢竟屬小說野史，其可靠程度如何，還值得進一步推敲。

從上引史料可知，延英召對與宰相入中書（政事堂）議政和入朝議制度有直接關係。代宗為方便年老步蹇的宰相苗晉卿，在政事堂議政和入朝議之外別開延英，說明延英召對具有決策意義。據史載，代宗朝另一位宰相楊綰因「素痼疾」，「旬日寖劇，有詔就中書療治，每對延英，許挾扶」。[1] 但是，這樣一項重要制度的創立，僅僅只是為給某個宰相行方便，卻是難以使人信服的。我們認為，其中必定還有更為深刻的原因。

檢索史籍，我們發現代宗以前已有不少有關延英殿議政的記載，如《南部新書》甲篇載：

1 《新唐書》卷一四二《楊綰傳》。

> 上元中，長安東內始置延英殿，每侍臣賜對，則左右悉去，故直言讜議，盡得上達。

又《資治通鑒》卷二二五唐代宗大曆九年胡三省註引盧文紀曰：

> 上元以來，置延英殿，或宰相欲有奏對，或天子欲有諮度，皆非時召見。

《唐會要》卷三〇《大明宮》條云：

> 上元二年七月，延英殿當御坐生玉芝，一莖三花，親製玉靈芝詩三章。

按，以上三條史料所記的「上元」年號唐代有兩個，其一為唐高宗之時，即公元674—676年；其二為唐肅宗之時，即公元760—761年。兩個「上元」之間相隔有八十多年，但都在寶應年之前。從上引三條史料來看，第二條和第三條明顯是指唐肅宗上元年間。據此，則延英殿議政較《尚書故實》的記載僅提前了一兩年。但第一條史料，即《南部新書》所載，我們認為其所述絕非是指肅宗上元年間，而是高宗上元年間，雖然往前一推就是八十多年，但聯繫到延英殿的始置年代，就不會感到難於理解。

據宋人程大昌的考證：

> 高宗初創蓬萊宮，諸門殿、亭皆已立名……初有大明，即有延英。[1]

就是說，初建大明宮，就有延英殿。延英殿的建置當是高宗朝武后掌

1　《雍錄》卷四《延英殿》條。

權之時，亦即武后移宮奪權，打擊宰相，破壞三省，將中書、門下兩省決策機構攆出宮禁的重要時刻。我們可以完全相信，延英殿的出現與移宮事件當有密切關係，是當時中樞政制發生重大變化的一個重要方面，具有一定的政治目的。延英殿議政亦應該是起始於此，《南部新書》所載的「上元中」，正是武則天把宰相攆出宮禁，在禁內重用北門學士之時。值得注意的是，據《南部新書》所載，武后在延英殿召對的並不是宰相，而是少數親信「侍臣」，召對時要「左右悉去」，很明顯，這和北門學士一樣，目的在於「分宰相權」，撇開政事堂宰相來議決朝政，破壞被關隴貴族把持的舊中樞。由此也可以看到，延英奏對一開始便是作為舊中樞體制的對立物而產生的。

隨着中樞體制的進一步演變，延英議政逐漸發展，玄宗時，已有召宰臣於延英殿議政之事。《新唐書》卷一三〇《楊瑒傳》載：

> 帝嘗召宰相大臣議天下戶版延英殿，瑒言利病尤詳，帝資賞。

這類記載在唐代前期雖不多見，但足以說明一種新的議政決策形式已經產生，這較之武后時召對「侍臣」，顯然是一個飛躍，與《尚書故實》所謂始於代宗苗晉卿的說法，在時間上也相去甚遠。

延英奏對玄宗時雖已出現，但在朝政決策中還未佔主導地位，其成為經常性制度，還是在安史亂後的肅、代之時。據《唐語林》卷三：

> 或謂（韓）皐曰：「自乾元已來，羣臣啟事，皆詣延英得盡，公何獨於外庭對眾官以陳之，無乃失之慎密乎？」

乾元（758—760）乃唐肅宗的年號，這正值唐軍收復兩京，政府回師長安之時。舊的決策機構在戰亂中遭到巨大破壞，延英奏對作為發展中的新中樞的決策形式而日益重要。上元二年（761）七月，延英殿當「御座」生出玉芝一莖。既謂「御座」，說明皇帝已常在此坐朝。可以完全相信，在中書門下政事堂已徹底失去決策意義的情況下，皇帝為了提高延英奏對的地位，使這種非正式的制度獲得羣臣的承認，故意炮製了這一事件，為延英殿塗上一層神祕的色彩。於是肅宗親筆賦詩慶賀，認為是吉祥。自後，延英奏對就史不絕書，如「代宗寶應元年（762）九月壬午，御延英殿會羣臣議政事，自辰至午乃罷，丙戌，自辰至巳」[1]。延英奏對已成為經常性制度，成為唐後期議政決策的最主要形式。

據以上論述，我們可以將延英奏對大致分為兩個發展時期，從高宗武后置延英殿到安史亂後肅代之際為第一期，是制度的發端和發展時期，其時延英奏對雖時或有之，但在當時朝政決策中未佔主導地位。肅代以後為第二期，此時制度已日趨成熟，宰相在延英殿議政已經常化，在朝政決策中已佔主導地位。據此可知，延英奏對和當時整個中樞體制的發展演變是一脈相承的，它在舊決策機構開始變動的深刻背景下產生，又直接地反映了決策機制的變化。實際上，延英奏對就是唐後期中樞體制的一個重要組成部分，是唐後期中樞決策體制的一項重要內容。關於延英殿在大明宮所處位置，日本學者平岡武夫繪製的大明宮圖將其列在禁外皇城。[2] 而從上引《唐語林》「皆詣延英得盡，公何獨於外庭」的記載來看，當是在宮禁之內。近年根據考古發掘成果繪製的唐大明宮圖所示，延英殿在大明宮宮城南靠近紫宸殿不遠的地方。[3] 又據《大唐六典》卷七《工部員外郎》條載：「宣政之左曰東上，右曰西上，次西曰延英門，其內之左曰延英殿。」和考古材料基本一致。（參見圖三）據此，延英門外直接與皇城中書省機構相通，翰林院距此也不遠。又《雍錄》卷三載：

> 本大明宮圖，翰林院往下延英殿門，再下中書省。

1　《玉海》卷一六〇《唐延英殿》條。《冊府元龜》卷五八《帝王・勤政》記為「會宰臣等議政事」。

2　平岡武夫《長安與洛陽》附圖二九《大明宮圖三》。

3　馬得志《唐代長安與洛陽》「唐大明宮圖」。

可見延英殿與外朝宰相接近，又與內朝翰林接近，玄宗以後逐漸成為決策中心乃有其一定的地利因素。

延英奏對，就其性質來講，乃是一種朝議制度，朝議加上一定的朝儀又稱朝會，即皇帝上朝視事，舉行朝儀朝典。唐代正式朝會有三種，分別在紫宸殿、宣政殿、含元殿（在太極宮則在兩儀殿、太極殿、承天門）進行，有極為煩瑣的禮儀。含元殿和宣政殿每年元正、冬至大朝會和每月朔望（初一和初十五）朝會是正常舉行的朝慶大典，禮儀隆重，但一般並不議政事，惟紫宸殿視朝多裁決軍國大政，朝議較為頻繁，稱日朝、常朝，紫宸殿稱便殿。《新五代史》卷五四《李琪傳》載：

> 宣政，前殿也，謂之衙，衙有仗；紫宸，便殿也，謂之。其不御前殿而御紫宸也，乃自正衙喚仗，由門而入，百官俟朝於衙者，因隨入見，故謂之「入門」。然衙，朝也，其禮尊；門，宴見也，其事殺。

可見便殿御朝禮儀較為簡單。所謂「入」，即由東西上門進入禁宮，至便殿參加朝議。司馬光《涑水記聞》載：「唐制：天子日視朝，則必立仗正衙，或乘輿止於紫宸，則呼仗（指儀仗）自東西門入，故唐世謂奇日視朝為入。」比較上引史料可知，皇帝日視朝先於正衙面見羣臣，舉行朝禮朝儀，然後移仗紫宸殿，「因隨入見」者只是少數大臣，得以入議政。按，「唐故事，天子日禦殿見羣臣，曰常參」。[1] 凡在京「五品以上職事官、八品以上供奉官」，皆為「常參官」，都可以隨仗入前殿晉見皇帝。[2]「每仗下，議政事」。[3] 宋敏求《春明退朝錄》卷中稱：「明皇意欲避正殿，遂御紫宸殿，喚仗入子，遂有入之名。」可見入朝議是唐代議政決策的重要形式之一。

---

1 《新五代史》卷五四《李琪傳》。

2 宋敏求《春明退朝錄》卷中。

3 《新唐書》卷四七《百官二・門下省》。

唐武德、貞觀時期，朝政決策的主要渠道是宰相政事堂會議，兩省給、舍在禁內封駁判案，執筆宰相可以隨時入見皇帝，取旨畫敕，決策機構與皇權緊密結合，能夠高度發揮其自身的職能。自武則天把決策機構攆出宮禁後，兩省的決策地位驟然下降，為了彌補在禁外決策的缺憾，皇帝便殿視朝和宰臣入朝參逐漸上升為議決朝政的主要形式。同時，開延英從武后時始也成為溝通禁宮內外的一條渠道。隨着中樞體制的繼續發展，入議政至唐後期又為延英奏對所取代。

延英奏對雖也是一種朝議形式，但起先並不是正式朝會，其各種禮儀較之皇帝便殿坐朝要簡單得多。入上朝既為正式常朝，不僅禮節煩瑣，而且制度嚴格，宰臣奏對只能畢恭畢敬，不敢亂說亂動。乾元元年（758）三月，唐肅宗下敕：「如有朝堂相弔慰及跪拜、待漏行立不序，談笑喧譁，入衙門執笏不端，行立遲慢，至班列不正，趨拜失儀，言語微喧，穿班仗出門不即就班，無故離位，廊下食行座失儀、語鬧，入朝及退朝不從正衙出入，非公事入中書，每犯奪一月俸。」[1] 德宗貞元七年（791）十一月還規定：「常參官入，不得奔走。」[2] 元和二年（807）十二月，憲宗又重申了肅宗的敕令，由於禮儀煩瑣，羣臣都感到拘束，難以暢所欲言，於是非正式的開延英朝議反倒更受歡迎了。《唐語林》卷三載肅宗便殿謂御史中丞韓皐曰：「我與卿言於此不盡，可來延英，訪及大政，多所匡益。」元和十四年（819）八月，宣宗也曾對宰臣說：「有事即詣延英請對，勿拘常制。」[3] 由於延英奏對較少受禮節束縛，因而出現了便殿坐朝畢又坐延英奏事的情況，《白孔六帖》卷三八《宮殿條》曰：

> 唐制，宰臣立侍紫宸殿奏事畢，坐延英奏事。

1　《唐會要》卷二四《朔望朝參》條。

2　《唐會要》卷二四《朔望朝參》條。

3　《唐會要》卷二五《雜錄》。

即先在便殿完成例行的朝禮，再往延英殿商討軍國大事。史書所謂「仗（即儀仗）下，帝御延英殿」[1]，指的就是這種情況。貞元十八年（802）七月，德宗下詔：

> 自今以後，不須於正衙奏事，如需陳奏者，並於延英進狀請對。[2]

元和元年（806）四月，武元衡上唐憲宗的奏文稱「比來正衙多不奏事」[3]。穆宗時，因「中奏久廢」，穆宗乃謂鄭覃曰：「中殊不款款，後有為我言者，當見卿延英。」[4]可見此時正衙坐朝和便殿坐朝皆已變成了純粹的禮儀，入已不議政，開延英成了朝廷議政決策的主要形式。由於延英殿在唐後期的政務活動具有重要地位，所以至文宗時，它和內朝正衙的紫宸殿一道合稱為「兩衙」[5]。

延英奏對的內容既是軍國大政的議政決策，召見者首先是宰相。按制度，宰相必須集體入對，《舊唐書》卷一三六《竇參傳》載：德宗時，「每宰相間日於延英召對，諸相皆出，參必居後久之，以度支為辭，實專大權」。竇參找藉口獨奏，是為了專權，這在制度上是不合法的。宰相奏對是集體決策，因此在皇帝面前可以就政事各抒己見，極言利弊，甚至有觸犯天顏者，但也有惟恐有咎不敢發言的宰相。《舊唐書》卷一三八《趙憬傳》載：「延英奏對，（陸）贄極言（裴）延齡奸邪誑誕之狀，不可任用。德宗不悅，形於顏色，憬默然無言，由是罷贄平章事，而憬當國矣。」又如

1 《新唐書》卷一四五《元載傳》。

2 《唐會要》卷二五《百官奏事》條。參見《唐大詔令集》卷一〇一《百官正衙奏事敕》。

3 《冊府元龜》卷一〇七《帝王部・朝會一》。

4 《新唐書》卷一六五《鄭覃傳》。

5 《唐會要》卷二五《雜錄》載開成四年（839）正月「中書門下奏」：「遇兩衙坐曰，宜會兩人循環於內，及延英祗侯者。」

貞元中崔損為宰相，「性齷齪謹慎，每延英論事，未嘗有言」[1]。而在多數情況下，延英奏對一般都很活躍。

國家每有大事，皇帝必召宰相入延英，問對謀劃，制定政策。據《舊唐書》卷一七〇《裴度傳》：「元和十三年（818）李師道翻覆違命，（唐憲宗）詔宣武、義成、武寧、橫海四節度之師與田弘正會軍討之。弘正奏請取黎陽渡河，會李光顏等軍齊進，帝召宰臣於延英議可否，皆曰：閫外之事，大將制之。」又《唐會要》卷二五《雜錄》載：元和十五年（820）「十月下元假，（穆宗）召宰臣對於延英，議邊事也。」《唐語林》卷七載：「大中（847－860）初，吐蕃擾邊，宣宗欲討伐，延英問宰臣。」等等。史書中這類例子，可謂不勝枚舉。

另一方面，宰相也可以請求開延英就商要事。會昌元年（841）三月，唐武宗遣中使往譚、桂二州誅楊嗣復、李玨。宰相李德裕、陳夷行等四人「邀樞密使至中書（政事堂），使入奏」，請求「開延英賜對」，經過「三上奏」，「至晡時，開延英，召德裕等入」，李德裕等人在延英殿「涕泣極言」，最後使武宗收回成命，追還了已派出誅殺楊嗣復、李玨的二中使。[2]宰相請求開延英，還可以通過入「牓子」的形式。所謂「榜子」，歐陽修《歸田錄》卷下釋曰：「唐人奏事非表狀者謂之榜子，亦謂之錄子。」既非正式表狀，可知並不是什麼太複雜的手續。為了方便中書宰相入奏延英，元和十五年二月，新即位的唐穆宗下「詔於西門西廊右畔（開）便門以通宰臣，自中赴延英路」[3]。由於延英奏對事關國家大計，文宗時，宰相楊嗣復建言：「臣請延英對宰相語關道德刑政者，委中書門下直日紀錄，月付史官。」[4]自後，「宰臣每於內及延英奏論政事，及退歸中書（政事堂），知印宰臣盡書其日德音及宰臣奏事，送付史館，名《時政記》，史官憑此編入

1　《舊唐書》卷一三六《崔損傳》。

2　《資治通鑒》卷二四六唐武宗會昌元年。

3　《冊府元龜》卷十四《帝王部・都邑二》。

4　《新唐書》卷一七四《楊嗣復傳》。

簡策」[1]，成為一項制度。

由於中奏議久已停廢，延英奏對在唐後期幾乎成了皇帝溝通外朝的唯一渠道。深處宮禁被宦官層層包圍的皇帝，每開延英，總是不知疲倦，話題很多。如《資治通鑑》卷二三八唐憲宗元和七年（812）載：

> 上嘗與宰相論治道於延英殿，日旰，暑甚，汗透御服，宰相恐上體倦，求退，上留之曰：「朕禁中所與處者獨宮人宦官耳，故樂與卿等共談為理之要，殊不知倦。」

又元和十四年（819）八月己未開延英，宰相「崔羣以殘暑方甚，目同列將退。上（憲宗）止之曰：『日一見卿等，時雖暑熱，朕不為勞。』久之方罷」[2]。議政之餘，皇帝有時還和宰相談論詩賦，如《新唐書》卷一六五《鄭覃傳》載：「帝（文宗）坐延英論詩工否。」因此，延英奏對往往延遲罷朝。如憲宗「延英議政，晝漏率下五六刻方退」[3]。文宗「洎自即位之後，每延英奏對宰臣，率漏下十一刻」[4]。皇帝坐着談笑風生，興致勃勃，宰相站久了有時卻不免疲憊緊張。《資治通鑑》卷二四九唐宣宗大中十二年（858）十月載：「上臨朝，接對羣臣如賓客，雖左右近司，未嘗見其有惰容。每宰相奏事，旁無一人立者，威嚴不可仰視。奏事畢，忽怡然曰：『可以閒語矣。』因問閭閻細事，或說宮中遊宴，無所不至。……令狐綯謂人曰：『吾十年秉政，最承恩遇，然每延英奏事，未嘗不汗沾衣也。』」

延英奏對，除召對宰相外，也召對文武大臣。如「貞元十四年（798）五月……上（德宗）特召度支郎中于頔於延英，兼御史中丞，賜金紫，令判度支。……秋七月，召右金吾將軍吳湊於延英，面授京兆尹，即令入府

1 杜牧《論閂延英奏對書時政記狀》，見《樊川文集》卷十五。

2 《舊唐書》卷十五《憲宗紀下》。

3 《舊唐書》卷十五《憲宗紀·史臣蔣係曰》。

4 《舊唐書》卷十七下《文宗紀下·贊》。

視事」[1]。百官有事，也可以往延英論奏。《玉泉子》載：「淮南節度使王播以錢十萬貫賂遺恩幸求鹽鐵使，諫議大夫獨孤朗、張仲方，起居郎孔敏行、柳公權，起居舍人宋申錫，補闕楊仁實、劉敦儒，拾遺李景讓、薛延老等十人前一日詣延英抗論。」一般情況是，先宰相奏對，羣臣百官列於延英門外待召，宰相退出後，各司長官接着奏事，稱為「次對官」，其制大約起始於德宗之時。《唐會要》卷二五《百官奏事》條載：

> 興元元年（784）九月，上（德宗）謂宰臣曰：「……自今每正衙及延英坐日，常令朝官三兩人面奏時政得失，庶有宏益。」

又據《舊唐書》卷十三《德宗紀下》：貞元七年（791）「冬十月癸丑，每御延英，令諸司官長二人奏本司事」，即所謂「次對」；「尋又敕常參官每一日二人引對，訪以政事，謂之巡對」。由於百司常參官多，奏對必須限制名額。「次對」是百司官輪流入殿奏本司事，「巡對」則是皇帝召常參官入殿訪問政事，都是皇帝溝通外朝的辦法。但這些制度經常停廢，憲宗元和元年（806）四月，御史中丞武元衡上奏，重申制度，請求「自今以後，兼以中書、門下省、御史台、拾遺、監察御史及尚書省六品、諸司四品已上職事官，東宮師傅賓客詹事及王府諸傅等，每坐日兩人待制，正衙退後，令於延英侯對，以為例程」[2]，得到批准，遂成為定制。羣臣奏事畢，「便於兩廊賜食，待進止，至酉時後放」[3]。飽餐一頓後，方放朝回本司。

延英奏對既然在唐後期國家政治生活中具有如此重要的地位，權勢薰天的宦官集團當然不肯放過這樣的場合。按制度，宦官宰相樞密使既掌出納帝命，和外朝宰相有着工作上的聯繫，其出席延英殿議政也是理所當然。《新唐書》卷二〇八《宦者下・劉季述傳》載：

1　《舊唐書》卷十三《德宗紀下》。

2　武元衡《請待制官於延英侯對疏》，見《全唐文》卷五三一。

3　崔祐甫《請召對待制官奏》，見《全唐文》卷四〇八。

> 初，延英宰相奏事，帝平可否，樞密使立侍，得與聞。及出，或矯上旨謂未然，數改易橈權。

樞密使不僅有權參與延英殿議政，而且經常矯旨「橈權」，是延英奏對中值得注意的問題。樞密使何時開始出席延英殿議事，史無明文，但估計不會太晚。《舊唐書》卷一七二《李石傳》載：甘露之變後，「宦官氣盛，凌礫南司，延英議事，中貴語必引（李）訓以折文臣」。可見文宗時樞密使不僅參加延英議事，而且指手畫腳，態度狂暴，凌駕於宰相之上。與此同時，宦官另一頭目神策軍中尉也常闖入延英殿，「參預政事」，把持朝儀決策。[1] 宣帝時，曾下旨要求開延英時「兩中尉先降，樞密使候旨殿西」，待宰相奏事畢，再案前受事，然後傳宣。[2] 但宦官未加理會。天復元年（901）正月丙午，昭宗誅宦官劉季述後，曾重申「大中故事」，然而亦未出幾個月就被宦官推翻。據《資治通鑒》卷二六二昭宗天復元年十月載：

> （左軍中尉）韓全誨等令上入召百官，追寢正月丙午敕書，悉如咸通以來近例。是日，開延英，全誨等即侍側，同議政事。

宦官頭目頑固堅持參與延英奏對，就像把持神策兵權一樣，絲毫也不肯放鬆，這又從另一個側面證明了這一制度在唐後期決策體制中的重要地位和作用，樞密使對延英，和中尉掌禁兵一樣，都是宦官專權的重要手段。

值得注意的是，遍翻唐代史籍，卻從未見到中樞「新三頭」之一的翰林學士參預延英奏對的記載。據《唐會要》卷二五《文武百官朝謁班序》條：

1 《新唐書》卷一三一《李石傳》，「甘露之變」後，以李訓事於延英殿訓折宰相的宦官為神策中尉仇士良。

2 《新唐書》卷二〇八《宦者下．劉季述傳》。

> 文官充翰林學士……準舊例，並不常朝參。

按制度，除元正大朝會外，入朝議和延英殿議政都不讓翰林學士參加。這是不是説明翰林學士就沒有決策權呢？不是的！翰林學士因其獨特的身份，參預決策有其獨特的形式，有所謂「浴堂召對」。程大昌《雍錄》卷四《浴堂殿》條稱：

> 唐學士多對浴堂殿。李絳之極論中官，柳公權之濡紙繼燭，皆其地也。

浴堂殿的具體位置，《唐六典》沒有記載。據《長安志》卷六：「宣化門武德西門浴堂門內有浴堂殿，又有浴堂院。」程大昌認為當在大明宮宮城深處。其地召對學士，大約起始於德宗之時，李肇《翰林志》載：「（德宗）乘輿每幸學士院……又嘗召對於浴堂。」既在禁宮深處，每次召對僅請少許學士參加，所以浴堂召對比延英召對更加機密，論事更加從容。如鄭注入翰林，「初浴堂召對，上（文宗）訪以富人之術」[1]。柳公權文宗時「充翰林學士，每浴堂召對，繼燭見跋，語猶未盡，不欲取燭，宮人以蠟淚揉紙繼之」[2]。可見不僅禮節絕少，召對時間也較隨便，甚至夜間召對，是謀劃決策的另一種形式。翰林學士雖不參加延英奏對，但在內廷謀議説話往往更有分量。《南部新書》甲篇載：

> 太和中，上（文宗）自延英退，獨召（翰林學士）柳公權對。上不悦，曰：「今日一場大奇也，（宰相楊）嗣復、李玨道張諷是奇才，請與近密官；鄭覃、（陳）夷行即云是奸邪，須斥之於嶺外，教我如何即是？」公權奏曰：「允執厥中。」上曰：「如何是允執厥中？」又

1　《舊唐書》卷一六九《鄭注傳》。

2　《舊唐書》卷一六五《柳公權傳》。

奏：「嗣復、李玨既言是奇才，即不合斥於嶺外。鄭覃、夷行既云是奸邪，亦不合致於近密。若且與荊襄間一郡守，此近於允執厥中。」旬日又召對，上曰：「允執厥中，向道也是。」張（諷）遂為郡守。

這個故事說的正是延英宰相奏對後再於浴堂召對翰林學士的情況，當牛李兩黨在延英殿爭執不下之時，皇帝轉而往浴堂召對學士，最後是翰林學士為皇帝出謀裁定。可見，翰林「內相」的決策地位不容忽視。

但是，按正常程序，軍國大政一般都是在延英殿議決，然後由樞密使傳旨翰林院，翰林學士據旨草麻，再由樞密使於門宣麻，中書門下（政事堂）督百官執行。其整個施政過程仍然是分為三道程序，由「新三頭」分別主持推行。我們既不能以翰林學士不入延英就誤以為翰林學士不參預決策，也不能以延英殿沒有翰林學士就懷疑延英奏對的決策地位。延英殿地處宮禁，其與外朝中書門下政事堂有着本質上的不同，延英奏對可以說取代了唐初政事堂議政和入朝議的決策地位。但唐前後期決策程序畢竟已發生了很大變化，延英奏對和浴堂召對等決策形式，既是隨着整個唐代中樞體制和決策機制的發展演變而產生，同時也和唐後期中樞「新三頭」的權力結構相適應，具有不穩定的特點。因此，我們就不能再以老眼光來看待新的決策體制了。

關於延英奏對的時間，也有一些規定。唐初以來，皇帝上朝視事的時間就有很大變動。武德、貞觀年間，皇帝基本上是每日視朝，貞觀十三年（639），宰相房玄齡曾奏請「三日一臨朝」。至高宗即位，又恢復「每日常坐」。「顯慶二年（657）二月，太尉長孫無忌等奏以天下無虞，請隔日視事，許之」，自是便為故事，「制令每隔日不坐」。[1] 到唐後期，入朝議和延英奏對皆以只日，如：

《舊唐書》卷一五五《李遜傳》載：「舊制，只日視事對羣臣。」《全唐文》卷七一三李渤《詢只日視事奏》載：「今羣臣敷奏，

1 《唐會要》卷二四《受朝賀》條。

乃候只日。」

《舊唐書》卷十七下《文宗紀·贊》載：「故事，天子只日視事，帝謂宰輔曰：『朕欲與卿等每日相見，其輟朝、放朝，用雙日可也』。」

但是，若遇節假、忌日、喪禮，又往往輟朝不坐[1]，天氣不好，也會影響上朝。「若雨雪沾服失容及泥潦，並停」[2]。大曆十二年（777）八月久雨，「常參百寮不許御史點班」[3]。又《舊唐書》卷十五《憲宗紀》載：元和八年（813）「六月辛巳朔，時積雨，延英不開十五日。是日，上謂宰臣曰：『今後每三日，雨亦對來』」。可見，只日視朝並不能保證。而皇帝遊嬉荒政，就更不能按時上朝了。《舊唐書》卷一七〇《裴度傳》載裴度上奏諫敬宗曰：「比者陛下每月約六七度坐朝，天下人心，無不知陛下躬親庶政……自兩月以來，入開延英稽稀，或恐大段公事須稟睿謀者，有所壅滯……」敬宗每月六七度坐朝，則每隔五六天才坐朝一次，這樣就稱得上是「躬親庶政」了，其後「稍稀」，則可想而知。至天復二年（902）十一月，昭宗下詔：

> 宜每月只計一、五、九日開延英，計九度，其入日仍於延英一度內指揮，如或有大段公事，中書門下具榜子奏請開延英，不係數日事。[4]

可見坐朝日又減少了，只日逢三、逢七亦不坐。但有大段公事，則可不拘時日，此制很早就已實行，若遇特殊大事，皇帝有時也破例開延英。如貞元十三年（797）冬，坐鎮江淮轉運咽喉之地的朝廷重臣徐泗濠節度

1　崔龜從《請定輟朝例奏》，載《全唐文》卷七二八。

2　宋敏求《春明退朝錄》卷中。

3　《冊府元龜》卷一〇七《帝王部·朝會》。

4　《冊府元龜》卷一〇八《帝王部·朝會二》。

使、檢校右僕射張建封「入覲京師，德宗禮遇加等，特以雙日開延英召對」[1]。元和五年（810）十二月十二日，義武軍節度使、檢校太尉兼中書令張茂昭抵京師，按「雙日不坐」的慣例，憲宗本不必當天就接見他，但張茂昭是藩鎮使相，不僅將自己割據的易、定二州歸還朝廷，還「表請舉族還朝」，憲宗遂破例於「是日特開延英殿對茂昭，五刻乃罷」[2]以上是兩個召對使相的特例。破例召對在朝宰相也是有的，如元和十四年（819）八月，憲宗曾謂宰臣曰：「若遇休假，頻不坐朝，有事詣延英請對，勿拘常制」[3]可見，延英坐朝制度比較靈活，皇帝可以從便掌握，不像入、朔望、大朝會那樣規定得很死，這也可以說是延英奏對制度的優越性。但總的來說，唐後期皇帝坐延英的時日在逐漸減少。由於皇帝不能經常溝通外朝宰相大臣，宦官乘皇帝不朝之機假傳聖旨，恣行所肆，對唐後期政治產生了極壞影響。

第二節　翰林草麻制度

草詔，是翰林學士的基本職責，又是決策程序中不可缺少的重要環節。隨着翰林草詔權的發展定型，翰林圍繞着草詔這一中心工作，逐漸形成了一套嚴密的工作制度。

秦漢詔制書於簡冊、絲綸之上，隋唐詔令則用紙書寫。據程大昌考證：「東晉時已用黃紙寫詔」，「南北朝時紙已分黃、白兩色」[4]至唐，草詔用紙有白麻紙、黃麻紙、青藤紙、五色棱紙等，而以「麻為上，藤次之」[5]，

1　《舊唐書》卷一四〇《張建封傳》。

2　《舊唐書》一四一《張孝忠附張茂昭傳》。

3　《唐會要》卷二五《雜錄》。

4　程大昌《演繁露》卷四《詔黃條》。

5　葉夢得《石林燕語》卷三。

主要用黃、白麻紙。因此，唐人稱草詔為草麻。據《雲仙雜記》卷九《黃紙寫敕》條：

> 貞觀中，太宗詔用麻紙寫敕詔，高宗以白紙多蟲蛀，尚書省頒下州縣並用黃紙。

頒下州縣的詔令因需長時間傳遞，要求紙質好，白麻紙招蟲，不能耐久，故用黃麻；重大詔命或當朝宣命，無須久存，故用白麻。黃輕白重，遂為故事。隨着翰林草詔權的擴大，大約到德宗之時，中書只有黃麻可用，白麻已皆在翰林院[1]，這最明顯地反映了決策事權的轉移。

憲宗時，翰林草麻作為新中樞決策程序中的重要一環，和舊中書詔令製作的手續已是大不一樣了。據李肇《翰林志》載：

> 近朝大事直出中禁，不由兩省，不用六寶，從權也。元和初置書詔印，學士院主之，凡赦書、德音、立后、建儲、大誅討、免三公宰相、命將曰「制」，並用白麻紙，不用印。……凡賜與、徵召、宣索、處分曰「詔」，用白藤紙。凡慰軍旅用黃麻紙，並印。凡批答、表疏不用印。凡太清宮道觀薦告詞文用青藤紙，朱字謂之青詞。凡諸陵薦告上表、內道觀歎道文，並用白麻紙、雜詞、祭文、禁軍號，並進本。

舊中書那一套用紙、用印的手續已被攪亂。這時翰林所草已不光是白麻內命，亦用黃麻紙、青藤紙書寫「慰勞軍旅之書、祠餉道釋之文、陵寢薦獻之表、答奏疏軍號」[2]等，既有機要文書，也有非機要文書。所草詔書不用皇帝「八寶」，或加蓋本院印，或不用印，機要大事務求其速，白麻

1　韋執誼《翰林院故事》。

2　《冊府元龜》卷五五〇《詞臣部・總序》。

內命一經樞密使往門外「宣麻」，即具有法律效力。這樣，詔敕無須反覆運轉，門下省的封駁權已盪然無存。雖然唐後期還經常有給事中封還詔書的記載，但這和唐前期給事中以塗歸干政，參預中樞謀議已迴然不同。程大昌云：「塗歸之制，唐雖有之，中葉已廢，故李藩塗敕而吏驚。」[1] 處於外廷的給事中既不參預延英奏對，又不參加詔令的製作，其封駁只是不執行詔書而已，性質與尚書郎封還詔書差不多。總的來看，翰林草麻不限範圍，手續簡單，無須封駁，運轉速度加快，效率較前大大提高了。

草詔是一項極為嚴肅的工作，詔敕代表皇帝的意志，「天子無戲言，言之苟失，則取尤天下」[2]。因此，在長久的歷史發展中，詔敕形成了一套極為嚴格的書寫規範，對草詔者提出了很高的要求。一般要用規整的四六駢體文，文句要求典雅、華麗、精練而鏗鏘有韻，以便於宣麻時吐詞清楚，具有感召力。行文還要注意到避諱，「不得有行坐人字及諸兇惡文字及廟諱、官諱」[3]。又規定「宰相復名者皆不出姓，惟單名則出姓」[4]。文案程式，細則很多，這就要求起草者具有相當高的文化素養。唐代宦官雖和皇帝最為親近，但文化水平低，無法勝任草麻工作，甚至後來宦官廢立皇帝，也需脅持翰林學士草遺詔，這也是唐後期宦官勢力雖然極度膨脹，但宮禁中又少不了翰林學士的一個原因。所以，翰林學士非文章之士不能入充。洪遵《翰苑遺事》曰：「朝廷之官雖宰相之重，皆可雜以他才處之，惟翰林學士非文章不可。」因此，翰林學士的選拔只取文才，不限資格。當時有不少詩人、文士就是因有文名而被召入翰林的。如：

(白居易)文詞富豔，尤精於詩，作樂府百篇，規諷時事，流聞

1　程大昌《考古編》卷八。

2　《太平廣記》卷一八七引《盧氏雜説》。

3　楊鉅《翰林學士院舊規》。

4　《石林燕語》卷六。

禁中，上（憲宗）悅之，命為翰林學士。[1]

令狐楚為職方員外知制誥，善於箋表、制誥，每為一詞，才成，眾立傳寫。憲宗聞其名，召見，擢為翰林學士。[2]

李紳能歌詩，諷誦多在人口，穆宗召為學士。[3]

凡入翰林為學士者，必須經過嚴格的考試，由「中書門下召令，右銀台門候旨，其日入院試制、書、答共三首，詩一首，自張仲素後加賦一首」[4]，號為「五題」。考詩、賦，當然是考文學才能，其目的顯然是在於檢驗能否勝任草麻工作。大詩人白居易入翰林就經過了「五題」考試。《白居易集》卷四七《奉敕試制詔批答詩五首》序：

元和二年（807）十一月四日，自集賢院召赴銀台候進旨。五日，召入翰林。奉敕試制、詔等五首。翰林院使梁守謙奉宣，宣授翰林學士。

因白居易所試制文寫得合乎規範，被採為正式詔命，第二天即「以所試制加段佑兵部尚書領涇州」。[5]不試而入翰林者惟有中書舍人和知制誥，但這是因為他們以前已經考過試，或已有過草麻經驗，故免去了這道手續。[6]新學士經考試入院後，還有一年的試用期，「入院一歲，則遷知制誥，未知制誥者不作文書」[7]。在這一年的試用期間，「新入學士，須見舊學士草

1　《冊府元龜》卷五五〇《詞臣部・選任》。

2　《冊府元龜》卷五五一《詞臣部・詞學》。

3　彭大翼《山堂肆考》卷八《商集》。

4　李肇《翰林志》。

5　李商隱《刑部尚書致仕贈尚書僕射太原白公墓碑銘並序》，載《全唐文》卷七八〇。

6　洪遵《翰苑遺事》。

7　《新唐書》卷四六《百官一》。

麻，方當合制，已後即據草麻」[1]，經過一段時間的訓練，被認為合格才能草麻。白居易因文章寫得好，他在翰林院中所草「書詔、批答詞等」被編為程式，作為範本，供新學士借鑒。致「禁中號曰『白樸』，每有新入學士，求訪寶重，過於《六典》」[2]。可見，進入翰林參與草麻不是一件容易的事。因此，書詔學士在當時具有很高的榮譽，為一般文士所豔羨。翰林院的工作環境也很有特點。從外表上看，夾在重牆中的翰林院似乎險峻森嚴，但進入其內部，卻是另一番天地，院內樹木花卉繁盛，「虛廊曲壁多畫怪石松鶴」[3]。李德裕有詩描繪曰：「畫壁看飛鶴，仙圖見巨鼇；倚檐陰藥樹，落格蔓蒲桃。」[4]整個大院的佈置優雅別致，猶如一處園林。入院工作的學士非但沒有陰森恐懼感，反而覺得是「淩玉清，溯紫霄」[5]，入仙境。為了讓學士在緊張的工作之餘或入值待詔之暇能很好地休憩，長慶四年（824），穆宗在院南修建了一個小亭樓，「以俟宴語」，這裏更是「花卉駢植，松竹交蔭」[6]。因此，翰林院贏得了「玉署」[7]的雅稱。

據文獻和考古資料，翰林院內部分南北兩部，其南部有東西向房屋二廳，乃開元二十六年（738）所建學士院；其北部有一和宮牆緊靠平行的房屋，乃舊學士院。[8]學士院二廳，南廳五間，北廳五間，共十間，中隔花磚道。北廳東第一間為承旨的工作室，稱「承旨子」，內牆壁上有歷代學士題名。其餘四間，則為諸學士的工作室和待詔室，正廳一間又稱「玉堂」。南廳五間又分成前架、中架等若干小屋，「東西間前架高品使居之」，「中

1 楊鉅《翰林學士院舊規》。

2 《元氏長慶集》卷二二《酬樂天餘思不盡加為六韻之作》中「白樸流傳用轉新」句原註。

3 李肇《翰林志》。

4 《李文饒集．別集》卷三「述夢詩四十韻」。

5 李肇《翰林志》。

6 韋表微《翰林學士新樓記》。載《全唐文》卷七二四。

7 李肇《翰林志》。

8 參見程大昌《雍錄》卷四《大明宮右銀台門翰林院圖》。馬得志《唐大明宮發掘簡報》。載《考古》一九五九年第六期。

架為藏書南庫」，「西三間前架二洞各設榻受制旨、印書詔」，又有會食廳，皆由宦官掌管。北院的二幢房屋也分成十數間，有翰林待詔、侍讀、侍書、侍講等諸伎術雜流的待召室和小使居室，另有藏書北庫，「貯遠歲詔草及制舉詞策」的檔案室，以及倉庫、馬厩等。自從開元二十六年建置學士院後，北部舊翰林院諸伎術雜流並沒有被驅逐，南北二院一直沒有分家。但草麻是翰林院的中心工作，其他諸項都處於從屬地位。圍繞着草麻工作，翰林院內部各項設施可謂非常齊備，如南北二藏書庫所藏書「各有錄約八千卷」，有小使專門管理，以備學士草麻時尋章摘句，檢索典故。甚至會食廳四壁亦列有「制敕條例、名數」[1]，書詔學士就餐時，抬頭即見，以便時時銘記，引以為戒。可見，書詔學士有一個條件極為優越的工作環境。

李肇《翰林志》曰：「翰林為樞機宥密之地，有所慎者事之微也。」草麻是高度機密的工作，其規章制度極為嚴格。翰林學士和中書舍人一樣，要遵守所謂「四禁」紀律：「一曰漏泄，二曰稽緩，三曰遺失，四曰妄誤。」[2]四者之禁，以漏泄為急，有違犯者，必予嚴懲。玄宗的駙馬張垍雖「因緣國親，特承寵遇」，由於泄漏制書內容，依然遭到貶官處分，連其兄弟也遭牽連貶至遠外。元和二年（807）正月己酉，學士李吉甫和裴垍同時入值翰林，憲宗命裴垍草李吉甫拜相制，命李吉甫草武元衡拜相制，起草時，「垂簾揮翰，兩不相知。至暮，吉甫有歎惋之聲，垍終不言書麻」之事，最後，同署「麻尾」時，李吉甫才知道自己也當上了宰相。[3]可見，就是在翰林同僚之間，也不得言所草書詔內容。為了避免詔書被篡改，天復三年（903）七月二十一日昭宗下令：「自今後，寫敕書後面，不得留空紙。」[4]又

1　李肇《翰林志》。

2　《唐六典》卷九《中書舍人》條。

3　李肇《翰林志》。

4　楊鉅《翰林院舊規》。

規定，「每進書詔書，別錄小字本留內，永為定式」[1]，建立存檔制度，以備查考。草詔凡有稽緩、遺失、忘誤者，亦要受處分，洪遵《翰苑遺事》載：「學士作文書有所改為不稱職，當罷。」憲宗時，翰林學士韋弘景草授蘇光榮任涇原節度使詔，因「漏敍功勛」，即被削職[2]。又「薛廷老在翰林以終日酣醉，不事檢密」被罷職；而李讓夷因曾推薦廷老，亦坐累而「罷守本官」。[3]

關於翰林學士的工作制度，史籍記載極為零散，不易了解詳細，但結合宋代的制度，可以測知個大概。宋人洪遵撰《翰苑遺事》載：

> 國朝（宋）因仍舊制（唐制），翰林學士分日遞直，夜入宿以備著撰，日再而更。

為了隨時待詔草麻，翰林學士分成數番，入學士院值班，叫做「當直」，上班叫「入直」，下班稱「下直」，夜入值則稱「宿直」，或「直宿」。其值班時間有嚴格的規定。《翰林志》載：

> 北廳前階有花磚道，冬中日及五磚為入值之候。李程性懶，好晚入，恆過八磚，及至眾呼為「八磚學士」。

值班要遵守時間，休假亦有規定，「有吉凶疾病諸假，應有代直者」[4]。「遇有節假，學士休假，則應有一人入直」[5]。翰林院必須時時有人坐班，日夜不能中斷，每班至少有當值學士一人，以便皇帝隨叫隨到，以保證草麻

1 《唐會要》卷五七《翰林院》。

2 《舊唐書》卷十五《憲宗》下。

3 《舊唐書》卷十七《敬宗紀》。

4 蘇耆《次續翰林志》。

5 《唐會要》卷五七《翰林院》。

不至稽緩誤事。

為了保密起見，翰林學士草麻一般是晚上進行，所以經常入值一整天甚至兩三天，「日宴禁中」，吃飯、住宿均在院內，不得擅自出院。翰林院內有「主膳」四人，專供學士的「膳飲之物」。[1] 這一制度由來已久，太宗時，「十八學士」就是「分為三番，更直宿合下，每日引見」，弘文館學士也「令更宿直」，省台衙署亦有直宿制度。[2] 如韋應物《和張舍人夜直中書寄吏部劉員外》詩有「西垣草詔罷，南宮憶上才。月臨蘭殿出，涼自鳳池來」[3] 句。這種值夜制度稱為「儤直」，或「儤宿」，又稱「豹直」「伏豹」。《封氏聞見記》引杜易簡釋云：

> 宿直者，離家獨宿，人情所責（《南部新書》作「違」）。⋯⋯伏豹者，言眾官皆出，己獨留，如藏伏之豹，伺候待搏。⋯⋯豹直者，蓋取不出之義⋯⋯（如）赤豹深藏不出。[4]

據此，「儤直」「豹直」即連日值班不歸家，主要是值夜班，所以又稱「儤宿」，取不出之義，如藏伏之約，伺候待詔。按制度規定，儤直次數以初入署和品級較低的學士為多。據李肇《翰林志》：

> 凡當直之次，自給、舍、丞、郎入（翰林）者三直無儤，自起居、御史、郎官入五直一儤（按，即值班五次有一次連續夜值）。其餘雜入者十直三儤⋯⋯著為別條例題於北壁之西。

1　李肇《翰林志》。

2　《唐會要》卷六四《文學館》。

3　《全唐詩》卷一八八。

4　《唐語林》卷八同，所述乃御史台舊例。關於「儤直」「豹直」的解釋，古人歧義較多，參見《靖康緗素雜記》以及《康熙字典》，《中文大字典》等「儀值」條釋文。

僕直條例題於牆壁，執行起來當相當嚴格。白居易有詩述僕直時的情景，曰：「夜深草詔罷，霜月凄凜凜；欲卧暖殘杯，燈前相對飲。」[1] 可見僕直對於學士來説，是相當辛苦的工作。為使學士晚上工作時不致睏倦，皇帝「日賜成象殿茶」[2]，乃為一種特殊的恩典。

翰林學士的僕直，按制度皆「雙日夜直，只日下直」[3]，「雙日起草」[4]，「只日降麻」[5]。這一制度與皇帝只日上朝視事[6]，入閤延英在時間上正好錯開，制度上卻是密切配合的。這也是由唐後期新中樞的決策程序所決定，由於「雙日不坐」，學士夜直時所草麻制必須於「只日百寮立班宣政殿」時，由「樞密使引案自東上門出」宣麻[7]，所以麻制必須於逢雙之日晚上完成，才能與整個程序銜接。而一般只日延英議政裁決的政令也於雙日送於翰林院起草，所以翰林學士需要「雙日夜直」，「雙日起草」，以便與延英奏對配合，推動整個決策機制的正常運轉。基於此制，除授白麻若商量於宰相，必須「前一日（即雙日）進文書，付翰林草麻制」，第二天「遲明降麻，於門出案」。[8] 否則就違反了程序，違反了制度。當然，特殊情況不在此例，宣麻「機務要速亦用雙日，甚者雖休假追朝而出之」[9]。有一些重大機密，如拜宰相等，為了嚴格保密，謹防漏泄，又有「鎖院」制度，即「雙日鎖院，只日降麻」[10]。所謂「鎖院」，又稱「鎖宿」，即夜值草麻時把當值學士鎖在工作室裏，不准出門，與科舉考官出題時也要「鎖院」的制度一樣。趙升《朝

1 《白居易集》卷五《冬夜與錢員外同直禁中》。

2 韓偓《金鑾密記》。

3 蘇易簡《續翰林志》上篇。

4 李肇《翰林志》。

5 洪遵《翰苑遺事》。

6 《舊唐書》卷一五五《李遜傳》載：「舊制，只日視事對羣臣。」

7 李肇《翰林志》。

8 《資治通鑒》卷二五三唐僖宗廣明元年胡註。

9 李肇《翰林志》。

10 洪遵《翰苑遺事》。

野類要》卷一《鎖院》條載：

> 凡言鎖院者，機密之謂也，故試士、撰麻皆如此。試士則所差官預先入院議題，有司排辯。撰麻則全番或半番，快行節次往學士宅第傳宣……若別有直宿學士，或直院則出避之，當夜依宣撰述……

又《宋史》卷一六二《職官二·翰林學士院》條亦載有「鎖院」制度：

> 凡拜宰相及事重者，晚漏上天子御內東門小殿，宣召面諭，給筆、札書所得旨，稟奏歸院，禁止出入。夜漏盡，具詞進入，連明，白麻出，門使引授中書，中書授舍人宣讀，其餘除授並御札，但用御寶封，遣內侍送學士院鎖門而已。

這裏所述乃宋朝故事，唐朝翰林院「鎖院」制度，史籍記載不詳，元稹詩《奉和浙西大夫李德裕述夢四十韻》有一段描述：

> 麥紙侵紅點，蘭燈焰碧高；
> 代予言不易，承聖旨偏勞。
> 繞月同栖鵲，驚風比夜獒；
> 吏傳開鎖契，神撼引鈴絛。[1]

這使我們窺得了唐學士夜值草麻時鎖院的蛛絲馬跡。大概宋朝鎖院制度在繼承了唐朝制度的基礎上又有了發展。據宋制，「事重者」要上「天子御內東小殿，宣召面諭」。其「東小殿」，大概相當於唐朝的東翰林院，則可推知唐朝有些重要詔命乃在東翰林起草。如《資治通鑒》卷二三六順宗

1　《李文饒集·別集三·附錄》。

永貞元年載：「德宗崩，倉猝召翰林學士鄭、衛次公等至金鑾殿草遺詔。」我們知道，金鑾殿附近即東翰林院，學士被召到東翰林院起草密詔，其鎖院製作更加嚴密則是可想而知的。詔書草好後，即交院使傳出，但門鎖仍不能開啟，「俟宣制訖，方啟戶焉」[1]，草詔學士才能下值回家。

在翰林草麻工作程序中，宦官院使、院吏的作用不可忽視，學士院南北二廳，學士居北，宦者居南，工作時二者要密切配合，二廳之間繫有響鈴以示傳呼。院內外聯絡亦引鈴聲。韓偓詩《雨後月中玉堂閒坐》有一段註文曰：

> 禁署嚴密，非本院人，雖有公事，不敢遽入。至於內夫人宣事，亦先引鈴。每有文書，即內臣立於門外，鈴聲動，本院小判官出受，受訖，授院使，院使授學士。[2]

不僅對外傳達總於宦官，翰林「書詔印」亦歸院使掌握，院使所居的南廳有屋一「架」，專門用於存放「印櫃」[3]，學士所草麻制不經宦官蓋印或宣命就不能發揮法律效力，這樣，翰林草麻也就逐漸為宦官所控制，成為唐後期宦官專制朝政的又一個重要方面。

學士在翰林院工作處於宦官的嚴密監視之下，學士草麻時「鎖院」的執行者即是宦官。韓偓詩《賜宴日作一首》[4] 原註記有學士至晚由院使二人「押」送入值的情況。至唐末，皇帝召學士謀議亦受到宦官的監視，《資治通鑒》卷二六三昭宗天復二年十一月載：「甲辰，上使趙國夫人詗學士院二使皆不在，亟召（翰林學士）韓偓、姚洎，竊見之於土門外，執手相泣。洎請上速還，恐為他人所見，上遽去。」胡三省於「學士院二使」下加註曰：

1 洪遵《翰苑遺事》。

2 《全唐詩》卷六八〇。

3 李肇《翰林志》。

4 《全唐詩》卷六八〇。

「（神策軍中尉）韓全誨等置之以防上密召對學士。」可見，宦官已完全把持了翰林樞要，佔據了中樞要津。但直至唐末，翰林學士作為皇帝的心腹近臣，始終站在維護皇權的立場，他們一直堅持自己的工作崗位，堅守自己的草麻職責。如唐昭宗時，有韋貽範罷相後求宦官和藩帥李茂貞謀為起復，宦官脅迫翰林學士草麻，遭到當值學士韓偓的嚴詞拒絕。《資治通鑒》卷二六三唐昭宗天復二年七月載：

> 甲戌，（宦官）命韓偓草貽範起復製，偓曰：「吾腕可斷，此制不可草！」……學士院二中使怒曰：「學士勿以死為戲！」偓以疏授之，解衣而寢；二使不得已奏之，上即命罷草，仍賜敕褒賞之。八月，乙亥朔，班定，無白麻可宣；宦官喧言韓侍郎不肯草麻，聞者大駭。茂貞入見上曰：「陛下命相而學士不肯草麻，與反何異？」

雖然宦官以暴力威脅，但另一位學士姚洎聞知後亦聲稱：「使我當值，亦繼以死。」[1] 翰林學士在內廷作為宦官集團的對立面，其忠於職守，維護皇權的立場，對於宦官的胡作非為，還是起到了一定的抑制作用。但總的來看，翰林草麻基本上已為宦官所控制。

1　《新唐書》卷一八三《韓偓傳》。

結束語

通過以上論述，隋唐中樞體制發展演變的大致輪廓可以說是比較清楚了。據此，我們可以作一個簡短的總結。

隋唐三百多年的歷史，最高權力中樞有前後兩種體制，即前期的三省體制和後期的「新三頭」體制。

三省體制是隋唐鼎盛時期的制度，是隋唐統治者總結和發展漢魏以來八百餘年積累的經驗的精華而建立起來的。決策機構的建立，是漢魏以來封建政制長期發展的重大成果，它徹底改變了宰相制度的面貌。三省體制的核心內容是實行決策與行政分權，宰相在宮禁內直屬於皇帝的決策機構參與決策，使決策大權與皇權的結合更加緊密。三省圍繞着皇帝的詔令，對中樞政務實行具體分工，中書掌制令草詔，門下掌審議封駁，尚書掌奉詔執行，成為施政過程中的三個程序。置於門下內省的政事堂，是宰相議政之所，宰相在政事堂「共議國政」，形成決策者的羣體。兩省互相糾檢和政事堂集體議政的決策機制，對於開創貞觀之治和大唐盛世作出了重要貢獻。三省制較之秦漢三公九卿制，具有明顯的優越性，其制度更嚴密，機構更完整，分工更合理，是封建中樞體制經過長期發展而取得的巨大進步。

武則天掌權後，由於統治階級內部權力鬥爭而引起的權力再分配的需要，三省體制發生了很大變化。龍朔三年（663）的「移宮」事件中，兩省決策機構被攆出了禁宮，決策機制遭到了破壞。到武則天晚年至唐玄宗之時，又對舊決策機構進行了調整，兩省決策機構合併於政事堂，開元十一年（723），政事堂改名「中書門下」，列「五房」於其後，成為中樞實體機關，政事堂遂由宰相議政的會議廳逐漸發展為統一的決策機構。這一變化，雖提高了決策的效率，卻削弱了兩省糾檢功能，造成宰相得以專權的機會，最後不為皇權所容，加速了它的崩潰。

「新三頭」是唐朝衰敗之際的中樞體制。自武則天將兩省決策機構擹出禁宮之後，新的內朝官就不斷地參與政治，擴展權力。安史之亂後，內朝事權更急劇擴張，起自於內朝的翰林學士和樞密使逐漸發展為新的政治中樞成員，外朝中書門下則由於喪失決策權而逐漸蛻化為行政機關。這一演變過程和漢武帝時以尚書官取代丞相府，魏晉時期中書省和門下省取代尚書台極為相似。韋處厚《翰林學士院記》曰：「漢時始置尚書五人，平天下奏議，分直建禮，含香握蘭，居錦賬，食太官，則今之翰林，名異而實同也。」到唐憲宗對中樞機構進行調整，內朝翰林、樞密和外朝中書門下遂組成了新的中樞體制，取代了中書、門下、尚書三省的中樞地位。

「新三頭」體制的分權形成和結構建制與三省體制大致相似。「西頭」翰林掌制令草詔，「東頭」樞密掌傳宣出納，「南頭」中書門下居外奉行。三「頭」各有分工，又相集為一個完整的施政系統，其決策程序較之三省則更為精簡，外朝政事堂議政既已失去決策意義，內廷延英殿奏對的決策作用則更日益顯著。由於宦官專權，「新三頭」的權力平衡關係很快就被打破。宦官以其所掌禁軍兵權，把持宮禁，切斷了皇帝和外朝宰相百司的聯繫，從而竊取了皇權，控制了朝政，唐後期中樞因而虛弱無力，中樞政局動盪不安，直到唐末，「新三頭」體制還一直在不斷地發展和變化之中。「新三頭」體制不僅權力關係很不穩固，居官形式也不完善，至宋，中樞體制又有了新的構型，和隋唐前後兩種體制的分權形式和結構建制都大不一樣。因此，「新三頭」只是一個過渡性的中樞體制。

比較隋唐兩代前後兩種中樞體制，雖然在分權形式和建制結構上有一些相似之處，但階級基礎卻大不一樣了。隋及唐初三省首長大都由門閥勛戚把持，「新三頭」則不問出身，甚至家奴和伎術雜流均可入居高位，執掌大政。可見，唐後期中樞最高權力已由少數門閥貴族壟斷而逐漸下移，這個轉移始於武則天掌權之時，成於憲宗即位之後。唐文宗說：「天后用人，有布衣至宰相者。」[1]《玉泉子》載：憲宗時，「有白身便為宰相者」。這是

1 《唐會要》卷五二《識量・下》。

中世紀社會階級關係的重大轉折在制度上的反映，說明魏晉南北朝以來的門閥政治至此已徹底退出了歷史舞台。

「新三頭」之一的翰林學士多是科舉進士出身。[1] 我們知道，科舉制經武則天的大力提倡，為大批庶族地主入仕做官打開了門路，到唐後期，科舉制成了國家選拔官吏的主要途徑。翰林學士不講資歷，只取文才，「下自校書郎，上及諸曹尚書，皆為之」[2]。而一旦選入翰林，即是直接參加到政治中樞，政治上的發言權和政治地位都大為提高。一般文人進士及第後，多企望能加翰林銜，進一步則多加翰林學士承旨；凡加承旨者，即是「儲相」，再進一步多加平章事拜相。據岑仲勉先生統計：從憲宗到懿宗七朝共置翰林學士一百三十一人，升任宰相者有四十六人，即有三分之一的翰林學士得位升宰相者；七朝共有宰相一百一十七人，其中曾充翰林的有六十人，即有一半以上的宰相是由翰林升遷者，超過了其他職官入相之總和。[3] 據此，可知進士集團在唐後期中樞中所佔優勢地位，說明「新三頭」體制適應了隨着租佃關係的日益發展，而經濟地位日益上升的廣大庶族地主希望參加政權核心的迫切要求，代表了新興庶族地主階級的利益。由此可見，隋唐中樞體制的演變和隋唐社會政治經濟狀況的發展乃一脈相承，是中唐之際封建社會內部大變革的一個重要方面。

（一九八七年九月十日完稿）

1 清人趙翼《陔餘叢考》卷二六《唐時翰林學士不必皆進士出身》條，列有李德裕、劉鄴、吳通玄、吳通微兄弟、鄭覃、鄭朗父子及王叔文、鄭注等人，但這畢竟是少數。絕大部分翰林學士都是科舉進士出身。

2 李肇《翰林志》。

3 參見岑仲勉《翰林學士壁記注補》「德宗至懿宗翰學與宰相統計比較表附」。任宰相的亦包括憲宗改制前的翰林學士。

附錄

一、隋朝監察制度述論

一

作為一項系統的制度，監察創立於封建官僚體制確立的秦朝。《通典．職官一．歷代官制總序》論曰：「秦兼天下，建皇帝之號，立百官之職，不師古，始罷侯，置守。太尉主五兵，丞相總百揆，又置御史大夫」。秦始皇事不師古，建立皇帝制和郡縣制，在全國上下推行官僚政治，以丞相主文官，太尉掌武職，御史則獨立於行政之外掌監察，形成文臣、武將、監司三大職官系統，大致劃定了封建政府體制的基本框架。這個格局自秦至清，二千年沒有大的變化。

監察官系統是國家政治組織的重要部分，其職能在君主專制時代十分重要且獨具特色。秦丞相李斯曾描述了「督責之術」：「夫賢主者，必且能全道而行督責之術者也。督責之，則臣不敢不竭能以徇其主矣。……故督責之術設，則所欲無不得矣。群臣百姓救過不給，何變之敢圖。」[1]專制君主署置百宮，但卻「懼宰官之不修，立監牧以董之；畏監督之容曲，設司察以糾之；宰牧相累，監察相司」[2]。使監司內外相維，互相牽制，成為君主得心應手的工具。然而，自秦經過漢魏六朝以至於隋，監司創革興廢，歷經千載，監察官體制及其具體制度在隋建立前呈現出相當混亂的狀況。

隋以前南北朝政權的監察體制基本上是沿襲「漢魏之舊」，其基本構

1　司馬遷，史記．李斯列傳[M]北京：中華書局，1982，

2　陳壽，三國志．夏侯玄傳[M]北京：中華書局，1975，

架確立於西漢武帝之時。其時中央建立了御史府、司隸校尉二元監察體制，地方上則有十三部州刺史刺郡，郡置督郵察縣，縣置廷椽察鄉，形成多元多軌制監察網。這一套制度雖為魏晉南北朝歷代各族政權所繼承，但時移世易，監察機關的組織機構及其職能都發生了種種變化，監察作用的强弱亦隨着皇權的轉移而大相徑庭。總括起來大約有兩大特點：一是固定常置的正式監察官系統形同虛設，二是臨時設置的非正式監官泛濫成災。

御史台或稱憲台，梁及北魏、北齊又稱南台或蘭台，北周稱司憲。晉時御史台長官與司隸校尉分督百僚，朝廷規定「自皇太子以下，無所不糾」，然在權限上又分為「行馬外」和「行馬內」，則「無所不糾」僅是虛語。如司隸都官從事劉毅「將彈河南尹，司隸不許，曰『攫獸之犬，鼷鼠蹈其背』」[1]。監官為朝廷攫獸之犬，卻可能遭到背後鼷鼠的暗算，司隸校尉對其下屬的糾彈尚且瞻前顧後，又怎麼能指望他去監察有權勢的官僚呢？及至東晉南渡，洛陽失守而無復司州，兼領司州又掌監察的司隸校尉遂被罷廢，並其監察權於御史台，使中央監察事權趨於統一。但在南朝，御史中丞一職門閥士族竟然不屑為之，以致「甲族向來多不居憲台」。[2] 北朝御史亦皆「俯眉畏避，不能繩糾貴游，凡所劾治，率多下吏」[3]。地方上有些朝代雖循漢制置有監官，但無監察之事，也是形同虛設。

監察官均形同虛設，但專制皇帝又不可能容忍龐大的官僚隊伍不受到督責監察，臣僚違忤異己的言行甚至謀叛篡位之舉必須及時被揭發劾舉，於是臨時設置的非正規監察官在魏晉南北朝各代層出不窮，取代憲司正衙充當皇帝的耳目爪牙。而制度的異化和非制又使某些監官權奪人主，非但沒有收取廉政監察的實效，反而擾亂了朝政。臨時設置的非正式監官有三國時期的校事、刺奸、彈曲、監國謁者，北朝的候官，南朝的典籤、制局監等名目。如北魏設置的候官有類三國時的校事、刺奸，其行為舉止相當

1 房玄齡，晋書．劉毅傳 [M] 北京：中華書局，1982，

2 蕭子顯，南齊書．王僧虔傳 [M] 北京：中華書局，1983，

3 魏收，魏書．崔亮傳 [M] 北京：中華書局，1974，

於近代特務。南朝宋、齊時特置典籤監視領兵地方州郡的宗王，其職有類於曹魏時的監國謁者，「一方之事，悉以委之，每至覲接，輒留心顧問，刺史行事之美惡，繫於典籤之口」。於是「威行州部，權重蕃君」[1]，最後釀成骨肉相殘的悲劇。南朝又設制局監掌監軍，由皇帝的倖倖充任，宰制中朝，更是權大無邊。制局監分內監、外監，劉宋時內監阮佃夫竟勾結外監典事朱幼發動宮廷政變，殺前廢帝，立明帝。南齊時，制局監因主監軍，「應敕捉刀」，進而「並專國命」，「權奪人主」。都下為之語曰：「欲求貴職依刀敕，須得富貴事御刀。」[2] 這些刀敕之徒都是些城狐社鼠小人，非但不能監督群臣，反而「佐成昏亂」，終於招致蕭齊亡國。[3]

魏晉南北朝的長期社會動亂和政局不穩，監察措置失宜當是一個重要因素。

二

隋建立後，統一王朝必然要求固定常設的正式監察官穩固地發揮作用，因此，在對中央和地方文武百官進行調整改革 [4] 的同時，隋對監察體制也進行了重大調整。

隋文帝初即位，首先將南北朝諸多非正式監官革除，恢復御史台作為監司正衙的地位。其次是依漢魏舊制將北周依《周禮》所置司憲改名，恢復御史台的舊名，「建台置官」。[5] 並將御史台與三省並立，獨立於三省諸寺、監等中央行政部門之外，而直轄於皇帝。再次，以御史大夫（從三品）為台長，而從前御史台首長北魏稱御史中尉，北周稱司憲中大夫，南朝叫

1 李延壽，南史・恩倖・呂文顯傳 [M] 北京：中華書局，1975，

2 李延壽，南史・恩倖・茹法珍傳 [M] 北京：中華書局，1975，

3 參見拙文《南朝監局監考論》，載《江海學刊》1989 年第 6 期。

4 參見拙文《隋朝政府體制的改革和機構編制的調整》，載《政治學與行政管理論叢》第一輯，天津人民出版社 1999 年版。

5 魏徵，隋書・裴蘊傳 [M] 北京：中華書局，1982，

御史中丞，品秩不一，均低於三省長官。然秦和漢初都置御史大夫主監察，西漢成帝時將御史大夫改司空，位居三公之一，而以其副貳御史中丞為御史台首長，秩僅千石，地位低於司隸校尉。自後御史台雖一直是東漢魏晉南北朝的主要監司，卻一直沒有恢復御史大夫一職，主官一直叫御史中丞。文帝之父名楊忠，隋諱中，中書省、侍中等官署及官名都改了，御史中丞、中尉顯然也得改，隋御史台長官於是恢復為御史大夫。御史大夫以後在唐宋諸朝，都是御史台首長，這也算是一個不小的改革。

隋御史台除御史大夫外，置治書侍御史（從五品）二人，侍御史（從七品）八人，殿內侍御史（從七品）十二人，監察御史（正八品）十二人，以及錄事二人，是為台官。至於對御史台官的選任，北魏宣武帝時御史中尉王顯曾請「革選御史」，此後即由御史台長自選台屬。然「自開皇後，始自吏部選用」[1]。即隋文帝又革除了自選台屬的弊政，御史改由中央人事部門統一選用。為求得合適人選，宰相也可向皇帝推薦人才，如開皇十八年（598），尚書右僕射楊素見劉子翊有「才智」，奏為侍御史。[2] 監察官的人選，文帝較為重視正直、敢言者，並選名士充任。如開皇初置御史台官，朝廷以梁毗「鯁直」，命為治書侍御史，「名為稱職」。[3] 考功侍郎李諤「性公方，明達事務，為時論所推」，升為治書侍御史。[4] 又骨儀「性剛鯁，有不可奪之志」，授為侍御史。[5] 仁壽年間，因普寧鎮將陸知命「人或言其正直，由是待詔於御史台」。[6]

由於朝廷重視監察，不少御史嚴守職責，在彈劾奸惡、糾正違失、肅清綱紀方面，發揮了積極作用。如開皇初侍御史骨儀「處法平當，不為勢

---

1 魏徵，隋書・百官志下 [M] 北京：中華書局，1982，

2 王欽若，冊府元龜・台省部・才智 [M] 北京：中華書局影印本，1982。

3 魏徵，隋書・梁毗傳 [M] 北京：中華書局，1982，

4 魏徵，隋書・李諤傳 [M] 北京：中華書局，1982，

5 魏徵，隋書・骨儀傳 [M] 北京：中華書局，1982，

6 魏徵，隋書・陸知命傳 [M] 北京：中華書局，1982，

利所回」[1]。開皇末監察御史李德饒「糾正不避貴戚」[2]。治書侍御史李諤「在職數年，務存大體，不尚嚴猛，由是剛謇之譽，而潛有匡正多年」[3]。治書侍御史榮毗也「在朝侃然正色，為百僚所憚」。[4] 柳彧亦「當朝正色，甚為百僚所敬憚」[5]。御史一身正氣，「朝臣無不肅憚」[6]。時尚書左僕射楊素專權跋扈，作威作福，「朝廷靡然，莫不畏附」，唯治書侍御史柳彧敢於「抗面不撓」，劾奏楊素過惡。柳彧不僅奏劾當權宰相，而且敢於切諫皇帝，如文帝曾令禁止通行壞錢，有兩個不識時務的市民「以惡錢易好錢」，被抓獲後「令悉斬之」，柳彧與眾御史上奏切諫，認為依法當杖，「殺之非法」，迫使文帝改從其言。[7] 開皇十年（590），柳彧規勸文帝，「以為朝堂非殺人之所，殿廷非決罰之地」，並以辭職以示抗議，迫使文帝下令「殿內去杖，欲有決罰，各付所由」。[8]

隋制，御史台和內史、門內二省有內省在禁中一樣，「仍依舊入直禁中」，[9] 以便於皇帝控制。從隋文帝所置台官人員來看，御史台制度基本上是「還依漢魏」。曹丕代漢之時，御史台機構已分為三級，御史中丞之下有治書侍御史執法掌奏劾，再下有侍御史八人分曹辦事，又置殿中侍御史二人掌朝班禮儀。[10] 兩相對比，就會發現隋御史台基本上具備了後來唐御史台三院體制。唐循隋制，主要是循文帝之制，以御史台為總管全國監察的惟一機關，台設三院：台院「掌糾舉百僚，推鞫獄訟」；殿院「掌殿廷供奉

1 魏徵，隋書・骨儀傳 [M] 北京：中華書局，1982，

2 魏徵，隋書・李德饒傳 [M] 北京：中華書局，1982，

3 魏徵，隋書・李諤傳 [M] 北京：中華書局，1982，

4 魏徵，隋書・榮毗傳 [M] 北京：中華書局，1982，

5 魏徵，隋書・柳彧傳 [M] 北京：中華書局，1982，

6 魏徵，隋書・皇甫誕傳 [M] 北京：中華書局，1982，

7 魏徵，隋書・趙綽傳 [M] 北京：中華書局，1982，

8 魏徵，隋書・刑法志 [M] 北京：中華書局，1982，

9 魏徵，隋書・百官志下 [M] 北京：中華書局，1982，

10 房玄齡，晉書・職官志 [M] 北京：中華書局，1982，

儀式」；察院「分察百僚，巡按州縣，糾視刑獄，肅整朝儀」。[1] 我們可以推測，隋文帝置的治書侍御史、殿中侍御史、監察御史等當各有分工，分屬三院。實際上，唐三院建制在魏晉之時已見雛型，三院屬官治書侍御史、殿中侍御史、監察御史等的分工早在漢魏之時已見端倪，魏晉以後御史台分曹更細，機構大有發展，隋文帝將其規範化並進行了精簡整編，估計三院體制已經出現了。

隋文帝不置司隸校尉，但除御史台外，尚書左丞仍兼糾彈之事，且專糾御史。如元壽平陳時拜尚書左丞，有開府蕭摩呵在文帝出苑射獵時奏請遣子向江南收其家產，御史見而不言，元壽遂奏御史失職，「事涉阿縱」，「虧失憲體」，請付大理問罪，得到文帝嘉許。[2] 然而，御史台官被尚書糾檢從制度上講並不是好事，因為尚書省總行政，行政官本應為朝廷監察的主要對象，由其反劾御史台官，不利於監察職能的發揮，也與尚書設官的職能目標不合。但從元壽所奏，我們也可以看見隋監察官的職責範圍極廣，大事小事國事家事都可糾彈。又如鄭譯「與母別居，為憲司所劾，由是除名」[3]。高勱拜洮州刺史，在職數年，「稱為治理」，後遇吐谷渾入寇，高勱遇疾不能拒戰，治內遭「大掠」，憲司奏高勱「亡失戶口，又言受羌饋遺，竟坐免官」。[4] 對地方監察朝廷還經常派使出朝巡察，如仁壽元年（601）六月乙卯，隋文帝遣十六使巡省風俗。[5] 仁壽二年（602），治書侍御史柳彧因文帝授予全權巡察河北五十二州，他「奏免長吏贓污不稱者二百餘人，州縣肅然，莫不震懼」。[6]

比較前代制度，隋開皇年間監察可謂完全走上了正軌，史稱隋御史

1 李林甫等，大唐六典 · 御史台 [M] 日本：池學園事業部，昭和 48 年。

2 魏徵，隋書 · 元壽傳 [M] 北京：中華書局，1982，

3 魏徵，隋書 · 鄭譯傳 [M] 北京：中華書局，1982，

4 魏徵，隋書 · 高勱傳 [M] 北京：中華書局，1982，

5 魏徵，隋書 · 高祖紀下 [M] 北京：中華書局，1982，

6 司馬光，資治通鑒 · 隋紀三 [M] 北京：中華書局，1982，

「察舉無所迴避，彈奏無所屈撓」。[1] 對於整飭吏治，督責百僚，穩定朝政起了積極作用。

三

隋煬帝即位後，對監察體制的建設更加重視。大業元年（605）正月戊申，煬帝發八使巡省風俗，並頒發詔書曰：「今既布政惟始，宜存寬大，可分遣使人，巡省方俗，宣揚風化，薦拔淹滯，申達幽枉，孝悌力田，給以優復，鰥寡孤獨不能自存者，量加賑濟。義夫節婦，旌表門閭，高年之老，加其版授，並依別條，賜以粟帛，篤疾之徒，給侍丁者，雖有侍養之名，曾無賙贍之實，明加檢校，使得存養。若有名行顯著，操履修潔，及學業才能，一藝可取，咸宜采訪，將身入朝，所在州縣，以禮發遣。」並强調：「有蠹政害人，不便於時者，使還之日，具錄奏聞。」[2] 大業三年（607）定令，隋煬帝在對官制進行全面改革時，「增置謁者、司隸二台，並御史為三台」，[3] 對監察體制進行了全面改組，恢復西漢時的司隸（校尉），使之與謁者台、御史台並立。三台各有分工，成為三頭，成為極為獨特的制度。

御史台掌朝官的糾彈，仍是朝廷憲台正衙，台長御史大夫（從三品），又升治書侍御史為正五品，省去殿內侍御史，增加監察御史為十六員，加其階為從七品，再增置主簿、錄事各二人。先前御史可「值宿禁中」，煬帝認為沒有必要，於是「罷其制」。到大業五年（609），煬帝又將御史大夫的品秩降為正四品，使其與司隸大夫、謁者大夫品秩相等。又減治書侍御史為從五品，增侍御史為正七品，「唯掌侍從糾察。其台中簿領，皆治書侍御史主之，後又增置御史，從九品，尋又省」。[4] 看來隋煬帝對御史台

1　虞世南，北堂書鈔·設官部十四 [M] 北京：中國書店影印本，1989。

2　魏徵，隋書·煬帝紀上 [M] 北京：中華書局，1982，

3　魏徵，隋書·百官志下 [M] 北京：中華書局，1982，

4　魏徵，隋書·百官志下 [M] 北京：中華書局，1982，

內部組織機構和人員編制又進行了較大調整。大業初年，由於隋煬帝的重視，御史監察頗能發揮作用。如治書侍御史陸知命針對「朝政漸亂濁，貨賂公行」的弊政，「侃然正色，為百僚所憚」。時煬帝次子齊王楊暕「頗驕縱」，昵近小人，「恣行淫穢」，「所行多不法」，陸知命和監察御史韋德裕先後奏劾其罪，煬帝乃「窮治」楊暕過惡，下令調士兵千余人抄了楊暕府邸，斬其身邊小人，並派人監視其行動，使「百僚震慄」。[1]

司隸台置大夫一人，正四品，掌諸巡察，總管地方監察。隋煬帝所置司隸大夫，並非首創，實際上是恢復了東晋時早已停廢的司隸校尉。司隸校尉始置於漢武帝時，據《通典》:「漢武帝征和四年（前 88）初置司隸校尉，持節從中都官徒一千二百人捕巫蠱，督大奸猾，後罷其兵察三輔三河弘農。」原註:「漢武帝初置十三州刺史各一人，又置司隸校尉察三輔三河弘農郡。」[2] 司隸校尉是漢武帝為巫蠱案臨時設置的督捕官，顏師古註云:「以掌徒隸而督察，故云司隸」。[3] 巫蠱事罷，司隸校尉仍得督察京畿，以後又成為常設之官。這件事又和漢武帝設置十三部州刺史有關，元封五年（前 106）漢武帝在除京畿七郡之外的郡國設置了十三部州，每州設一刺史，代表中央「周行郡國」，以六條問事，形成嚴密的地方監察系統。中央對地方郡國有加强監察的必要，對京畿地區亦不能例外。十八年後，司隸校尉即以京畿督察官的身份納入了漢地方監察系統。但司隸校尉與刺史地位懸殊很大，業務上也無往來，屬於不同系統。司隸校尉秩比二千石，刺史秩僅六百石，東漢光武帝建武元年（25），「御史中丞與司隸校尉、尚書令會同並專席而坐，故京師號曰三獨坐」。[4] 這樣，司隸校尉獨立於御史台之外，自成系統，成為漢代監察體系的重要組成部分。[5] 諸葛亮的先祖諸

1 魏徵，隋書．陸知命傳 [M] 北京:中華書局，1982，

2 杜佑，通典．職官十四．州郡上．司隸校尉 [M] 北京:中華書局，1992，

3 班固，漢書．百官公卿表（顏師古註）[M] 北京:中華書局，1983，

4 范曄，後漢書．宣秉傳 [M] 北京:中華書局，1982，

5 參見拙文《漢代的司隸校尉》，載《南都學壇》1990 年第 1 期。

葛豐西漢時曾任司隸校尉，東漢末曹操亦任過司隸校尉，他們奏劾京城內外豪猾，在當時都享有盛譽。但司隸校尉與御史台兩個監司並立，二者分工不清，步調總不能一致，在體制上有疊牀架屋之弊。同時，刺史由於兼掌行政，東漢以後逐漸失去監察職能，魏晉南北朝之時，地方監察網基本上已停廢。

隋煬帝恢復司隸台，使其與御史台並立，但煬帝之制和漢制已有質的差別，二台有明確的分工，司隸台主管地方官的監察兼考績，御史台則主要糾彈朝中官吏。煬帝在司隸台置別駕二人（從五品），分察畿內，一人案東都，一人案京師，又置刺史十四人（正六品），巡察畿外，諸郡從事四十人，副刺史巡察。[1] 看來隋煬帝並不是盲目恢復漢制，而是將漢司隸校尉之制與刺史之制結合起來，成為統一的地方監察系統。煬帝還「盛選天下知名之士」為司隸台官，如房彥謙「公方宿著，時望所歸，徵授司隸刺史」[2] 刺史以下巡行郡縣，司隸大夫則坐鎮中央，大業五年（609），煬帝曾「令司隸大夫薛道衡為天下群官之狀」。[3] 主持對全國郡縣地方官的考課。

為使刺史巡察有法可依，隋煬帝還依照漢武帝的做法，頒佈了新的「六條詔書」：「一察品官以上理政能不；二察官人貪殘害政；三察豪强奸猾，侵害下民，及田宅踰制，官司不能禁止者；四察水旱蟲災，不以實言，枉徵賦役，及無災妄蠲免者；五察部內賊盜，不能窮逐，隱而不申者；六察德行孝悌，茂才異行，隱不貢者。」[4] 煬帝的「六條詔書」形式上仿自漢武帝，但內容卻有了很大改變。我們可以比照一下漢武帝的「六條詔書」：「一條，强宗豪右田宅踰制，以强淩弱，以衆暴寡；二條，二千石不奉詔書，遵承典制，倍（背）公向私，旁（謗）詔守利，侵漁百姓；三條，二千石不卹疑獄，風厲殺人，怒則任刑，喜則任賞，煩擾刻暴，剝截黎

1 魏徵，隋書·百官志下 [M] 北京：中華書局，1982，

2 魏徵，隋書·房彥謙傳 [M] 北京：中華書局，1982，

3 魏徵，隋書·敬肅傳 [M] 北京：中華書局，1982，

4 魏徵，隋書·百官志下 [M] 北京：中華書局，1982，

元，為百姓所疾。山崩石裂，襖祥訛言；四條，二千石選署不平，苟阿所愛，蔽賢寵頑；五條，二千石子弟恃怙榮勢，請托所監；六條，二千石違公下比，阿附豪强，通行貨賂，割損正令也。」[1] 漢武帝的「六條」是「專糾郡國二千石」，即郡守國相，隋煬帝所糾則是地方上有品級的所有朝廷命官。漢武帝特別强調對地方上「豪强」的監視（一條、六條），隋煬帝則强調要「窮逐」部內「賊盜」（五條），對豪强的糾檢由第一條退居第三條，説明隨着時代的變遷，豪强大族已不是危害國家的主要禍害，農民起義才是令朝廷頭痛的大問題。其餘條款，也都根據實際政事有所變動。從內容上看，煬帝「六條」與大業元年（605）正月戊申詔書的精神是一致的。

自漢武帝至隋煬帝，由於歷史的不斷發展，漢「六條詔書」早已不適應已發生變化的社會實際，東漢魏晉南北朝歷代本應適時作出調整，但直到隋煬帝之前，並沒有地方監察法規出台真正能發揮作用[2]，這是東漢魏晉南北朝地方監察衰敗的表現。隋煬帝重整地方監察，他置刺史十四人，可以看成是把全國劃分為十四個監察區，加上京畿，則為十五個。為配合這一改革，煬帝把地方行政區劃州縣二級改為郡縣二級，州改稱郡。刺史「每年二月，乘軺巡郡縣，十月入奏。置丞（從六品）、主簿（從八品）、錄事（從九品）各一人」，[3] 為刺史的部屬。台官也要巡行，如李德饒「大業三年（607）遷司隸從事，每巡四方，理雪冤枉，褒揚孝悌」，[4] 就是根據「六條」行事。

到唐代，貞觀二十年（646）唐太宗「遣大理卿孫伏伽等二十二人，以六條巡察四方」[5] 也頒布了新的「六條詔書」：「其一察官人善惡；其二察

1 孫星衍等輯，漢官六種・漢官典職儀式選用 [M] 北京：中華書局，1990

2 曹魏時豫州刺史賈逵草擬了《察吏六條》，西晉時有“八條”、“五條”、“四條”察吏之法，西魏蘇綽制“六條詔書”（見《文選》卷 59 沈休文《齊安陸昭王碑文》、《晉書》卷 3《武帝紀》、《周書》卷 23《蘇綽傳》），但均未能起到監察作用。參見拙文《漢武帝的“六條詔書”及漢唐地方監察法規》，載《南都學壇》1998 年第 4 期。

3 魏徵，隋書・百官志下 [M] 北京：中華書局，1982，

4 魏徵，隋書・李德饒傳 [M] 北京：中華書局，1982，

5 司馬光，資治通鑒・唐紀 [M] 北京：中華書局，1982，

戶口流散，籍帳隱沒，賦役不均；其三察農桑不勤，倉庫減耗；其四察妖猾盜賊，不事生業，為私蠹害；其五察德行孝悌，茂才異等，藏器晦迹，應時用者；其六察黠吏豪宗兼並縱暴，貧弱冤苦不能自申者。」[1] 唐初將全國劃分為十道監察區，設十道巡按，以「六條」問事。看得出來，唐太宗的作法更多地是繼承了隋煬帝。其「六條詔書」根據唐實際政治情況又作了新的改動，如察「豪宗」已退居第六條，且與「黠吏」並列，這與漢魏以來的豪强大族已失勢的政治現實是相適應的。的確，隋唐時期的政治制度、地方行政體制與兩漢相比，已經發生了巨大變化，如州郡僚佐隋唐時凡有品級者全由中央尚書省吏部任免，而漢朝郡縣僚屬則是郡守縣令自辟，隋唐既無地方行政長官自辟僚屬之制，也就沒有必要將此專門提出來作為監察事項。但隋第六條、唐第五條「察德行、孝悌、茂才」，指的是地方官向中央薦舉人才，此為漢代所無，而曹魏、北周皆有，隋唐則根據自己的具體情況從北周，而又有所修改，這反映的也是隋唐已將選拔官吏之權從地方州郡收歸中央的實際。隋唐「六條」「察戶口流散，籍帳隱沒，賦役不均」，「察農桑不勤，倉庫減耗」，「察水旱蟲災不以實言」等內容，正是根據隋唐實際狀況制定，亦為漢「六條」所無，卻與西魏北周蘇綽制定的「六條」「盡地利、均賦役」[2] 等條款有共通之處，這是由於西魏北周隋唐實都實行大致相同的均田制和戶籍記帳制度，作為地方行政的重點任務，當然也就都成為監察和考課地方官政績的重點項目了。而這些，應該說是隋煬帝的創革，唐太宗沿襲。然而，《資治通鑑》的著名註釋家元人胡三省在註貞觀二十年唐太宗「六條」時，仍稱是「用漢六條也」。其說雖也有一定道理，即形式上是漢制，但內容上卻是沿襲隋文。隋煬帝的改革功績不應一筆抹煞。

隋司隸台按「六條」巡察，也的確有政績可聞，如楚丘人翟普林，父母有病，「親易燥濕，不解衣者七旬」，司隸台巡察「奏其孝感」。升為孝

1 歐陽修，新唐書・百官三 [M] 北京：中華書局，1986，

2 令狐德棻，周書・蘇綽傳 [M] 北京：中華書局，1975，

陽縣令。[1]原邯鄲縣令岑之象「嘗被人所訟」，冤死而「理不得申」，其子岑文本才十四歲，赴司隸台為父申冤，「辭情慨切，召對明辯」，司隸台即給以平冤昭雪。[2]司隸監察以「專官」和「特遣」相結合，兩種方式各有利弊，清代學者王夫之論曰：「專官者，任之久而官於其地，其利也，久任則足以深究民情、博考吏治，不以偶爾風聞、瞥然乍見之得失而急施獎抑；其害也，與郡邑習處而相狎，不肖之吏，可徐圖訢合以避糾劾。特遣者，出使有時，覆命有程，閒行亟返，不與吏親，事止參糾，他無適掌，使畢仍復其官。其利也，職有專司，威有獨伸，無狎習比昵之交，無調停遷就之弊；其害也，風土未諳，利病不親，據乍然之聞見，定臧否於一朝，賢者任氣，而不肖者行私。」王夫之認為專官和特遣「二者利害各半」[3]其分析是有道理的。漢代刺史先是特遣，後來有了治所成為專官，高踞於郡縣之上成為行政長官，從而成為地方利益的代表而失去監察職能。隋煬帝則使專官和特遣兩種方法相結合，刺史各主一部，定期出巡，按時回都彙報，在地方上沒有治所，就利去弊，是很有意義的改革。

另外，三台之一的謁者原屬宮官，漢時主報中章，南北朝職官序列中都有謁者，如梁謁者掌「奉詔出使拜假，朝會擯贊。」[4]北齊謁者台「掌凡諸吉凶公事，導相禮儀事」[5]。都不是重要政事。隋文帝改制時罷廢，煬帝重置。謁者台置大夫一人，從四品，大業五年（609）改為正四品，掌「受詔勞問，出使慰撫，持節察授，及受冤枉而申奏之，駕出，對御史引駕」。[6]謁者台的職責與監察關係不大，僅「受冤枉而申奏」有些監察的味道。但是，先前御史有「出使慰撫、勞問」之責，現將其分出，使御史台、司隸

1 魏徵，隋書．翟普林傳 [M] 北京：中華書局，1982，

2 劉昫，舊唐書．岑文本傳 [M] 北京：中華書局，1975，

3 王夫之，讀通鑒論．唐睿宗四 [M] 北京：中華書局，1995，

4 魏徵，隋書．百官志上 [M] 北京：中華書局，1982，

5 魏徵，隋書．百官志中 [M] 北京：中華書局，1982，

6 魏徵，隋書．百官志下 [M] 北京：中華書局，1982，

台的監察職事均更單一，未嘗不是一件好事。

隋制，謁者台大夫出使駕出，有御史引駕，看來皇帝是把出使慰撫與監官巡行等同看待。謁者台又「置司朝謁者（從五品）二人以貳之，屬官有丞一人，主簿、錄事各一人等員」，又有通事謁者（從六品）二十人，即「內史通事舍人之職也」。這是把原屬內史省的部分無關決策的職權移至謁者台。又由於無出使任務時閑居，於是又把部分散官置於謁者台下，「自散騎已下，皆主出使，量事大小，據品以發之」。[1] 隋煬帝又詔門下、內史、御史、司隸、謁者五司監受表，以為恒式，不復專任謁者。這樣，謁者台雖與皇帝接近，處理雜事，但監察職事所剩無幾，算不上是朝廷監司。

從隋煬帝對監察體制的改革可以看出，煬帝崇尚漢制，「慨然慕漢武之事」[2] 企圖以恢復西漢二元多軌制的監察網來掃清南北朝監司的混亂。隋司隸台與漢司隸校尉並非完全一致，司隸台掌地方監察，與御史台有了明確分工，一察朝官，一察郡縣，是有明顯的改進。但二台各自獨立，互不統轄，體制上仍是漢魏二元舊制。二元多軌制監察體制在歷史上已證明是利少弊多，隋煬帝不是革除其弊，而是足相補救，其三台的設計和分工雖有新意，但實際操作中問題很多，在隋朝也沒有實行多久。

大業年間，御史台和司隸台果然出現矛盾。隋煬帝親任的裴蘊接替張衡任御史大夫後，「欲重己權勢，令虞世基奏罷司隸刺史以下官屬，增置御史百餘人，於是引致奸黠，共為朋黨，郡縣有不附者，陰中之。於時軍國多務，凡是興師動衆，京都留守，及與諸蕃互市，皆令御史監之」。裴蘊把朝廷以外的地方監察權又統統收攬到御史台，這使煬帝「後又罷司隸台，而留司隸從事之名，不為常員。臨時選京官清明者，權攝以行」[3]，司隸台實際上被罷廢而不能發揮地方監察作用。到大業末年，政治日漸黑

1 魏徵，隋書·百官志下 [M] 北京：中華書局，1982，

2 魏徵，隋書·煬帝紀下 [M] 北京：中華書局，1982，

3 魏徵，隋書·百官志下 [M] 北京：中華書局，1982，

暗，御史大夫裴蘊「善候伺人主微意，若欲罪者，則曲法順情，鍛成其罪。所欲宥者，則附從輕典，因而釋之。是後大小之獄皆以付蘊，憲部大理莫敢與奪，必禀承進止，然後決斷。蘊亦機辯，所論法理，言若懸河，或重或輕，皆由其口，剖析明敏，時人不能致詰」。[1] 隋監察體制及其它有效的典章制度均遭破壞，隋王朝不久也敗亡了。

唐時，隋煬帝監司三台之制即被革除，而沿用了文帝開皇之制並加以規整，御史台三院一元體制內的分工合作制遂成為唐宋及元明清歷代監察制度的主流，漢武帝和隋煬帝的多元監察網體制在以後雖仍出現過，但其制不顯。在君主專制時代，獨立的一元化的監察體系應該說是更具成效，隋煬帝追慕漢武帝創設三台，雖極富想像力，但實踐證明並不實用，其制在中國古代監察制度史上僅是一段小插曲，影響不大。然而，隋煬帝仿效漢武帝重新頒佈地方監察「六條詔書」，則影響深遠，成效顯著，值得肯定。

1 魏徵，隋書．裴蘊傳 [M] 北京：中華書局，1982，

二、唐朝的五花判事和六押制度

唐朝政府中樞實行三省六部體制，「中書造命、門下審復、尚書奉行」[1]，推動着整個國家機器的正常運轉。其中中書省的制令草詔，即聽謂「造命」，是唐中樞決策不可缺少的重要程序，有所謂中書舍人「五花判事」或曰「六押」制度。由於舊史記載的零散和隱晦不明，其具體情形如何，唐宋以來以至於今均未見有明確的解釋，更少有就此作專門系統研究者。本文試圖蒐集史料對此作一粗略的整理和初步的研究，所論或不合古制而推測考證有誤，行家識者當不吝教正。

一

唐制，中書省置中書舍人六員，秩正五品上，雖官位中等，但在朝政決策中卻扮演着極為重要的角色。據唐官修《大唐六典》載：「中書舍人掌侍奉進奏，參議表章，凡詔旨制敕及璽書冊命，皆按典故起草進畫，既下，則署而行之[2]」其職責用一句話概括，即「代擬王言」。具體來說，就是代表皇帝起草詔書，參議表章。「凡百司奏議，文武考課，皆預裁焉。[3]」

中書舍人「代擬王言」大致有兩種情況，其一是根據皇帝直接發出的「宣命」或據宰相政事堂議決的要點製作的「詞頭」，草為詔敕，發往門下省，通過三省施政程序，再發往行政各部門。其二是代表皇帝或協助宰相對百司臣僚呈上的奏抄章奏草擬批答，作初步處理，提出初步意見，為皇帝和宰相決策提供參考。中書舍人六員中，以年資較高熟悉業務者一員判

1 《直齋書錄解題》，卷 6，《職官類 · 唐六典》。

2 《大唐六典》，卷 9，《中書省 · 中書舍人》。

3 同上；又見《舊唐書》，卷 43，《職官二 · 中書舍人》。

本省雜事，稱為「閣老」，每天上午有一人得入政事堂列席宰相集議，即參加例行的宰相政事堂辦公會議，並「掌畫」作會議記錄，中午得食「政事之食」[1]，下午則回省向其餘五人傳達。中書舍人平時在禁宮「內省」辦公，與皇帝很接近，所居乃機衡之地，所以中書舍人直接參預朝廷中樞核心機密，充當着最高統治層機要祕書的重要角色。

雖然起草詔書是中書舍人的基本職責，但並不是舍人的日常工作，因為每日宣發的詔敕數量有限。中書舍人的日常基本工作應是批畲百司奏抄章奏，這是一件至關重要的工作。每天，由百司各部門滙集於尚書省，再經由門下省送到中書省的各種公文表奏可謂不計其數，「文詔填委，動以萬計」[2]，不但皇帝不可能一一批閱，宰相也無法一一作出判斷。秦始皇時，為獨攬天下大權，「衡石量書」，「日理萬機」，每天要批閱的公文簡冊達上千斤，「天下事無小大皆決於上」，為盡決天下事，公文簡冊「日夜有呈，不中呈不得休息」，始皇經常累得滿頭大汗。秦始皇帝勤政雖可謂辛苦，但太史公司馬遷卻頗不贊同，批評始皇「貪於權勢至如此」[3]。由於國務紛繁，皇帝事實上不可能盡攬天下事，不可能事必躬親，必須借助輔佐承旨處理各方奏章。漢代，這些工作大都是由宰相來承擔。宰相位在一人之下，萬人之上，由於權重事繁，由丞相自行辟除掾屬的丞相府幕僚日益膨脹。衞宏曰：「丞相典天下誅討賜奪，吏勞職煩，故吏衆。[4]」丞相事權的擴大招致了皇帝的猜忌。為了加强對決策權的直接控制，從漢武帝重用尚書官開始，皇帝多以御用的宮廷祕書來「代擬王言」。經過東漢魏晉南北朝的發展，起先是尚書台，爾後是中書省和門下省，依次由宮廷御用侍從組織，發展為國家的決策出令機關。唐沿隋制，實行輔政參議機構宰相制，在中樞同時設置了中書、門下、尚書三省：即三個直轄於皇帝的國家機

1 《大唐六典》，卷 9，《中書省．中書舍人》。

2 《唐會要》，卷 55，《中書舍人》。

3 《史記》，卷 6，《秦始皇本紀》。

4 《漢舊儀》，卷上。

構，來協助皇帝決策，輔佐皇帝行政。三省各有分工，其首長以宰相身份「共議國政」，「總百官，治萬事」[1]。中書省首長中書令身為法定宰相，地位崇重，同時還要處置本省庶政，也是辛苦萬分，四方表章的批劄處理，就落到了其下級作為宰相助手的中書舍人身上。滙集於中書省的各方奏章，一般先由中書舍人披覽，作出初步處理，提出初步意見，再交其上級中書侍郎、中書令定奪，最後交由皇帝裁定。中書舍人作為宰相的助手，「佐宰相判案」[2]，唐時稱為「宰相判官」[3]。

中書舍人批劄奏章時，有所謂「五花判事」制度。宋人錢易《南部新書》乙篇載：「凡中書有軍國政事，則中書舍人各執所見，雜署其名，謂之五花判事。其舍人中選一人明練政事者，專典機密，謂之解事舍人。」此事又見於《資治通鑒》卷 193 唐太宗貞觀三年四月司馬光按語：「故事，凡軍國大事，則中書舍人各執所見，雜署其名，謂之五花判事。中書侍郎、中書令省審之，給事中、黃門侍郎駁正之。上始申明舊制，由是鮮有敗事。」但所記均比較簡略，其具體作法如何，仍是語焉不詳。

中書舍人「五花判事」到底是怎麼回事？唐官修政典《大唐六典》和正史新、舊《唐書》官志及《唐會要》等為什麼均不作記載？對此，我們有必要作一番考證。據《新唐書》卷 47《百官二 · 中書省》條：「大事舍人為商量狀，與本狀皆下紫微令（即中書令），判二狀之是否，然後乃奏。」此事《唐會要》卷 55《中書舍人》條有更詳盡的記載：「開元二年（714 年）十二月二十日，紫微令姚崇奏：『中書舍人六員，每一人商量事，諸舍人同押，連署狀進説。凡事有是非，理均與奪，人心既異，所見或殊，抑使雷同，情有不盡，臣令商量，其大事執見不同者，望請便作商量狀，連本狀同進，若狀語交互，恐煩聖思，臣既是官長，望於兩狀後略言二理優劣，奏聽進止，則人各盡能，官無留事。』敕曰：『可』。」雖未出現「五花判事」

1 《新唐書》，卷 46，《百官一》。

2 《唐會要》，卷 55，《中書舍人》。

3 《太平廣記》，卷 187，引《盧氏雜説》。

字樣，但這裏所謂「舍人為商量狀」、「諸舍人同押」、「連署狀進說」等情形，我們認為當是中書舍人的「五花判事」。也就是說，所謂「五花判事」就是舍人參議表章，「佐宰相判案」。

據上引紫微令姚崇的奏言，中書省凡有百司表章，總是先由中書舍人一人批閱，提出初步處理意見後，其餘五位舍人再根據自己的意見，各執己見，提出「商量狀」，並「同押」，所謂「押」，即按手印。然後，「雜署其名」，即畫押簽名。由於舍人畫押按出的手印好似一朵花，除本狀外，五個「商量狀」五個手印恰似五朵金花，於是得了一個雅號，叫做「五花判事」。而先時僅由舍人一人批劄提出「商量狀」，其餘五舍人也跟着簽名畫押，形式上雖也是「五花判事」，但有不同意見也不執論，只能說是一人判事，其參考價值就大有局限了。由於有「五花判事」制度，凡軍國大事，舍人六員得各執所見，廣為商討，集思廣益，提出「商量狀」，擬定出各種備選方案，供宰相選擇，這實際上是充分發揮六員中書舍人的智囊團作用。據上引姚崇的說法，中書舍人「五花判事」後，再由中書令把「商量狀」集中，再根據自己的判斷選擇最優者，並略陳己見，寫下簡略的批語，然後交皇帝作最後裁決。被淘汰的「商量狀」則留中，皇帝不必批閱，「恐煩聖思」。這樣，皇命只須略略審閱一下宰相所寫簡略的批語，若同意，只須畫一個「可」字，就算處理了一件公文，也算是作出了一項決策。從而皇帝不必「衡石量書」，就能「日理萬機」。充分發揮中書舍人機要祕書的參謀智囊作用，發揮宰相輔政決策機能，當勝始皇百倍！

值得注意的是，唐代官修政典及正史、會要雖均未明確記載「五花判事」，但卻較詳細地記載了中書舍人「六押」制度。如《唐六典》卷 9《中書舍人》條：「六人分押尚書六司，凡有章表，皆商量可否，則與侍郎及令連署而進奏。」又《新唐書》卷 47《百官二・中書省》載：「以（舍人）六員分押尚書六曹，佐宰相判案，同署乃奏，唯樞密遷授不預。」這兩條史料講得很清楚，舍人六員分押尚書六司，或曰分押尚書六曹，即分管尚書省吏、戶、禮、兵、刑、工六部。按中書舍人官秩僅五品，六部尚書官秩正三品，因此這裏決不能理解為中書舍人領導六部尚書，僅僅是六員舍人分工批簽六部呈送的「章表」。「凡有章奏，皆商量可否」。「佐宰相判案，同署乃奏」。這使我們領悟到，「六押」實際上就是中書舍人「五花判事」。六押之「押」，即簽字畫押，並沒有領導之意。《通典》卷 21《職官三 · 中書舍人》條按 :「故事，舍人六員各押尚書省一行，天下衆務，無不關決。」這裏更進一步把押尚書六部解釋為押一「行」，而且，緊接着即敍開元二年口 14 年）十一月（應為十二月）紫微令姚崇所奏。《新唐書》卷 47《百官二》也是在敍「六押」後緊接着述姚崇奏言，説明「六押」與「五花判事」實乃同一制度。

二

按照唐代行政體制，尚書省是行政總樞，全國各地及中央百司章奏一般按尚書吏、戶、禮、兵、刑、工的分類，總匯尚書省，經門下省送達中書省。由於天下奏表「動以萬計」，任何個人都無法盡攬，既有必要分類，也有必要分工，讓每一人負責批簽其中一個門類，即《通典》所説的一「行」，這明顯能提高效率，更能提高判案質量。為了使皇帝的機要祕書、佐宰相判案的六員中書舍人能更熟悉、更勝任自己所批簽處理的奏表等業務，舍人六員按尚書六部進行分工，「分押六司」，六員舍人各押一部，進行分工，以「平奏報」[1]。「平」乃「批」之意，這也是中書省要置六員舍人的緣故。而門下省同級的給事中則僅置四員，隋文帝時「內史舍人置八員」，煬帝改云內書舍人，「置四員」[2]，説明隋朝時尚無「六押」之名。

然而，隋以前雖無「六押」之名，但中書舍人分押尚書諸事的制度則可以追溯到魏晉時代。據《通典》: 魏武帝曹操為魏王時，「置祕書令，典尚書奏事」。所謂「典尚書奏事」，即可理解為判尚書省公文奏表，而且其官就直呼曰祕書令，其性質就是機要祕書。魏文帝曹丕黃初（220—226

1 《舊唐書》，卷 118；《新唐書》，卷 145，《楊炎傳》。

2 《舊唐書》，卷 43，《職官二 · 中書省》。

年）初年，改祕書令為中書令，又置中書監。[1] 時中書監、令並不是朝廷大員，地位實相當於唐時的中書舍人，協助君王判案批閱表章，充當機要祕書的角色，這可以說是「六押」制度的源頭。魏明帝時，「中書監、令號為專任，其任重矣，晉因之」。「魏晉以來，中書監合掌贊詔命，記會時事，典作文書」，其官位品秩雖不高，但其「地在樞近，多承寵任，是以人固其位，謂之鳳凰池」[2]。正是這時，在尚書省之外組建了中書省，「中書省自魏晉始焉」。東晉時中書省置中書通事舍人「掌呈奏案」。南朝宋時「中書通事舍人四員，入值閣內」，除「出宣詔命」外，「凡有陳奏，皆舍人持入參決於中」[3]。南朝齊永明（484—493 年）中，「通事舍人四員各住一省，時謂之『四戶』，權傾天下」，舍人被稱為「勢利之職」[4]。「莫非左右要密，天下文簿板籍，入副其省，萬機嚴祕，有如尚書外司」[5]。到南朝梁、陳時，「凡國之政事，並由中書省，省中有中書舍人五人，領主書十人，書吏二百人，分掌二十一局，各當尚書諸曹，並為上司，總國內機要，而尚書唯聽受而已」[6]。這裏所說的「二十一局」，指的是尚書諸曹之下的諸郎曹，中書舍人五人分掌尚書諸曹二十一局，並為「上司」，指的也是二十一郎曹的「上司」，其實就是五人分工對口負責批箚尚書省呈上的奏報，這與唐代中書舍人「六押」制度已是相差無幾。

據上所述，魏晉南朝以來，中書舍人分押尚書諸司，充當機要祕書，分工對口批箚公文奏表的制度已逐漸形成，官位不高的舍人因代擬王言而「權傾天下」，成為「勢利之職」。南朝齊武帝時，天象有變，「熒惑入太

---

1 《通典》，卷 21，《職官三・中書令》。

2 《通典》，卷 21，《職官三・中書令》。

3 《通典》，卷 21，《職官三・中書舍人》。

4 同上；《通典》記為「永平中」，錯，齊無永平年號，乃「永明」之誤。又《南齊書》卷 56《倖臣傳・序》記此事為「建武世」（494 — 498 年），乃明帝蕭鸞年號。曰：「建武世，詔命殆不關中書，專出舍人，省內舍人四人，所直四省，其下有主書令史」。

5 《南齊書》，卷 56，《倖臣傳・序》。

6 《通典》，卷 21，《職官三・中書省》。

微」，宰相太尉王儉趁機在齊武帝面前攻擊中書舍人用事說：「天文乖誤，此由四戶」，武帝納之而不改。[1] 看來，舍人因代擬王言而排斥宰相，上下級關係顛倒，這在制度上也是有弊病的。唐代總結前代制度，在中樞三省施政體制的總的框架內形成了系統的中書舍人「五花判事」即「六押」制度，皇帝決策，宰相輔佐，中書舍人充當參謀祕書，層級分明，上下有序，舍人雖代表皇帝批畣公文表奏，但受到了宰相的嚴格監督和節制，這是制度經調整得到完善的表現。

唐制，尚書六部每部分領四司，共二十四司，六部二十四司所進行的細密分工，幾乎總括了全國各項行政。同時，中央行政機關九寺五監十二衛等機構在施政中與尚書六部也有政令承受關係，所謂「總群官而聽曰省，分務而專治曰寺」[2]。諸寺監要承受尚書六部的行政命令，並接受其行政督察，這樣，九寺諸監等行政部門的公文表奏也都要滙集於尚書省。但尚書省只是行政總樞，公文和行政事務雖多，但職能上卻事不關決策，無權批畣處理表奏。按情理，決策權既歸皇帝，公文表奏應由皇帝、或由宰相協助皇帝處理，但因公文數量太多，只能轉由「宰相判官」、機要祕書中書舍人來先作初步處理了。然而，舍人六員仍忙不過來，南朝時，中書舍人「分掌二十一局，各當尚書諸曹」，領有「主書十人，書吏二百人」，充當助手。唐朝中書舍人也設置了助手，有「主書四人，從七品上；主事四人，從八品下；令史二十五人，書令史五十人」[3] 等。這就大大提高了舍人「判案」的工作效率。這些助手做一些必要的抄抄寫寫、歸類存檔等事務性工作，為一般文職人員，或曰文祕。而舍人六員分押吏、戶、禮、兵、刑、工六部，每押其中一「行」，都應視作是這項事務的專家，所以中書

1　《通典》，卷 21，《職官三．中書舍人》。

2　《舊唐書》，卷 81，《劉祥道傳》。

3　《唐六典》，卷 9，《中書舍人》。又《舊唐書》卷 43《職官二．中書省》條所記尚有：「傳制十人、亭長十八人、修補敕匠五十人。」《新唐書》卷 47《百官二．中書省》所記還有「掌函、掌案各二十人」。

舍人中「明練政事者」，又獲得了「解事舍人」的美稱。宰相開會的政事堂有一個後門直通中書舍人院，「蓋宰相到中書舍人院諮訪政事以自廣也」[1]。開元名宰相宋璟就經常往舍人院找中書舍人高仲舒、崔琳「詢訪故事」，並對人說：「古事問高仲舒，今事問崔琳，又何疑也」[2]。舍人六押五花判事對於提高唐中樞決策的科學性、正確性具有重要意義，唐代前期，中書舍人在朝政決策中極為活躍，「由是鮮有敗事」。五品官的中書舍人也因此成為「文士之極任，朝廷之盛選，諸官莫比焉」[3]。

然而，中書舍人六押五花判事制度在安史之亂前後漸漸廢闕了。史載：「肅宗即位，又以它官知中書舍人事。兵興，急於權便，政去台閣，決遣顓出宰相，自是舍人不復押六曹之奏」[4]《通典》作者杜佑則更追溯到玄宗開元初，把破壞「六押」制度的罪魁禍首推到了紫微令姚崇頭上，曰：「既文書填委，遂令書錄委之堂後人，其權勢傾動天下，姚竟因主書趙誨贓犯所累罷相。姚誠多才，而隳政擅權，以成斯弊，可哀哉[5]」兩唐書《楊炎傳》亦稱中書舍人「開元初廢其職」[6]。按杜佑稱姚崇上奏使中書舍人「唯知撰制，不復分知機務」，將批劄表章委之以堂後主書，這與事實不符，也與姚崇的奏文相矛盾。如前所述，開元名相姚崇是竭力維護「六押」制度的，並上奏重申「舍人同押，連署狀進說」，即「五花判事」，並得到玄宗詔「可」。杜佑把破壞制度的罪魁說成是姚崇，不知有何根據？或許杜佑對姚崇有偏見，或有私憾。然而，《楊炎傳》也將六押五花判事制度被廢定於「開元初」，則又不能不引起我們的重視。若事不關姚崇，亦無關主書，則應另有原因。

1 《舊唐書》，卷 119，《常袞傳》。

2 《唐會要》，卷 55，《中書舍人》。

3 《通典》，卷 21，《職官三・中書舍人》。

4 《新唐書》，卷 47，《百官二・中書省》。

5 《通典》，卷 21，《職官三・中書舍人》。

6 《舊唐書》，卷 118；《新唐書》，卷 145，《楊炎傳》。

從更廣闊的政治背景來分析，唐玄宗時起用私臣翰林學士「掌四方表疏批答應和文章」，至開元二十六年（738 年）在內廷別置翰林學士院，「專掌內命」[1]，使中樞體制發生了變化。我們認為，這才是六押五花判事制度被廢的真正原因。起用翰林學士，正是「以它官知中書舍人事」，即以內朝新起的翰林學士取代中書舍人的職事，這才是開元名相姚崇要重申舍人六押五花判事的原因。但開元天寶之時，三省體制遭到破壞，並在安史之亂等一系列戰亂中瀕於崩潰[2]作為三省輔政決策機制重要組成部分的中書舍人六押五花判事制度也隨之墮廢，當然勢在必行。當然，這也是一個漸進的過程，唐武宗朝宰相李德裕提及舍人「六押」之事時，說的就是「天寶以前」[3]，說明開元時舍人「六押」之事時或有之，否則唐玄宗也就不會在紫微令姚崇的奏狀上詔「可」了。但破壞既很嚴重，安史之亂爆發，至肅宗即位之時，「六押」制度即徹底停廢了，「自是舍人不復押六曹之奏」矣。

由於「六押」制度停廢，中書舍人不復「五花判事」，充當宰相判官，唐代宗時中書門下（政事堂）通往中書舍人院的後門也被堵塞了，自後宰相與中書舍人「不相往來」[4]。唐德宗建中二年（781 年）六月六日，宰相門下侍郎盧杞曾依據《唐六典》，奏請恢復舍人「六押」制度，但因遭到另一宰相中書侍郎楊炎的堅決反對而未果。[5]到「貞元初，中書舍人五員俱缺，在省唯高參一人，未幾，亦以病免」[6]。貞元四年（788 年）二月，「六員舍人皆缺焉」[7]。中書舍人自後因無事可做，可有可無，已無復常員。

---

1 《新唐書》，卷 46，《百官一》。

2 參見拙文《唐代的翰林學士》，載《文史》第 33 輯，中華書局 1990 年版；拙著《隋唐中樞體制的發展演變》，台灣文津出版社 1994 年 6 月版。

3 《唐會要》，卷 55，《中書舍人》。

4 《舊唐書》，卷 119，《常衮傳》。

5 《舊唐書》，卷 118，《楊炎傳》；《唐會要》，卷 55，《中書舍人》。

6 《南部新書》卷三；《唐會要》，卷 55，《中書舍人》。

7 《唐會要》，卷 55，《中書舍人》。

元和十五年(820年)閏正月，新即皇帝位的唐穆宗曾企圖恢復「六押」制度。他說:「中書舍人職事，准故事，合分押六司，以佐宰相判案。沿革日久，頓復稍難，宜漸令修舉。有須慎重者，便令參議，知關機密者，即且依舊。[1]」但實際上制度並未恢復。至唐武宗會昌四年(844年)十一月，宰相李德裕又「奏請復中書舍人故事」，其奏狀曰:「伏見天寶以前，中書舍人六員，除樞密遷授之後，其他政事皆得商量」。「自艱難以來，務從權便，政頗去於台閣，事多繫於軍期。決遣萬機，事在宰弼。……臣等商量，今日以後，除樞密及諸鎮奏請，有司支遣錢穀等，其他台閣事務，關於沿革，州縣奏請，繫於典章及刑獄等，並令中書舍人依故事商量，臣等詳其可否，當別奏聞」。奏文亦提到開元名宰姚崇奏，李德裕與杜佑不同，對姚崇深表讚賞。雖然武宗「敕旨從之」[2]。但由於不久唐武宗暴崩，李德裕失勢，這項制度也就始終沒有恢復。雖然皇帝和宰相都懷戀着五品好參謀好判官，但由於三省制總體上已趨崩潰，皇帝私臣翰林學士和宦官樞密使在內廷用事，中書草詔權和批答表奏之權被翰林學士侵奪，舍人六押五花判事也就成了無的放矢。唐後期翰林學士「代擬王言」是否吸收了中書舍人充當參謀判官的優點，這一問題則不是本文所能討論的了。

綜上聽述，「五花判事」或曰「六押」制度乃唐代中書舍人代表皇帝、協助宰相批答百司奏抄表章的制度。「五花判事」與「六押」實乃同一制度。中書舍人六員分押尚書六部，按吏、戶、禮、兵、刑、工六「行」進行公工，每一員負責批答其中一「行」，即一個方面的表奏，作出初步處理，寫出審批意見後，簽名畫押，叫做「六押」。另五員舍人除負責批答本「行」表奏外，也有責任對六「行」中的任何一「行」提出不同處理意見，寫出「商量狀」，並簽名畫押，「佐宰相判案」，叫做「五花判事」。正是由於「五花判事」與「六押」指的是同一制度，所以唐官修政典及正史兩唐書官制以及《唐會要》等書僅記載「六押」而未提及「五花判事」，

1 《唐會要》，卷55，《中書舍人》。

2 《唐會要》，卷55，《中書舍人》。又《新唐書》，卷47，《百官二，中書省》亦略有記載。

並非正史政典對「五花判事」存有偏見，因為「六押」實包涵了「五花判事」。也可認為「五花判事」乃「六押」制度的一個方面，即舍人一員分押尚書之一部，批簽本「行」表奏後，交另外五位舍人提意見，五舍人分別提供「商量狀」之後，又分別畫押，「五花判事」後供宰相作最優選擇。中書舍人六押五花判事的工作性質乃屬中樞機要決策，為最高決策充當參謀、智囊，並大大減輕了皇帝和宰相的工作負擔。此制源於魏晉「中書典尚書奏事」之制，廢於唐後期中樞體制發生變化，翰林學士崛起取代其職事之後，是唐代前期三省制輔助決策機制中的一個重要組成部分。這一卓有成效的制度不僅使唐前期中樞決策「鮮有敗事」，促成了「貞觀之治」和盛唐局面，即使是千年之後的今天也不能說沒有一點借鑒意義。

三、科舉文官支撐唐中宗、睿宗朝政治亂而不墜

諸葛亮每與劉備論及漢室傾危，未嘗不歎息痛恨於桓、靈之世。而唐朝中宗與睿宗時的政治衰敗，其實並不亞於東漢末年桓帝與靈帝之時。然而最後結局卻大不一樣，衰敗一陣後唐未見傾覆，不久就躍入了開元盛世。

唐中宗李顯（656—710）和睿宗李旦（662—716）是武則天與唐高宗生的兩個平庸兒子，他們的胞兄李弘和李賢（一說為武則天姐姐所生）因賢能而被母后害死。弘道元年（683）高宗駕崩，兩兄弟先後繼位當過幾個月的傀儡皇帝，武則天先是「臨朝稱制」，不久就篡唐為周，自己當了皇帝。李顯被流放，其子李重照雖高宗時就被立為「皇太孫」，也被親祖母廢黜並杖殺。繼任「皇嗣」的李旦在嚴酷的政治環境中，只得逆來順受，他帶頭上表請改國號，並自請改姓武氏。流放中的李顯更是不思進取，多次想自殺，妻子韋氏的鼓勵才讓他熬過十五年流放生涯。聖曆元年（698），武則天在宰相狄仁杰勸說下，詔李顯回朝重任皇太子。七年後82歲的武則天病重，宰相張柬之等迫她退位，迎立中宗。

李顯復皇位後，恢復唐國號，平反冤獄，封弟李旦為安國相王，妹為鎮國太平公主。但這位歷盡劫難的皇帝卻昏聵得可笑，他沒有趁悍母去世鏟除武氏外戚勢力，反而助長他們繼續作威作福。他把與武三思有奸情的上官婉兒納入後宮掌詔令，其女安樂公主則是武三思的兒媳，上官婉兒又慫恿韋皇后與武三思私通，這夥人互相勾結，淫亂宮闈，以裙帶關係組成腐敗集團，操控了中樞政壇。他們誣告興唐功臣張柬之等謀反，加以殺害。中宗對他們聽之任之，對政事沒有任何決斷力，成天嬉戲，竟在朝堂與大臣玩拔河遊戲，變着花樣尋求刺激。韋皇后恣行所慾，竟得寸進尺，想做武則天第二。其女安樂公主謀求為皇太女。皇太子李重俊（非韋后親生）實在看不下去，聯絡羽林將軍李多祚殺武三思，進一步想除韋后，被

中宗制止，最後兵敗被殺。韋后、安樂公主以此構陷相王李旦和太平公主，不果，最後竟進毒餅將中宗毒死。

公元710年，正當韋后要按武則天故事臨朝稱制之時，太平公主與相王第三子李隆基發動羽林軍攻入宮中，盡殺韋后、安樂公主、上官婉兒等，後由太平公主出面扶李旦復辟（李旦文明元年[684]曾任皇帝），是為睿宗，太平公主於是成為新的政壇女強人。

睿宗並不睿智，他是武后44歲高齡所生，史書記他「謙恭孝友，好學」，但實際上十分庸懦弱智，沒有政治魄力和皇帝氣度。即位後他立李隆基為太子以酬其功，讓太平公主參預政事，掌握實權，宰相奏事，他先問有沒有與太平公主商量過，自己卻沒有什麼主見。太平公主以皇妹恃功獨霸朝政，行事有其母武則天之遺風，朝臣趨附其門者如市，自宰相以下進退繫於公主一言。她見皇太子英武，欲廢之另擇暗弱，以長久把持權位，並將正直的宰相宋璟、姚崇、張説擯出京師。愚暗的睿宗雖提前禪位於太子，但當朝宰相七人竟有五人仍出太平公主之門。最後李隆基再次發動政變殺太平一黨，才使得唐政局歸為一統，結束了政治動蕩。從公元705到713年中宗、睿宗在位的短短九年時光，唐發生了四次宮廷政變。武則天死後的皇后、公主們個個貪婪權力，而從恐怖中爬過來的中宗、睿宗倒是都不眷戀權力，一個佞佛，一個崇道，愚弱昏懦，使唐中樞險象環生，政局動蕩不安，政治黑暗，吏治腐敗。中宗時諸多公主王公開府設官，公開賣官鬻爵。想求官者，只要花錢三十萬，就可「降墨敕除官」，「斜封」付中書省。不通過正式手續任官，叫「墨敕斜封」。當時人將這些未經科舉考試和吏部考核而授的官鄙稱為「斜封官」，甚瞧不起。先前武則天「試官」雖也有「車載斗量」之稱，但所授多是拾遺、補闕等低品秩官，真有才能才有升遷希望。中宗時各級官加號「員外、檢校、同判、試、攝、知官」的不計其數，只看錢不看才，而且動不動就贈司空、司馬高位，以致「司空見慣」，搞得濫官充溢，銓衡失次，府庫空竭，嚴重敗壞了官場風氣和規矩。睿宗即位時曾下旨停廢斜封官，但不久在太平公主影響下又下旨敍用。直到開元二年玄宗坐穩皇位後，才在宰相姚崇、宋璟的主持下悉罷員外、檢校官，精減冗員，恢復官僚制度的正常規範。

唐中宗朝公開賣官，上層糜爛，皇后公主公開宣淫，其政治腐敗較之東漢桓、靈之世實有過之而無不及。然而由於太宗、武后半個多世紀的政治經略和制度建設，唐有了一批經科舉入仕的士大夫精英和行之有效的文官制度及辦事成規則例，律、令、格、式體系已相當完備。雖也遭皇親貴戚的敗壞，有法不依，偽濫者充斥，但終未成主流，不致傾毀全域。其科舉選官、吏部考課、銓選的優勝劣汰機制，及三省決策、行政的制度主導構架，始終未見傾動，良好的制度安排一直穩固地發揮着作用。這就保證了唐朝政制在亂中能不出軌，中樞淆濁而地方吏治一般還算清明，科舉精英在朝中始終能佔有一席之地，並實際主導着官僚系統，使腐敗政治不至於向全社會蔓延，社會矛盾最終未被激化至臨界點，唐朝統治基礎因而得以保持相對穩定。這也使我們看到了制度對於政治社會的強大支撐作用。

好的制度規範是良性政治得以運轉維繫的最好保證，科舉制在唐朝設立之初就發揮了很好的正面功能。武則天及其後活躍在政治舞台上的狄仁杰、張柬之、姚崇、宋璟、張説、劉幽求、郭元振、魏知古等一班科舉出身的文臣，以辦事幹練升為宰輔。他們自幼都深受儒學熏陶，文化素質很高，入仕後又在基層行政中積累了豐富的政治經驗，成為治國的棟梁之才。如宋璟在地方就為官清嚴，人吏莫有犯者，入朝後敢於當面抵制武韋集團的倒行逆施。當太平公主擅權議改立皇太子時，衆皆失色，獨宋璟 不顧個人安危出來抗爭，與姚崇一起請公主避居洛陽，以免政出多門。睿宗盛夏之時要為兩個女兒修道觀，魏知古上書以非急務諫止。張説也能持正平反冤獄，抵制親貴構陷忠良。這批科舉精英忠君體國，為人正派，他們在亂局中苦力支撐，敢於諫諍，勇於負責，自覺地維護李唐社稷，安邦求治，關鍵時刻發揮了中流砥柱作用。各級地方官也以他們為楷模，禁軍統領也都向他們靠攏，而那些斜封官在他們面前則自相形穢，不敢過分逾制。有了這樣一些科舉精英作為統治集團的主心骨，由他們主導掌握的各級政府機關不停運轉，終於使唐傾斜的大廈維持不倒，使大唐航船終於越過險灘渡入開元盛世。

參考文獻

一、古籍

編年史和正史類

1. 《資治通鑒》司馬光
2. 《史記》司馬遷
3. 《漢書》班固
4. 《後漢書》范曄
5. 《三國志》陳壽
6. 《晉書》房玄齡等
7. 《宋書》沈約
8. 《南齊書》蕭子顯
9. 《梁書》姚思廉
10. 《陳書》姚思廉
11. 《魏書》魏收
12. 《北齊書》李百藥
13. 《周書》令狐德芬
14. 《南史》李延壽
15. 《北史》李延壽
16. 《舊唐書》劉昫
17. 《新唐書》宋祁、歐陽修
18. 《舊五代史》薛居正
19. 《新五代史》歐陽修

20.《宋史》脫脫
（以上皆用中華書局標點本）

政書類

21.《大唐六典》唐・敕撰 （日本）廣池、內田（1973 年版本）

22.《通典》唐・杜佑 中華書局

23.《唐會要》宋・王溥 中華書局

24.《五代會要》宋・王溥 中華書局

25.《唐大詔令集》宋・宋敏求 商務印書館

26.《通志》宋・鄭樵 商務印書館

27.《文獻通考》元・馬端臨 商務印書館

28.《職官分紀》宋・孫逢吉 十萬卷樓本

29.《漢官六種》(輯本） 四部備要本

30.《貞觀政要》唐・吳兢 上海古籍出版社

31.《唐律疏議》唐・長孫無忌等 中華書局

32.《歷代職官表》清・黃本驥 四部備要本

類書類

33.《北堂書鈔》唐・虞世南 海南孔氏萬卷堂本

34.《藝文類聚》唐・歐陽詢 上海古籍出版社

35.《初學記》唐・徐堅 中華書局

36.《龍筋鳳髓判》唐・張鷟 學津討原本

37.《文苑英華》宋・官修 中華書局

38.《冊府元龜》宋・官修 中華書局

39.《太平御覽》宋・官修 中華書局

40.《太平廣記》宋・官修 中華書局

41.《玉海》宋・王應麟 四庫全書（台灣影印本）

42.《白孔六帖》唐・白居易 四庫全書
宋・孔傳

43.《習學記言》宋・葉適 四庫全書

44.《山堂肆考》明・彭大翼 四庫全書

文集、筆記、小說及其他

45.《全唐文》清・官修 中華書局

46.《全唐詩》清・官修 中華書局

47.《文心雕龍》南齊・劉勰 人民文學出版社

48.《文選》梁・蕭統 上海古籍出版社

49.《獨斷》漢・蔡邕 四庫全書

50.《大唐新語》唐・劉肅 中華書局

51.《隋唐嘉話》唐・劉餗 上海古籍出版社

52.《史通》唐・劉知幾 商務印書館

53.《帝範》唐太宗 四庫全書

54.《因話錄》唐・趙璘 中華書局

55.《唐國史補》唐・李肇 上海古籍出版社

56.《東觀奏記》唐・裴庭裕 叢書集成本

57.《劉賓客嘉話錄》唐・韋絢 叢書集成

58.《常侍言旨》唐・柳理 四庫全書

59.《雲溪友議》唐・范攄 四部叢刊

60.《大唐傳載》撰人不詳 四部叢刊

61.《幽閒鼓吹》唐・張固 學海類編

62.《朝野僉載》唐・張鷟 中華書局

63.《安祿山事跡》唐・姚汝能 上海古籍出版社

64. 《杜陽雜編》唐·蘇鄂 學津討原本

65. 《尚書故實》唐·李綽 百川學海本

66. 《瀟湘錄》唐·李商隱 唐人説薈本

67. 《金鑾密記》唐·韓偓 唐人説薈本

68. 《順宗實錄》唐·韓愈 叢書集成本

69. 《封氏聞見記》唐·封演 中華書局

70. 《入唐求法巡禮行記》(日本) 圓仁　上海古籍出版社

71. 《雲仙雜記》唐·馮贄 唐人説薈本

72. 《開元天寶遺事十種》五代·王仁裕等　上海古籍出版社
《次柳氏舊聞》唐·李德裕
《明皇雜錄》唐·鄭處誨
《開元傳信記》唐·鄭綮
《開元升平源》唐·吳兢
《高力士外傳》唐·郭湜
《李林甫外傳》無名氏

73. 《翰苑羣書》宋·洪選輯 知不足齋叢書本
《翰林志》唐·李肇
《承旨學士院記》唐·元稹
《翰林學士記》唐·韋處厚
《翰林院故事》唐·韋執誼
《翰林學士院舊規》唐·楊鉅
《重修承旨學士壁記》唐·丁居晦
《續翰林志》宋·蘇易簡
《次續翰林志》宋·蘇耆
《翰苑遺事》宋·洪遵

74. 《長短經》唐·趙蒙生 四庫全書本

75. 《樊川文集》唐·杜牧 上海古籍出版社

76. 《白居易集》唐·白居易 中華書局

77. 《元氏長慶集》唐·元稹 四部叢刊本

78.《李文饒集》唐・李德裕 四部叢刊本

79.《唐摭言》五代・王定保 上海古籍出版社

80.《南部新書》宋・錢易 叢書集成本

81.《唐語林》宋・王讜 上海古籍出版社

82.《夢溪筆談》宋・沈括 學津討原本

83.《文昌雜錄》宋・龐元英 學津討原本

84.《唐鑒》宋・范祖禹 上海古籍出版社

85.《容齋隨筆》宋・洪邁 上海古籍出版社

86.《唐史論斷》宋・孫甫 叢書集成

87.《直齋書錄解題》宋・陳振孫 江蘇書局

88.《老學庵筆記》宋・陸游 中華書局

89.《雍錄》宋・程大昌 四庫全書

90.《考古篇》宋・程大昌 四庫全書

91.《演繁露》宋・程大昌 四庫全書

92.《困學紀聞》宋・王應麟 四庫全書

93.《朱子語類》宋・朱熹撰，滕珙輯 四庫全書

94.《漢唐事箋》宋・朱禮 粵雅堂叢書

95.《石林燕語》宋・葉夢得 中華書局

96.《歸田錄》宋・歐陽修 中華書局

97.《涑水記聞》宋・司馬光 中華書局

98.《唐書直筆》宋・呂夏卿 叢書集成

99.《日知錄》清・顧炎武 皇清經解本

100.《讀通鑒論》清・王夫之 中華書局

101.《廿二史考異》清・錢大昕 商務印書館

102.《廿二史箚記》清・趙翼 中華書局

103.《陔餘叢考》清・趙翼 商務印書館

104.《十七史商榷》清・王鳴盛 商務印書館

105.《明夷待訪錄》清・黃宗羲 上海古籍出版社

106.《長安志》宋・宋敏求 長安縣志局印

107.《長安志圖》元・李好文 長安縣志局印

108.《兩京城坊考》清・徐松 中華書局

109.《金石萃編》明・王昶 北京中國書店

110.《八瓊室金石補正》清・陸增祥 文物出版社

二、近人論著

著作

1. 《隋唐制度淵源略論稿》陳寅恪 中華書局
2. 《唐代政治史述論稿》陳寅恪 上海古籍出版社
3. 《北周六典》王仲犖 中華書局
4. 《漢魏制度叢考》楊鴻年 武漢大學出版社
5. 《唐代政治社會史研究》(日) 礪波護 同朋舍
6. 《唐代政治制度研究》(日) 築山治三郎 創元社
7. 《唐代政制史》楊樹藩 台灣中正書局
8. 《漢唐宰相制度》周道濟 大化書局
9. 《三省制略論》王素 齊魯書社
10. 《魏晉南北朝政治制度》沈任遠 台灣商務印書館
11. 《隋唐政治制度》沈任遠 台灣商務印書館
12. 《中國政治制度史》曾資生 重慶文風書局
13. 《中國宰相制度》李俊 商務印書館
14. 《兩漢官制史稿》安作璋、熊鐵基 齊魯書社

15. 《唐代官制》張國剛 三秦出版社

16. 《唐令拾遺》（日） 仁井田陞 長春出版社

17. 《郎官石柱題名新考訂》岑仲勉 上海古籍出版社

18. 《北魏中書省考》鄭欽仁 台灣精華印書館

19. 《唐僕尚丞郎表》嚴耕望 中華書局

20. 《唐代中央重要文官遷轉途徑研究》孫國棟 香港龍門書店

21. 《進士科與唐代的文學社會》羅龍治 台灣精華印書館

22. 《宋樞密院制度》梁天錫 台北黎明公司

23. 《隋唐史》岑仲勉 中華書局

24. 《隋唐五代史》呂思勉 上海古籍出版社

25. 《國史舊聞》陳登原 中華書局

26. 《中國歷代政治得失》錢穆 香港

27. 《唐代宦官權勢之研究》王壽南 台灣正中書局

28. 《唐長安大明宮》中科院考古所 科學出版社

29. 《唐代的長安與洛陽》（日） 平岡武夫 陝西人民出版社

30. 《長安史跡考》（日） 足立喜六 商務印書館

論文

31. 《唐代的使職差遣制度》陳仲安《武漢大學學報》63 年第一期

32. 《唐代使職的產生》何汝泉《西南師大學報》87 年第一期

33. 《三司使の成立について —— 唐宋の變革と使職》（日） 礪波護《史林》四十四卷一九六一年

34. 《「使」制度の發生について》（日） 矢野主稅《史學研究》第十二卷第二號一九四〇年

35. 《唐代三省制之發展研究》陳國棟 新亞學報第三卷第一期

36. 《唐代の三省六部》（日） 礪波護《隋唐帝國與東亞世界》

37. 《三省制度考略》王超《學術月刊》一九八一年第一期

38. 《唐三省制度述論》姚澄宇《南京師院學報》一九八二年第三期
39. 《唐代三省之沿革變遷考》鄧嗣禹 台灣《清華學報》十二，一九七九年
40. 《隋唐之際三省制的特點及尚書令的缺職》黃利平《唐史論叢》第二輯
41. 《論唐代尚書省之職權與地位》嚴耕望《史語所集刊》二十四、五十三
42. 《西晉三省制度之淵源、特色及其演變》陳啟雲《新亞學報》第三卷第二期
43. 《略論西漢樞機職事與三台制度之發展》陳啟雲《新亞學報》第四卷第二期
44. 《三省六部制的形成及其在唐代的變化》楊友庭《廈門大學學報》一九八三年第一期
45. 《中唐時期三省制度的削弱與變化》吳楓、關大虹《東北師大學報》一九八二年第二期
46. 《北魏尚書制度考》嚴耕望《史語所集刊》十八，一九四八年
47. 《關於魏晉南北朝門下省的兩個問題》陳仲安《中國古代史論叢》一九八二年第三輯
48. 《從丞相制到三省制的變遷》孫鉞《史學月刊》一九八二年第一期
49. 《漢魏中書》楊鴻年《文史》第二輯一九六三年
50. 《唐代の給事中と封駁について》（日）築山治三郎《鎌田博士還曆紀念歷史學論叢》一九六九年
51. 《支那の詔敕と其の起草者》（日）鈴木虎雄《東方學報》京都九，一九三八年
52. 《唐代の制書式について》（日）中村裕一《史學雜誌》九一，一九八二年
53. 《試論唐期的中樞機構和文書制度》陳賢華《中國古代史論叢》一九八二年第二輯
54. 《隋代宰相制度》趙和平《歷史教學》一九八五年第三期
55. 《唐朝宰相制度初探》劉希為《中國史研究》一九八四年第三期
56. 《毆唐朝政事堂制度初探》姚澄宇《中國史研究》一九八二年第三期
57. 《政事堂制度辯證》王超《中國史研究》一九八三年第四期
58. 《政事堂制度辯證質疑》陳振《中國史研究》一九八五年第一期
59. 《唐代宰相名稱與其實權之演變》周道濟《大陸雜誌》第十六卷第四期
60. 《略論〈唐六典〉之性質與施行問題》嚴耕望《史語所集刊》一九五三年六

61. 《關於〈唐六典〉的行用問題》韓長耕《中國史研究》一九八三年第一期

62. 《〈唐六典〉的編輯刊行和其他》張弓《史學月刊》一九八三年第三期

63. 《我國古代的行政法典——〈大唐六典〉》王超《中國社會科學》一九八四·第一期

64. 《唐代の後宮と政治について》（日）築山治三郎《古代學》一七～四，一九七一年

65. 《唐肅宗即位前的政治地位和肅代兩朝中樞政局》黃永年《唐史研究會論文集》一九八二年

66. 《關於隋唐中央集權政權的形成和強化問題》金寶祥《甘肅師大學報》一九六三年第二期

67. 《成隋唐職官制度淵源小議》李光霽《中國史研究》一九八五年第一期

68. 《則天武后における政治の基本姿勢と科擧出身宰相の活躍》（日）西村元祐 龍谷史壇七十二

69. 《關於魏晉南北朝隋唐門閥政治的幾個問題》鄭欣《中國古代史論叢》一九八一年第一輯

70. 《漢代尚書的職任及其和內朝的關係》勞榦《史語所集刊》五十一

71. 《試論中國封建社會相職的演變》魏俊超《華南師院學報》八十二年第一期

72. 《西漢宰相制度變化的原因》祝總斌《歷史研究》一九八六年第二期

73. 《北魏前期官制述略》陳琳國《中華文史論叢》一九八五年第二期

74. 《論中晚唐的中樞體制》賈憲保《陝西師大學報》八十五年第四期

75. 《唐代的內諸司使》（上、下）唐長孺《魏晉南北朝隋唐史資料》第五、六期（武漢大學歷史系）

76. 《唐代宦官述論》齊陳駿、陸慶夫《中國史研究》一九八四年第一期

77. 《唐代樞密使考略》賈憲保《唐史論叢》第二輯

78. 《樞密使設置時期》（日）矢野主稅《長崎大學藝學部人文·社會研究報告》第三號一九五三年

79. 《唐代樞密使制の發展》（日）矢野主稅《長崎大學藝學部人文·社會研究報告》第四號一九五四年

80. 《唐の官僚制と宦官——中世的側近政治の終焉序說》（日）橫山裕男《中國中世史研究》

81. 《補唐代翰林兩記》岑仲勉《史語所集刊》第十一本一九四三年

82. 《翰林學士壁記註補》岑仲勉 同上，第十五本，一九四八年

83. 《唐宋時代における翰林學士院について》（日）山本隆義《東方學》一九五二，第四期

84. 《唐代における翰林學士院について》（日）矢野主稅《史學研究》五〇紀念號，一九五三年

85. 《唐代翰林學士略論》楊友庭《廈門大學學報》一九八五年第三期

86. 《論唐代翰林學士院之治革及其政治影響》趙康《學術月刊》一九八六年第十期

87. 《唐大明官發掘簡報》馬得志《考古》一九五九年第六期

88. 《1959 — 1960 年大明宮發掘簡報》馬得志《考古》一九六一年第七期

89. 《唐代長安與洛陽》馬得志《考古》一九八二年第六期

90. 《隋唐長安城和洛陽城》宿白《考古》一九七八年第六期

91. 《唐代兩京的政治、經濟和文化生活》徐蘋芳《考古》一九八二年第六期

92. 《關於長安東宮範圍問題的研究》馬得志、楊鴻勛《考古》一九七八年第一期

初版後記

1981 年底我於廣州中山大學歷史系畢業，次年春負笈濟南，受業於著名歷史學家王仲犖先生，學習魏晉南北朝隋唐五代史。仲犖先生早年師從章太炎先生，有深厚的樸學功底，對政治問題也頗為敏感。先生讓我熟讀《資治通鑒》，並經常提出一些政治史方面的問題進行討論，這使我學術研究的注意力逐漸集中到中晚唐政治制度的變遷問題上。

1984 年 10 月我撰寫了《唐代的翰林學士》（論文提要發表在《文史哲》1985 年第 6 期，文章大部發表在《文史》第 33 輯）作為我的碩士論文，論文通過答辯後，我留在王仲犖先生身邊繼續攻讀博士學位，同時遵師囑編纂《隋會要》。1986 年 6 月 4 日仲犖師因心臟病猝發，溘然長逝，編纂《隋會要》的工作被迫中斷。不久我開始了艱苦的博士論文的撰寫工作，我決定將原碩士論文加以擴充，選題《隋唐中樞體制的發展演變》，這是因為仲犖師在世時我曾與他討論過，他充分肯定過這個選題的學術價值，並曾有過許多具體指導。

另外，我也得到副導師鄭佩欣教授指導，後來又有田昌五教授悉心指導，又曾到武漢大學向唐長孺教授、陳仲安教授，北京師範大學何兹全教授，北京大學田餘慶教授請教，這幾位老先生作為仲犖師的摯友，也都盡心竭力地給我以各種指導和幫助。日本京都大學谷川道雄教授、礪波護教授，東京大學池田溫教授曾熱情地給我寄來資料。論文於 1987 年 9 月中旬完成，年底通過答辯。答辯委員由寧可教授、漆俠教授、田昌五教授、鄭佩欣教授、趙凱球教授組成，他們對我的論文也都提出了許多寶貴意見。在此，我衷心地向以上指導和幫助過我的諸位前輩師長以及關心和幫助過我的其他師友致以深切的謝意！

畢業後我離開濟南來到北京大學政治學與行政管理系任教，主講中國政治制度史，由於工作忙，已沒有工夫對博士論文作進一步的修改並就原課題再進行更深入的研究。博士論文則由於缺乏市場價值而一直難以付梓，除其中某些章節抽出作為單篇論文發表外，在書櫥裏一放就是六年。今承蒙台灣中國文化大學丘鎮京教授大力協助，台灣文津出版社願意補貼出版，我的這本小書方得以奉獻於唐史學界。出版之前請王永興教授作一小序，先生欣然命筆，使本書增添光彩，在此一併致以衷心的感謝！

書中粗陋錯誤不當之處，懇請讀者予以批評指正。

袁剛

1993 年 6 月 28 日

於北京大學蔚秀園